城市区域合作

陈安国 著

商务印书馆
2010年·北京

图书在版编目(CIP)数据

城市区域合作/陈安国著.—北京:商务印书馆,2010
ISBN 978-7-100-06933-5

Ⅰ.城… Ⅱ.陈… Ⅲ.城市经济－经济合作－研究
Ⅳ.F290

中国版本图书馆 CIP 数据核字(2010)第 006749 号

所有权利保留。
未经许可,不得以任何方式使用。

石家庄经济学院学术著作出版基金资助

城 市 区 域 合 作
陈 安 国 著

商 务 印 书 馆 出 版
(北京王府井大街36号 邮政编码100710)
商 务 印 书 馆 发 行
北京市白帆印务有限公司印刷
ISBN 978-7-100-06933-5

2010 年 10 月第 1 版　　开本 880×1230　1/32
2010 年 10 月北京第 1 次印刷　印张 8¼
定价:20.00 元

目 录

第一章 绪论 ... 1
第一节 问题的提出、理论及现实意义 ... 1
一、问题的提出 ... 1
二、理论及实践意义 ... 3
第二节 国内外研究现状 ... 5
一、国外的研究 ... 5
二、国内的研究 ... 7

第二章 城市化、大城市化与城市区域化 ... 10
第一节 城市化 ... 10
一、世界城市化的S形曲线与城市化阶段性规律 ... 11
二、中国的城市化进程与阶段划分 ... 12
第二节 大城市化 ... 15
一、大城市化的基本事实与规律 ... 15
二、大城市化的经济原因——城市规模效益 ... 18
三、中国大城市化的历史、现状分析 ... 19
第三节 城市区域化 ... 21
一、城市区域的概念及其形成 ... 21
二、城市区域化的一般规律 ... 25
三、中国的城市区域化 ... 27
四、充分认识城市区域化规律,促进城乡融合与发展 ... 29

第三章 城市区域的分类与范围界定 ... 31

第一节 城市区域的分类及指标体系 ········· 31
一、美国都市区的分类及指标体系 ········· 31
二、日本的城市区域分类 ········· 34
三、城市区域划分的指标体系 ········· 34
四、本书的城市区域分类标准 ········· 36

第二节 城市区域范围的界定方法 ········· 38
一、城市区域范围的常用界定方法 ········· 38
二、城市影响力指数计算方法 ········· 40
三、据城市影响力指数确定城市区域范围 ········· 41

第三节 中国城市区域的划分 ········· 45
一、全球城市区域 ········· 45
二、高级城市区域 ········· 47
三、中级城市区域 ········· 49
四、初级城市区域 ········· 53

第四章 城市竞争与合作的博弈分析 ········· 55

第一节 城市竞争及其危害 ········· 55
一、城市竞争的客观性与各种表现 ········· 55
二、城市恶性竞争的弊病与危害 ········· 65

第二节 城市竞争与合作的博弈模型 ········· 69
一、引进外资中的城市博弈 ········· 69
二、地方保护中的城市博弈 ········· 72
三、重复建设的城市博弈 ········· 76

第三节 关于城际关系的四个基本判断 ········· 80
一、城市合作是城市区域合作的主体 ········· 80
二、城市不是完整意义上的市场主体 ········· 81
三、"城市竞争"是市场经济条件下的自发表现 ········· 83
四、"城市合作"是市场经济发展的高级阶段 ········· 85

第五章 城市区域合作的模式与路径选择 …………………… 87
第一节 城市区域产业合作 ……………………………………… 87
一、城市间差异化产业分工与合作体系的建立 …………… 87
二、城市区域产业集群 ……………………………………… 101
三、城市区域产业体系的建立 ……………………………… 109
第二节 城市区域资源与环境合作 …………………………… 114
一、城市区域环境质量状况与污染物总量控制 …………… 114
二、城市区域生态环境治理政策的改进 …………………… 119
三、城市区域的水资源有效利用 …………………………… 125
第三节 城市区域基础设施合作 ……………………………… 129
一、基础设施建设与城市区域发展 ………………………… 129
二、城市区域基础设施建设与经营中的利益协调 ………… 132
三、城市区域基础设施的共享与合作 ……………………… 135

第六章 城市区域合作的制度保证 ………………………………… 141
第一节 城市区域治理结构 ……………………………………… 141
一、国外常见的城市区域治理模式 ………………………… 141
二、我国城市区域治理模式的创新 ………………………… 147
第二节 城市区域合作的制度创新 …………………………… 158
一、平衡城际利益关系,促进产业分工与合作 …………… 158
二、改革户籍制度、人事制度和社会保险制度,促进人力
资源流动 ………………………………………………… 165

第七章 城市区域合作的文化基础 ………………………………… 170
第一节 弘扬中国传统文化,建设和谐城市区域 …………… 170
一、文化及其经济影响 ……………………………………… 170
二、儒家的义利观及其现代意义 …………………………… 172
三、"和合"文化与和谐城市关系的建立 ………………… 173
第二节 重建区域文化认同,促进城市区域合作 …………… 179

一、区域文化认同的概念及其影响 ……………………………… 179
　　二、以区域文化认同促进城市区域合作与发展 ………………… 182
　　三、区域文化认同的现代重建 …………………………………… 184

第八章 京津冀城市区域合作的实证研究 ……………………………… 189
第一节 京津冀城市区域的产业分工 ………………………………… 189
　　一、京津冀城市区域发展现状与潜力 …………………………… 189
　　二、京津冀城市区域的产业分工现状 …………………………… 193
　　三、京津冀城市区域产业分工与合作的政策选择 ……………… 197
第二节 京津冀城市区域的地区收入差异 …………………………… 201
　　一、双S曲线模型所表达的必然性规律 ………………………… 201
　　二、北京市与张家口市收入差距的分析 ………………………… 204
　　三、环京津贫困带的形成及解决途径 …………………………… 207
第三节 京津冀城市区域的生态环境整治 …………………………… 211
　　一、京津冀城市区域生态环境现状 ……………………………… 211
　　二、京津冀城市区域生态补偿机制的建立 ……………………… 215

第九章 全球城市区域与跨国城市区域的建设与展望 ………………… 219
第一节 全球城市与全球城市区域 …………………………………… 219
　　一、全球城市的基本内涵 ………………………………………… 219
　　二、全球城市区域的基本特征 …………………………………… 224
　　三、我国建设全球城市区域的前景与对策 ……………………… 228
第二节 跨国城市区域合作：以环黄海城市区域为例 ……………… 234
　　一、环黄海城市区域的概况及组织机构 ………………………… 235
　　二、环黄海城市区域的城市经济合作 …………………………… 237
　　三、环黄海城市区域的问题及未来发展 ………………………… 241

参考文献 ………………………………………………………………… 247
后记 ……………………………………………………………………… 254

第一章 绪论

第一节 问题的提出、理论及现实意义

一、问题的提出

20世纪80年代起,伴随着工业化进程的不断加速,我国的城市化进程也进入了快速发展期。进入21世纪,我国的城市化进程进一步加快,大城市化和城市区域化阶段也已经到来。我国城市化进程的加快不仅改变了我国的城乡面貌,加快了我国的现代化进程,而且也对世界经济产生了深刻影响。与此同时,伴随着这场深刻的变革,不可避免地出现了大量的经济社会矛盾,需要予以解决,因而对城市与城市化的研究必然成为我国21世纪初学术界所研究的热点问题之一。

我国城市化的发展有两个趋势,一是特定城市的人口和经济实力的增加以及特定区域内城市数目的不断增加,于是城市间的联系和相互影响不断增强;二是通过中心城市的积聚和辐射作用对周围区域(城镇和乡村)产生影响,导致要素在城市与区域间流动和再配置。乡村不仅承担了传统意义上供应城市粮油副食和工业原料的功能,而且在产业发展、生活方式、科技教育和文化、制度、管理等各方面越来越与城市接近,形成所谓的城乡一体化地区。于是,中心城市与周边城市、城市与区域之间形成一种互相推动、相互依存、共同发展的机制和关系。城市始终是区域发展的动力源,是区域的中心和重心所在,对整个区域具有"领衔主演"的作用;区域是城市发展的基础和保障条件,又是城市服

务的对象。这种中心城市与周边腹地相互作用而形成的一体化地域就是城市区域,城市区域不断演进与发展的过程就是城市区域化。

城市区域化已经成为当代城市经济社会发展的重要特征之一。在城市区域内存在着城乡之间、大中城市之间、各类产业之间(特别是工业与农业、城市工业与非城市工业、工农业与第三产业之间)错综复杂的经济关系和联系。城市区域化现象出现并占据重要地位使得我们对城市的研究再也不能就城市论城市,就区域论区域,而必须从城市体系和城市与区域联系的角度进行研究,不仅从城市发展的时间维角度而且要从城市与区域的空间维角度来进行系统、全面的研究。20世纪末到21世纪初,信息经济和知识经济的发展更加促进了城市与区域的联系和要素流动,区域内的大、中、小城市日益联结成一个有机的统一体;经济全球化使得跨国公司在全球范围内重新配置资源,产业资源越来越向着城市区域积聚,使得城市区域得以形成某种产业优势并以整体的形式介入市场竞争。从某种意义上说,是城市区域,而不是单个的城市,在代表着国家进行全球竞争。在世界各国中,国民收入的一半以上是城市产出的。在低收入发展中国家,这个百分比平均为55%。而在高收入发达国家,平均为85%。一个引人注目的特点是,城市区域产出占全国的百分比总是超出城市人口占全国人口的百分比。在城市区域产出占全国55%的低收入发展中国家,城市人口占全国人口的32%;在中等收入国家,城市区域产出占全国的73%,但城市人口占全国人口的50%;在高收入国家,城市区域产出占全国的85%,城市人口占全国人口的79%。因此可以说,城市区域在国家经济中占有重要地位,是最重要的经济活动单元。

我国城市区域的发展已经进入了一个高速成长期。目前我国各种规模和等级的城市区域已经接近60个,仅长江三角洲、珠江三角洲和京津冀这三个城市区域就以占全国15%左右的人口创造了全国35%

以上的生产总值。城市区域不断进行要素积聚和扩散使其规模不断扩大,数量不断增加,其创造财富的能力不断增强,日益成为我国经济增长的重要引擎。然而相比较于我国快速增长的城市区域现状和趋势来说,我国学界、政界对城市区域的研究以及实际所采取的政策、措施尚有很大不足。虽然国内外对城市区域问题已有相当多的研究成果,然而许多理论与实践问题依然存在。比如,中国城市经济区有六分法、七分法、也有九分法,已经提出的方案有几十种,那么如何才能有效、客观地划分城市经济区的范围和边界?政府的管理以行政区为边界而经济的运行则以经济区为边界,行政区与经济区的不一致导致了很多问题,是改革行政区划还是改革管理体制,还是有第三条道路?同一个经济区内不同城市之间重复建设、重复课税(费)、市场保护、贸易壁垒、吸引外资的恶性竞争等这些问题为何发生,又如何解决?不同城市是不同的利益主体,然而共享相同的生态环境和资源条件,如何才能让它们走到一起协同解决这些问题?北京、天津、上海、香港等大城市作为区域中心城市,如何才能发挥其对城市区域的辐射带动作用?周边城市如何才能与中心城市接轨,利用中心城市的资源发展自己?中心城市如何给周边城市提供服务平台同时又发展壮大自己?这些问题都是我国城市区域发展的实践之中产生的现实问题,同时也是城市经济学应该要解决的理论问题,没有对于城市区域发展与进化规律的科学认识,也就无从寻找这些问题的正确的答案。

二、理论及实践意义

传统的西方经济理论从根本上说是竞争理论,其研究的前提条件是经济人假设,结论是理性的经济人由于追求自己的利益而客观上实现了资源的最优配置,达到了社会利益的最大化。这是西方经济学最基本的理论主线和基本结论。然而,如果我们循着传统的西方经济理论去研究与探索的话,我们无法找到对于上述城市区域问题的答案,因为城市区域发展中的很多矛盾和问题恰恰是由于各个城市(或城市政府)追求自己利益的理性而产生的,区域利益和城市利益产生了矛盾,个体理性与集体理性产生了矛盾,追求单个城市的利益并不必然导致区域利益的提升。相反的情况倒是经常出现,单个城市只考虑自身利益却损害了区域利益,比如某城市发展了生产却疏于治理污染,引进了外资却破坏了政策和规则,保护了本市的企业却损害了其他城市的企业,大量消耗水资源却损害了其他城市的可用水源等等,不一而足。

城市区域问题的解决答案必须从区域合作中去寻找。传统的城市经济理论是竞争理论,它注重了城市利益而忽略了区域利益;传统的区域经济理论虽然强调了合作但却忽视了城市本身。城市区域合作问题的研究必然是城市经济理论与区域经济理论的结合,必然要从微观城市经济走向宏观城市经济的研究,必然要从城市化的时间进程研究进入到空间结构形态的研究,必然要从单个城市的研究进入到城市体系的研究,从单纯研究城市转向对城市与区域的结合的研究。虽然有很多的国内外研究成果可以参考,但这仍然是一个比较新的、有许多问题待解的、充满挑战与诱惑的研究领域,具有重要的理论意义。城市区域合作研究中所涉及的城市区域划分、城市区域合作模式、城市区域合作的组织创新、城市区域合作的制度保障、城市区域合作的文化构建、城市政府的职能转换、城市区域合作的国际化等内容是对城市经济理论和区域经济理论的丰富和补充。

本书的研究主要解释了城市区域形成和发展的必然性、规律性和发展过程,阐明其在国民经济发展中的重要地位和作用。城市区域化将会是中国未来发展的关键之一,其发展的成败及进展如何则取决于能否进行有效的城市区域合作。而城市区域合作的核心问题则是城市合作问题,也就是说,城市合作问题是城市区域建设中的核心问题。因此,本书首先要从理论上证明约束条件下单个城市基于经济理性的可能的经济决策,再以此为基础通过改变制度约束、组织约束、政府职能改革、文化激励、利益激励和惩罚机制等约束条件使得单个城市的经济决策与城市区域的整体利益相一致,通过竞争保持城市的经济活力,通过合作谋求区域的最大利益。这是本书基本的研究思路。具体来讲,通过理论研究和实证分析,要解决合作基础、为何合作、合作什么、如何合作、如何保障合作、如何把合作推进到国际即创建全球城市区域和跨国城市区域的基本问题。上述问题的研究对于推进城市区域合作和发展,推动城市区域共同市场的形成,促进生产要素的自由流动和最优化配置,最终形成城市区域资源共享、优势互补、互惠互利、共同发展的新格局,实现城市区域均衡、协调、可持续发展具有重要意义。

第二节 国内外研究现状

一、国外的研究

国外学者对城市区域合作的理论研究集中在城市区域治理、地方政府间合作与竞争关系、城市合作的模式等方面,也出现了很多的研究成果。E. B. 杰利(E. B. Jailly,2004)通过对加拿大温哥华城市区域的具体分析,回答了为什么在城市区域中城市之间要进行合作,为什么要有城市区域的组织管理机构,并反驳了公共选择理论片面强调政府竞争的观点。S. S. 波斯特(S. S. Post,2002)通过经验分析证明,在碎片化城市区域(fragmented metropolitan area,指存在大量地方政府的城市区域),地方政府既合作又竞争,而合作的可能性与城市区域中地方政府的地理密度有关,对于资本密集型生产来说,密度越高越容易达成合作,对于劳动密集型产品生产来说,则规律不明显。H. V. 萨维奇(H. V. Savitch)等(1996)指出,美国大都市区地方政府之间的相互关系有两种类型：一种是不存在合作的相互对峙；一种是较为和缓的、地方政府间相互调整到全面合作的状况。E. G. 戈茨和 T. 凯泽(E. G. Goetz and T. Kayser,1993)认为地方政府的竞争会导致无效率和不公平，竞争迫使地方政府给私人企业提供补贴或激励，并且偏爱新企业，它们对城市区域中的"双子城"的研究表明，竞争与合作总是相伴而生，尽管合作看上去前景广阔，但竞争也将持续下去。H. A. 维瑟(H. A. Visser,2002)认为影响城市区域地方政府合作的决定性驱动因素不是城市区域政府的形式，而是城市政治文化和组织文化以及它们对地方政府官员特别是管理者的影响。J. 库恩(J. Coon,1998)则证明政府合作的意愿取决于规模经济、任务的方便性、闲置的设备和政府服务的共享性，并且把政府间正式合作协议分为服务协议和联合协议。R. C. 费俄克(R. C. Feiock,2004)在其专著《城市区域治理：冲突、竞争与合作》中指出，过去的成果重视了对行政区竞争的研究但忽略了在一个分权体系中合作的作用，通过志愿的协议、协会和公民的集体行动，地方政府可以成功合作。这种"制度性集体行动"将制度分隔的社区结合在一起，城市政府在城市区域治理中起核心作用。S. 希格(S. Heeg,2003)等通过对欧洲各种城市合作尝试的总结，指出城市合作有三个焦点：在政府规则调控下政府主导的合作、市场规则下私人部门主导的合作(指企业合作)和介于两者之间的城市合作。希格指出，在欧盟国家共有 3 种专题合作，包括信息交流、共同职责和市场专业化领域的合作，他提出的欧洲城市合作的经验，如"潜在的冲突必须在合作的早期加以解决"，可能对我国的城市合作也是有价值的。

对于城市区域发展过程中城市间的竞争与合作的影响因素及其后果，国外出现了一大批的实证研究成果。迈克尔·拉尔(Michael Lahr,2006)在《大纽约区域合作的经济案例》中论述了中心城市与周边城镇和郊区经济发展的一致性，证明了中心城市的发展会带动周边地区随后的发展,从而论证了中心城市与周边城镇以及地区合作的重要性。萨维奇等(1993)指出,中心城市与周边区域是高度依赖的,郊区人均收入和中心城市的人均收入相联系,周边城市的写字楼价格和中央商务区的价格相关联。周边地区从中心城市的繁荣中受益,并且中心城市人口占城市区域总人口比重越高,城市区域就越繁荣。莫舍·贾斯特曼(Moshe Justman,2001)等人分析了地方政府间差异化竞争对双方财政收入的增加;G. J. D. 休因斯(Geoffrey J. D. Hewings)的研究表明,芝加哥城市区域中当一个地区增加其 GNP 份额时,与其互补地区的 GNP 也增加,但是当一个地区的 GNP 份额减少时,与其竞争地区的 GNP 也减少。阿尔文·扬(Alwyn Young,2000)通过对中国 20 年来地区间国民收入和三次产业之比研究,认为大多数省份在生产总值、制造业结构或者重要产品的资本边际产出等方面都有收敛的趋势,中国的分权化改革产生了地方保护和市场分割。

二、国内的研究

国内对于城市区域的研究始于 20 世纪 80 年代,到 90 年代形成热潮。早在 1982 年,罗祖德等人在《上海的发展与长江三角洲经济区》一文中即已提出建立长江三角洲经济区的建议。1990 年,高汝熹提出城市经济圈的概念,并用通勤距离、经济距离和圈域半径等多个参数界定了中国 15 个城市经济圈。1992 年,顾朝林提出我国建设九大城市经济区的设想,并对各城市经济区的范围、经济现状及发展进行了研究。1992 年,姚士谋对城市群的概念、中国城市群的发展历史、演变规律、中国的超大型城市群、城镇密集区及城市群的发展趋势进行了系统研究。周一星在 1991 年提出了"都市连绵区"(注:与戈特曼的大都市带近似)的概念,并被广泛使用,1995 年,他又和史育龙一起提出中国"城市统计区和城镇统计区"的实体地域(即 urbanized area)的界定标准,2000 年,他又参照美国标准并考虑到我国国情,提出了中国都市区的界定标准。

对于城市区域建设中出现的恶性竞争及城市区域合作问题,很多学者进行了研究。吴良镛(2003)研究了"诸侯经济"现象,认为政绩考核是主要诱因。张军等(2007)研究认为中国基础设施建设的巨大成就是中国式财政分权模式和中央政府以政绩考核代替政治说教的结果,地方官员为政绩而开展横向的竞争改善了当地的基础设施,也有助于当地招商引资。王永钦等(2007)则认为经济分权给地方政府提供了发展经济的动力,但是,内生于这种激励结构的相对绩效评估又造成了城乡和地区间收入差距的持续扩大、地区之间的市场分割和公共事业的公平缺失等问题。洪银兴(2003)认为长江三角洲经济区难以实现一体化协调发展的最根本的原因,是因为在地方政府主导发展的格局中,缺乏一个统一协调的竞争规则。周黎安(2004)指出了我国地方保护主义和重复建设问题长期存在与政府官员的激励晋升机制有关。胡向婷、张璐(2005)研究了地方保护主义对地区产业结构的影响。高汝熹等(2004)认为,妨碍城市区域形成的根本原因不是行政区划,而是政府还强有力地主导着经济的发展,企业家的经济力量还不强。打破恶性竞争局面的出路在于走城市区域合作之路。郭鸿懋(2004)提出打破市场分割,按市场经济规律配置城市、区域资源,最终建立"区域共同市场"以降低交易成本的设想,并提出了建立区域共同市场的措施,包括组建规范的区域协调机构,正确定位城市功能,探寻合理的利益分配机制,制定有约束力的公约等。

国内对城市区域合作的实证研究还是有较多的成果的。如朱敏彦等(2001)、洪银兴等(2003)、朱荣林(2003)、上海证大研究所(2003)、高汝熹等(2004)、莫建备等(2005)、裴琪(2006)对长江三角洲城市区域的研究,吴良镛(2002)、张召堂(2005)、李国平(2004)、江曼琦等(2006)对京津冀城市区域的研究,朱文晖(2003)对珠三角的研究以及周一星等

(2004)对山东半岛城市区域的研究,这些成果涉及了城市区域的产业分工问题、中心城市与周边城市的分工与整合问题、空间范围及发展定位问题、区域治理问题等。

总体来讲,我国目前对于城市区域合作的研究取得了很大成绩,但问题依然很多:(1)多数成果侧重于实证研究,比如对长江三角洲地区的研究出现了众多成果,但理论研究的深度、广度和系统性往往不够。(2)对城市区域恶性竞争的现象、后果及原因等研究成果甚丰,但对于如何走出这种困境尤其对于城市合作问题缺乏深入研究。(3)引用和介绍国外学说和理论较多,缺乏切合中国实际的理论探讨和合作模式的研究,缺乏新的思路和创新。(4)沿袭传统区域经济理论追求区域合理分工的研究较多,而对经济全球化和新技术革命条件下城市区域新的变化如全球竞争、社会经济转型、要素的全球流动等关注不够。(5)实践上的落后。比如城市区域治理结构问题虽然研究成果甚丰,但目前除了长三角市长联席会议外鲜有成功的模式,与国外差距明显。

第二章 城市化、大城市化与城市区域化

简·雅各布斯(Jane Jacobs)在《城市经济》中指出:"有史以来是城市而不是农村促成了世界大部分的经济增长和创造。城市才是财富的创造者,而不是国家。"城市化是伴随着工业化而发生的重要的经济、社会现象,对 21 世纪中国的发展具有决定性意义。本章研究了城市化、大城市化、城市区域化的基本特点与规律。首先,从城市化的 S 形曲线以及阶段性划分入手,分析了中国城市化滞后的现状与成因;其次,再研究大城市化的基本事实与规律,探讨大城市化的成因即城市规模效益规律以及中国大城市化的历史和规律性问题;最后探讨了城市区域的概念、形成机制、类型划分以及城市区域化的一般规律及中国的城市区域化问题。

第一节 城市化

诺贝尔经济学奖获得者、美国著名经济学家斯蒂格里茨提出:"中国的城市化与美国的高科技发展将是深刻影响 21 世纪人类发展的两大课题……中国城市化将是区域经济增长的"火车头",并产生最重要的经济利益。"[①]斯蒂格里茨将中国的城市化与美国的高科技并称为

---

① 参见张保淑:"中国稳步推进城市化",《人民日报(海外版)》2005 年 5 月 12 日第 1 版。

21世纪影响世界的两大课题并不是其主观臆断。中国自改革开放以来,城市化水平由不到20%迅速提高到2005年的42.99%,两亿多农民成为市民,城市数量由193个增加到660个,城市经济对中国GDP的贡献率已超过70%。可以说,中国的城市化进程不仅在改变着中国,而且在改变着世界,无论如何强调它的重要性都不为过。

一、世界城市化的S形曲线与城市化阶段性规律

城市化是社会生产力的变革所引起的人类生产方式、生活方式和居住方式发生转变的过程,是非农产业的集中化、集约化、高效化以及传统的乡村社会向现代的城市社会演变的自然历史过程。从世界各国的历史来看,城市化进程具有明显的阶段性。1975年,美国学者诺瑟姆通过对各个国家城市化水平的演变轨迹的研究发现,城市化进程大致可以分为三个阶段[①]:在城市化初期,城市化水平较低,发展缓慢;到了中期阶段(一般城市化率超过30%),城市化加速发展;晚期(城市化率达到70%以后),城市化速度又趋向缓慢。城市化过程整体上呈一

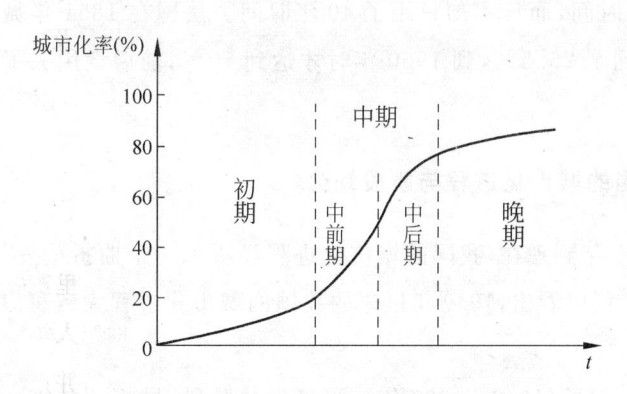

图2-1 城市化的S形曲线与阶段划分

---

① R. M. Northam, *Urban Geography*, New York: John Wiley & Sons, 1975.

条被拉平的 S 形曲线,称为诺瑟姆曲线,它是一条经验曲线。城市化 S 形曲线的拐点出现在城市化率大约 50％的地方,该点将城市化的中期阶段分为两部分:中前期与中后期。中前期城市人口增长速度具有递增趋势,呈指数曲线攀升;中后期则增长速度具有递减趋势,呈曲线扩展。

焦秀琦[①]对 S 形曲线进行了回归分析,得出如下指数曲线方程:

$$RU = \frac{1}{1 + Ce^{-rt}}$$

式中:RU——城市化率;C——积分常数,表明城市化起步的早晚;

t——时间;r——积分常数,表明城市化发展速度的快慢。

饶会林[②]认为,在分析城市化前期规律时,用 $RU = Ce^{rt}$ 或 $RU = a(1+\gamma)^t$ 模型会更方便一些,回归的准确率会更高。其中 $\gamma = e^k - 1$。

虽然世界各国的城市化进程基本都符合 S 形曲线所描述的规律,但各国城市化发展的速度却有极大差别,表现在 S 形曲线上即是其斜率的不同。如英国的城市人口比重从 26％上升到 70％大约用了 90 年时间,而日本却只用了 40 年时间。法国在 1851 年城市化率已经达到了 25.5％,到 1960 年时才达到 70％,前后竟用去了 110 年时间。

二、中国的城市化进程与阶段划分

1949 年到现在,我国的城市化进程经历了一个曲折的发展过程。从图 2-2 可以看出,1949 年以来的我国的城市化进程大致可以分为四个阶段:

第一阶段(1949—1960 年):平稳发展阶段,城市化初期。新中国

---

① 参见焦秀琦:"世界城市化发展的 S 形曲线",《城市规划》1987 年第 2 期,第 34—38 页。
② 参见饶会林:《城市经济学》,东北财经大学出版社 1999 年版,第 65 页。

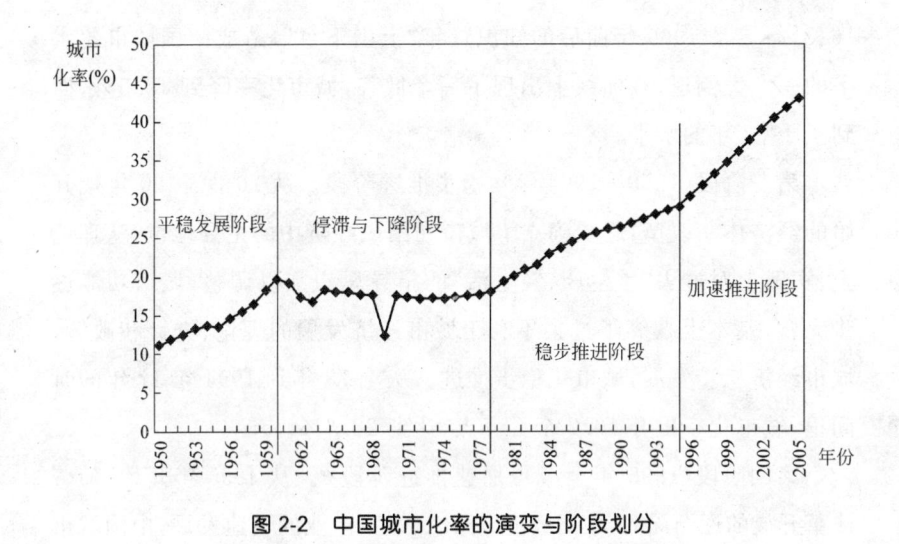

图 2-2 中国城市化率的演变与阶段划分

成立初期的10年时间是我国城市化平稳、较快增长的阶段。从1949年到1957年期间,全国城市化率每年增长0.6个百分点。1958—1960年期间,全国出现了不顾实际情况大办工业的热潮,表现在城市化方面就是城市化率的迅速提升,3年时间城市化率提升4.4个百分点,平均每年1.5个百分点,到1960年"大跃进"结束,城市化水平达到19.8%。总体来讲,这一阶段的城市化发展还是正常的、平稳的,符合城市化发展的规律的。

第二阶段(1961—1978年):停滞与下降阶段。在1961年到1978年这18年的时间当中,由于一系列政治运动的影响,中国城市化水平进入一个停滞不前、稍有下降的阶段,18年时间下降了0.9个百分点。这期间又有两个比较突出的下降期。一是1961—1963年,由于全国性的经济衰退、物资短缺,国家出台城市非户籍人口商品粮、油和副食品的供给条例,开始实行低标准的供给制,全国撤销了很多城市建制,严格控制新城设置,动员市民返乡等,结果是到1963年城市化率猛降到

16.8%；二是 1969 年前后的知识青年"上山下乡",造成中国城市化水平的一个大倒退,在曲线上出现了一个低谷,城市化率降到 12.5%,回到了 1952 年的水平。

第三阶段(1978—1994 年):稳步推进阶段。从 20 世纪 80 年代开始的经济体制改革,逐步确立了城市在国民经济中的主导地位,从理论上、实践上对过去"重生产、轻生活"的指导思想加以调整,城市功能逐步完善,基本上摈弃了过去不利于城市经济发展的理论、方针和政策,城市经济稳步发展,城市化稳步推进。从 1978 年到 1994 年 17 年的时间里,城市化率提升 10.7 个百分点,达到 28.6%。

第四阶段(1995 年至今):加速推进阶段[1]。从 1995 年开始,随着改革开放的逐渐深入,中国经济中第二、第三产业的飞速发展,中国城市化发展进入一个全新的时期,城市化加速推进,这一过程目前仍在持续。1995 年中国城市化率只有 29%,到 2005 年已经猛增到 42.99%,平均每年增长 1.4 个百分点。注意到中国城市化高速推进期的出现恰在 29%左右,与城市化 S 形曲线所表达的规律(30%—70%为加速发展期)惊人地一致。2005—2010 年间以城市化率每年增长 1.2 个百分点计,则到 2010 年中国的城市化率将达到 49%;如果 2010—2020 年间城市化率以每年增长 1 个百分点计,2020 年城市化率将达到 59%。2034—2035 年间中国城市化率将达到 70%,在此之前为经济高速增长期,以后则进入平稳发展期。

---

[1] 根据《中国统计年鉴 2000》,1999 年中国的城镇总人口为 3.89 亿,城市化水平为 30.89%。2000 年进行第五次人口普查时由于统计方法的改变,城镇人口跳跃性地增加到 4.58 亿,城市化水平也猛增为 36.22%。在《中国统计年鉴 2002》中,将 1996 年至 1999 年的城镇人口数量调整为 3.73 亿、3.94 亿、4.16 亿、4.37 亿,城市化水平也相应调整为 30.48%、31.91%、33.35%和 34.78%。

第二节 大城市化

一、大城市化的基本事实与规律

大城市化是在城市化初期和中前期所有城市进行性增长的过程中大城市人口增长速度一般高于规模较小的城市的规律。从现象上来讲,大城市化有三个方面的原因,一是人口由中小城市向大城市流动的速度大于人口由大城市流向中小城市的速度;二是人口由农村向大城市流动的速度高于向中小城市流动的速度,这两个方面使得大城市的规模扩大,且扩张速度大于中小城市;三是大量的中等城市通过规模扩张成为大城市,使大城市的数量增加。

1. 城市化初期和中前期大城市数量及大城市人口迅速增长

从世界城市化的历史来看,在城市化的初期和中前期,资本、劳动等要素迅速向大城市积聚,导致大城市数量迅速增加,规模快速扩大,大城市对区域经济和社会的影响力显著增强,这是世界各国普遍存在的规律。1900年全世界百万人口的特大城市仅13个,1950年增加到71个,1960年达到73个,1970年增加到160个,到1980年就增加到234个,80年间增加了17倍。特大城市(人口大于100万的城市)人口占城市总人口的比例已超过1/3,2000年突破40%,特大城市达到408个。1950年,全球只有两个超级城市(人口800万以上),即美国的纽约(1230万人)和英国的伦敦(870万人)。到1995年,世界超级城市就增加到22个。日本1997年11个特大城市容纳了全国城市人口的33.8%,而115个小城市只容纳了全国城市人口的20.9%。2000年,我国50万人以上的大城市和特大城市占全部城市的比重仅有15%,但却积聚了全国城市非农人口的55%左右;全国特大城市的面积仅占全国的7%,却积聚了40%以上的城市人口。

2. 城市化初期和中前期大城市人口增长速度快于中小城市

在城市化的初期和中前期,大城市作为区域的增长极超前增长,大城市人口增长的速度高于中小城市,并最终带动区域的中小城市发展。1961年,贝里(Berry)运用克里司徒纳的"中心地理论"中的规模等级分组方法,对38个国家4187个城市进行统计分析,结果发现在集中型城市化阶段,大城市的发展速度较快,中等城市次之;而到了扩散型城市化阶段,中小城市的发展速度较快,最终形成大中小城市均衡发展的局面。① 1960年发达国家特大城市人口占城市人口的比重达到28%,1970年达到32%,而到1990年已经增加到37%;发展中国家也表现出同样的规律,1960年特大城市人口占总人口比重为22%,1970年达到30%,1990年则达到41%。世界大城市和特大城市表现出类似的规律。1900年,世界50万—100万人口的大城市和人口大于100万的特大城市人口占总人口的比重分别为1.5%和1.6%,1950年这两个数值已经上升到2.9%和7.4%,到1980年则分别上升到3.9%和14.3%。1950年到1980年间,世界大城市和特大城市人口由2.57亿增加到7.73亿,增长200%;而同期中小城市人口由3.9亿增长到9.39亿,增长141%。从世界范围来看,大城市超前增长是一个规律,发达国家是这样,发展中国家也是这样,从单独一个国家来看,结论也如此。

3. 大城市人口比重在城市化中后期和后期趋于稳定并最终呈下降趋势

从理论上讲,随着城市人口的增长,城市人口的边际产出有一个先上升后下降的过程。对应于边际产出上升的过程,城市人口迅速上升,城市总产出增加而人均产出上升;当城市人口增长到一定程度时,边际产出开始下降,下降到一定幅度时会对应于人均产出的极值点,而过了

---

① 参见饶会林:《城市经济学》下册,东北财经大学出版社1999年版,第668—669页。

人均产出的极值点,城市效益下降,人口的增速也会减缓。对于大城市来说,随着城市化进入中后期,大城市人口的激增所造成的一系列经济与社会问题如交通拥堵、环境恶化、种族冲突加剧、犯罪率上升等问题就会凸显出来。在美国及其他一些西方国家就出现了所谓的郊区化或扩散型城市化现象,大城市的人群向郊区或其他中小城市迁移,其绝对人口数量有时甚至超过由其他地方向大城市的人口迁移数量,从而造成大城市人口的相对或绝对减少。以美国为例。美国在1930年城市化率达到56%以前,大城市尤其是百万人口以上的特大城市人口增长速度很快,大城市化率从1900年的10.7%增加到1930年的17%。从1930年到1970年(城市化率66%)的40年间大城市化率处于比较稳定的状态,基本上都在15.5%至17%之间,但从1970年以后,大城市化率开始逐渐下降,到1980年下降到12.5%。但从1900年到1980年不同规模的中小城市人口占总人口的比例则一直呈现缓慢、稳定上升的趋势,如1900年25万—50万人的城市人口占总人口比例为3.8%,到1980年才增加到5.4%,低于5万人的小城市人口则从1900年的3.8%增加到1980年的4.7%。[①] 然而大城市人口比重下降出现的时间目前还难以给出确切的答案,不同国家有不同的国情,这个时间点也是不同的。就美国而论,在城市化率达到56%时大城市化率停止增长,到66%时大城市化率开始明显下降。值得注意的是,美国和一些西方国家由于实行城市更新运动,城市中心区重新复兴,又出现了大城市人口回流的现象,许多大城市人口重新开始增长。这说明,如果政策措施适当,大城市化率下降出现的时间是有可能被推后的。

[①] 参见叶维钧等:《中国城市化道路初探》,中国展望出版社1988年版,第427页。

二、大城市化的经济原因——城市规模效益

在大城市化阶段,主要是城市化的初期和中前期,之所以出现人口和其他生产要素向大城市高度积聚的现象,是因为大城市具有较高的经济效益和社会效益。一般来说,在大城市化阶段,城市的规模越大,其经济效益和社会效益越高,这就是城市规模效益。早在19世纪,亚当·斯密已经注意到:"2 000万人在一个大社会里通力合作所能生产的货物,会比仅仅有二三百万人的社会所能生产的货物多1 000倍。"[①]恩格斯也在研究伦敦时指出:"(伦敦)这种大规模的集中,250万人集中在一个地方,使这250万人的力量增加了100倍。"[②]

城市规模效益的形成首先是城市聚集经济和规模经济作用的结果。一般而言,大城市由于经济文化发展起步较早、结构更完善、市场发育更成熟,而往往"具有较高的经济效率、生产技术和管理水平,其聚集效益、规模效益比中小城市更为明显,因此能够聚集和创造比中小城市更多的物质财富和精神财富,成为地区或国家的政治、经济、科技文化的中心"[③]。从企业的角度看,大城市具有更高的经济效益、更多的投资机会、更高的利润率,因而愿意去投资;从消费者的角度看,大城市能够获得更高的收入、更便利的购物环境、更优越的生活设施、更适宜个人事业发展的工作环境和更有品位的文化享受,因而更愿意到大城市去。城市规模效益无非是两个方面,一方面是由于城市规模扩大而导致的经济效率的提高,同样的投入要素可以得到更高的产出;另一方面是由于城市规模扩大所导致的相同产出条件下的成本的降低。

---

① 参见饶会林:《城市经济学》下册,东北财经大学出版社1999年版,第565—566页。
② 《马克思恩格斯全集》第2卷,人民出版社1957年版,第303页。
③ 饶会林、丛屹:"再谈城市规模效益问题",《财经问题研究》1999年第10期,第56—58页。

其次,城市规模与城市建设成本有着密切的关系。随着城市规模的增大,其城市建设的单位成本会下降。这种现象的出现是由于规模大的城市一般人口密度也高,其排水、电力、暖气、煤气、公路、通信等设施具有显著的规模效益,并且大城市由于拥有先进的建设管理经验与技术,建设中多采用大型机械设备也在一定程度上降低了成本。从这个角度看,建设 1 000 万人口的大城市的交通系统,比建设 100 个 10 万人口的城市的交通系统成本低很多,市民由于避免了在不同城市间的奔波而节省的成本更大。

三、中国大城市化的历史、现状分析

如前所述,大城市化是城市化初期和中前期世界各国普遍的经济现象。但是,我国的城市化和大城市化却由于众多因素的干扰而走过了一段曲折的过程。

(1)从 1952 年到 2000 年,人口大于 50 万的大城市人口和人口少于 20 万的小城市人口占总的城市人口的百分比的演变大致可以分为三个阶段:

第一阶段:从 1952 年到 1980 年。大城市和特大城市人口在城市总人口中的比重是稳步增长的,呈现出明显的规律性。1952 年大城市和特大城市占城市人口的 59%,1980 年增加到 63.5%,年均增长 0.16 个百分点。与此相对应,小城市人口比重则呈现逐渐下降的趋势,从 1952 年的 24.9%下降到 1980 年的 13%,年均下降 0.425 个百分点。这一阶段是大城市化不断演进的阶段。

第二阶段:从 1980 年到 1993 年。这 13 年是大城市人口比重不断下降、小城市人口不断增长的阶段。1980 年 50 万人以上大城市人口占城市总人口比重为 63.5%,1993 年下降到 51.5%,平均每年下降 0.92 个百分点,这种下降速度是很快的。而在同一时期,小城市人口与大城市人口呈现反向变化规律,从1980年的13%上升到1993年的21.1%,平均每年上升0.62个百分点。

第三阶段:从1993年至2000年。这一阶段大城市人口比重重新开始增长,而小城市比重则显示出逐渐下降的趋势。1993年到2000年,50万人口以上的大城市人口占城市总人口比重从51.5%增加到55%,年均递增0.5个百分点;同期小城市人口比重则从21.1%递减到15%,平均每年递减0.87个百分点,递减的速度还是较快的。

(2)人口大于50万人的大城市人口占城市人口比重的变化方向与人口小于20万的小城市人口占城市总人口比重的变化方向是相反的。

(3)人口在20万到50万之间的中等城市的人口占城市总人口的比重呈现出稳定的上升趋势。比如,1952年是16.1%,1980年增加到23.5%,到2000年又增加到30%,1952—2000年平均每年递增0.29个百分点。

从以上对于中国城市规模结构历史演变的分析可以看出,我国从改革开放以后所采取的控制大城市发展的政策对于大城市人口还是产生了巨大的影响的。1978年全国城市工作会议提出"控制大城市规模,多搞小城镇";1989年通过的《城市规划法》明确规定"国家实行严格控制大城市规模、合理发展中等城市和小城市的方针"。很多大城市还出台了相关的配套制度措施,如收取城市增容费、实行更严格的户口限制等。这些政策和措施对于大城市的发展造成了极为不利的影响。西方国家历史上也出现过大城市人口比重下降的现象,但那时城市化已经进入中后期,城市化率达到50%以上,是由于大城市郊区化而出现的现象。我国所出现的大城市人口比重下降可以说是人为控制大城市发展的直接结果,和造成西方大城市衰落的郊区化根本不同。

第三节 城市区域化

一、城市区域的概念及其形成

1. 集中型城市化与扩散型城市化

如果从空间的视角来考察城市、城市化和城市经济,我们就会发现孤立地研究城市和城市经济已经没有意义。城市和区域是一个经济整体,城市和区域之间人流、物流、信息流、资金流一刻不停地进行着双向的流动,城市正是在与区域的相互作用和相互联系中不断发展壮大的,而区域也受到城市的技术扩散、资本输出、生活风尚的传播、人员往来及通勤的影响而在发生着变化,城市和区域的边界日益模糊,两者已经日益成为经济、政治和社会各方面的一体化地域了。

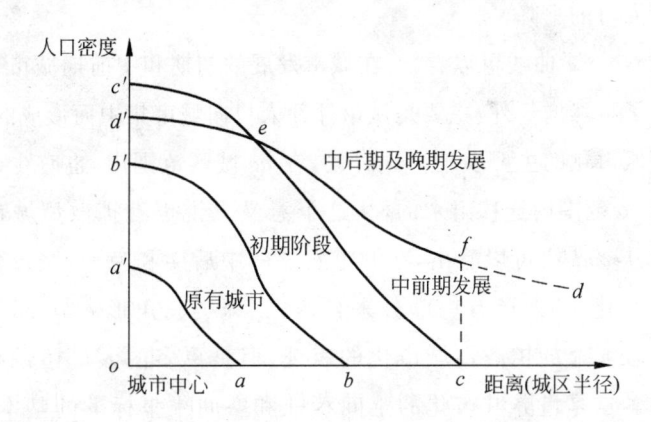

图 2-3 集中型城市化、扩散型城市化及单一型城市区域的形成

城市发展的空间特点以反 S 形曲线来表示,如图 2-3。$a'a$ 曲线表示城市化开始时的城市,oa' 是城市中心的人口密度,oa 是城市半径,城市人口总量可用类三角形 oaa' 表示;城市发展的初期,城市中心的

人口迅速增长,市中心人口密度猛增到b',同时伴有市区面积的扩大,城市半径由a延长至b,在城市邻近郊区的地方人口聚集速度最低,密度也最低；城市发展的中前期阶段,是城市加速发展阶段,这时候市中心的人口密度还会有所增长,但增长速度明显放慢。而市区范围有较大扩展,原来的城市郊区变成了市区,城市的半径由b进一步延长至c。这时候,原来郊区的人口增长比市区还要快；到了城市发展的中后期及晚期,城市中心地区的人口密度会出现回落,而城市郊区的人口集中会更快而成为市区,不过这时候的市区不一定具有连贯性,也许中间要夹杂和间隔一定的农业区域。这时候,在原市区范围内,即在oc半径以内,虽有市中心人口的减少,但整个城市人口数量还在增长(因为这时候的城市人口总量可以用类四边形$ocfd'$表示,而其中类三角形cfe大于类三角形$ec'd'$)。只有到d'继续下降到b'以下时,才有可能出现整个城市人口的下降。

从$b'b$、$c'c$曲线可以看出,在城市发展的初期和中前期城市人口的增长除了自然增长外,主要是城市外部人口向城市集中而形成的,这是集中型城市化的主要表现。这时候,在bc城区范围内,也有少部分人口是由ob范围内迁移出来的,从这个意义上说也有扩散型城市化的萌芽。从$d'd$线可以看出,在城市发展的中后期和晚期,城市郊区将迅速城市化,其人口有一部分来自市区(即类三角形$ec'd'$部分),就是有了较明显的扩散性城市化的表现,但是更多的人口还是来自外部地区。这是世界城市化的空间特征和空间维坐标下的基本历程。就全过程而言,集中型城市化和扩散型城市化这两种形态常常是交互起作用的,也就是说城市人口密度的增加和城市范围的扩大是同时出现的。但是,在城市化的初期和中前期,集中型城市化占支配地位；而城市化的中后期和晚期,扩散型城市化开始增强并逐渐占据主导地位。

2. 单一型城市区域和复合型城市区域

(1) 城市区域的内涵

城市从来就不是一个封闭的系统,它与周边广大区域及其他城市有着密切联系。城市化进一步发展,由于集中型城市化和扩散型城市化的联合作用,城市与区域间不断进行着信息、物质和能量的交换,社会经济超越城市与乡村的界限而不断发展和相互融合,城乡关系由对立走向统一,由冲突走向协调,由竞争走向合作。而在城市化的中后期阶段,随着城市化水平的提高,城市发展已经摆脱了单一城市孤立的发展阶段,城市与城市、城市与区域组成一个独特的、复杂的城市区域系统。而在实践上,一个或数个大城市与众多的中小城市共同组成的城市群正在成为整个地区及国家经济发展的主体,城市与城市、城市与区域间的矛盾和冲突日益加剧,这些都需要从更广的范围、更高的视野来重新审视城市及区域的发展。这一背景下,提出了城市区域的概念。

中心城市的吸收和辐射能力所能够到达并能促进其经济发展的地域范围称为腹地。城市作为人口与产业在空间高度聚集的集中地,其发展的过程也是城市与其经济腹地之间不断交互作用的过程。如今,只是研究没有腹地区域的城市同仅仅研究没有城市的区域一样没有多少意义。城市区域(metropolitan region 或 city-region)是指中心城市与其经济腹地(包括乡村和次一级的城镇体系)共同组成的以中心城市为主导的一体化地域,是一个具有地理空间特征的经济概念。城市区域是城市不断成长,其外向经济联系不断扩大过程中必然出现的一种经济现象。城市区域化是城市化的发展新阶段和高级阶段。正如希克斯(Ursula Hicks)所说,"现在西方国家的城市问题不能再看做是一般的城市问题,这些问题已经是过于庞大,应当说这些问题是与现已存在的'组合城市'或'大都市区'的问题相联系"。城市区域形成和发展的过程,即城市区域化,是城市功能作用和贡献的辐射和倍加,其中存在城市区域的聚集效益和规模效益。

城市区域分为单一型城市区域和复合型城市区域。单一型城市区域是指单一的中心城市与其经济腹地组成的一体化地域。复合型城市区域是指有两个及两个以上的单一型城市区域复合而成的城市区域。

(2) 复合型城市区域的形成

图 2-4 表示了两个相邻城市的反 S 形曲线。可以看到,随着两个相邻的单一型城市区域的发展,它们之间的距离在不断缩小,联系越来越密切,最后连接在一起,形成了一个复合型城市区域。在复合型城市区域内,原来一个个单独的城市区域,都变成了宏观城市区域系统中的一个子系统。

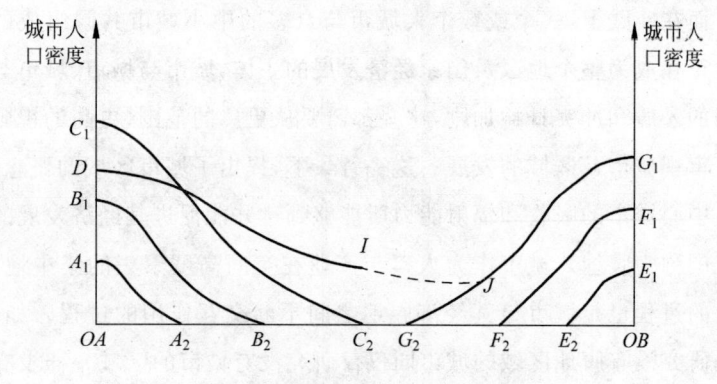

图 2-4 复合型城市区域形成模型

3. 城市区域的特点

目前,城市区域已经成为全球经济活动的主要依托和载体,在全球化和信息化的潮流中,城市区域更成为引导时代潮流的先锋和中流砥柱。这是因为城市区域拥有比其他地区更为庞大和密集的商品和服务市场,更为巨大和专业化的劳动力蓄水池和更为先进和集中化的交通、金融和电信网络,这些优势使之成为全球经济增长的引擎,成为各国参与全球竞争的主要实体,这种地位在经济全球化的大背景下不仅没有被削弱而且还在逐步强化。

城市区域具有以下特点：

(1)经济实力强大、人口集中,是区域发展的增长极。城市区域往往是一个国家经济实力最强的地区。例如美国东北部大纽约城市区域,面积不到全国国土面积的1.5%,但却集中了美国人口的20.5%,创造的制造业产值占全国的30%。再如日本的东京、名古屋、大阪城市区域,人口近7 000万,占全国人口的63.35%,创造了全国工业产值的3/4和国民收入的2/3。

(2)科技及基础设施发达。大的城市区域都是本国甚至是世界科技最先进、文化最发达的地区,具有发达的区域基础设施网络,科技人员集中,科研机构众多,是世界新知识、新技术、新创造的策源地。1999年美国的金融服务业的90%,交通、通信、公共服务部门的70%集中于城市区域(美国称都市区),高科技产业产值占全国的94%,其中高科技产出最大的20个城市区域的高科技商品和服务总额就占全美的一半。美国城市区域高科技产业就业人数占全国比重方面：计算机与办公设备为95%,计算机程序和软件为97%,电子设备为83%,电子部件为89%,制药产业为93%。国内外规模较大的城市区域大致如此。

(3)城市区域内往往形成完整的城市规模等级体系。城市区域一般都有一个或数个大的中心城市,同时还会有大量的中小城市,是一个包括大中小城市和市镇的完整的城市体系。各个城市之间分工明确、协调发展,优势突出。如美国东北部城市区域是由5个大城市和四十多个中小城市组成的超大型城市区域。这些城市各有自己占优势的产业部门,城市之间形成紧密的分工协作关系。

二、城市区域化的一般规律

城市区域化是城市化和大城市化发展的必然结果,是市场机制作用下生产要素围绕中心城市这一增长极在空间上不断聚集与扩散的结果,是城市化进入成熟阶段城市与区域、城市与城市之间密切联系与协调的空间组织形式,是城市化进入高级阶段的必然产物。

(1)城市化一旦进入城市区域化阶段,便具有很高的发展速度,且呈现加速态势。从表2-1可以看出,1950年美国城市区域只有169个,到2003年增加到934个,城市区域人口占全国人口的比重在1950年已高达54.7%,到1999年增加到80.1%,每年增加0.52个百分点。从1999年到2003年每年平均增长3.2个百分点,2003年达到92.9%。

表2-1 美国城市区域数目、人口比重及面积比重

年 份	城市区域(个)	城市区域人口占全国比重(%)	城市区域面积占全国比重(%)
1950	169	54.7	5.8
1960	212	63.0	8.7
1970	243	68.6	10.9
1980	318	74.8	16.0
1990	284	77.5	16.4
1999	276	80.1	20.0
2003	934	92.9	不详

资料来源:黄璜、叶裕民著"美国和加拿大都市区的划分及我国的借鉴",载《现代城市研究》2004年第12期,第40—50页。

(2)城市区域化具有阶段性,呈现跳跃式高速发展的特性。单一型城市区域的发展形成复合型城市区域,这是由量变到质变的过程。进一步发展可能就会形成更大范围的区域联盟;复合型城市区域规模不断扩大,两个或数个城市区域又复合到一起,形成更大的城市区域。大城市区域进一步发展,达到一定程度又会形成跨国城市区域甚至全球城市区域。

(3)城市区域一体化发展规律。随着城市区域的发展,其内部各个城镇之间、城市与区域之间、各个产业之间会逐渐形成一定的分工与合作关系,因而会形成一定的比例关系和速度关系,从而保证城市区域的

整体发展和有序发展。城市区域不断扩大范围和规模,将不断突破现有的行政边界进行更大范围和更高层次的联合。

三、中国的城市区域化

关于中国城市区域的分类和划分方案,学术界还有很多争论,而中国的统计数据也主要是以行政区为界进行的,因而现在还无法很准确地了解中国城市区域的全貌。不过对于长江三角洲、珠江三角洲和京津冀城市区域的范围还是达成了共识。一般比较公认的划分方案是:长三角城市区域包括上海市、江苏省8个地级市(南京、苏州、无锡、常州、扬州、镇江、南通、泰州)、浙江省7个地级市(杭州、宁波、湖州、嘉兴、绍兴、舟山、台州)。珠三角城市区域包括广州、深圳、珠海、佛山、徽州、肇庆、江门、中山、东莞9个地级及副省级市。京津冀城市区域包括北京、天津以及河北省8个地级市(石家庄、唐山、保定、秦皇岛、廊坊、沧州、承德、张家口)。

这三个城市区域工业发达,基础设施先进,产业门类配套齐全,经济实力强,人员素质高,技术水平、管理水平和综合经济效益均居全国前列。仅从长三角城市区域就可管窥一斑。长江三角洲城市区域经过多年的发展,已经基本上形成了由特大城市、大城市、中等城市、小城市、县城、县属镇和乡村集镇组成的比较完备的城镇体系,城镇等级齐全,类型多样,目前有大、中、小城市54个,建制镇1 396个,平均每1 800平方公里就有一座城市,不足70平方公里就有一座建制镇;特别是在总长不超过660公里的沪宁、沪杭、杭甬三条铁路线上,密集分布着20座城市,平均每30公里一座城市,许多城市的郊区已经连成一片。从表2-2可以看出,2005年这三个城市区域以占全国15%左右的人口,创造了占全国35.7%的GDP(仅长三角就实现了全国GDP的17.2%),地方财政收入占了全国的40%,固定资产投资占了全国的

30%,社会消费品零售总额占了全国的 16%,实际利用外资占了全国的 78%,进口总值占了全国的 81%,出口总值占了全国的 75%。其在全国的经济地位由此可见一斑。这三个城市区域又是中国经济最发达的地方,人均 GDP、人均收入和地均 GDP 也比全国的平均水平高出很多倍。

表 2-2 2005 年中国三大城市区域主要经济指标对比

经济指标		长三角	珠三角	京津冀	总和
地区生产总值	绝对数(亿元)	33 858.55	18 116.74	18 336.58	70 311.87
	占比(%)	17.2	9.2	9.3	35.7
人均 GDP(元)		40 793	44 436	24 816	35 572*
地均 GDP(万元)		3 399	4 345	991	2 155*
三次产业比例		4.1∶55.3∶40.6	3.3∶50.6∶46.2	7.0∶45.3∶47.6	4.8∶50.4∶44.8
地方财政收入	绝对数(亿元)	3 190.06	1 218.47	1 644.58	6 053.11
	占比(%)	21	8	11	40
固定资产投资	绝对数(亿元)	13 747.33	5 131.47	7 685.92	26 564.72
	占比(%)	15.5	5.8	8.7	30
社会消费品零售总额	绝对数(亿元)	10 738.82	5 684.51	6 392.14	22 815.47
	占比(%)	7.53	3.99	4.48	16
实际利用外资	绝对数(亿美元)	263.33	115.83	90.43	469.59
	占比(%)	44	19	15	78
进口总值	绝对数(亿美元)	2 265.08	1 837.2	1 249.06	5 351.34
	占比(%)	34	28	19	81
出口总值	绝对数(亿美元)	2 759.6	2 273.4	676.68	5 709.68
	占比(%)	36	30	9	75
进出口总值	绝对数(亿美元)	5 024.67	4 110.6	1 925.74	11 061.01
	占比(%)	35	29	14	78

注:根据国家发展与改革委员会网站相关数据整理,表中"占比"是指相关项目占全国的百分比,加 * 者为平均值。

与我国的城市化和大城市化进程相伴随,城市区域化也呈现加速发展的态势,人口和投资不断向城市区域集中。目前中国发展较快的城市区域除了长三角、珠三角、京津冀外,辽中南、山东半岛也发展很快,是中国经济重要的增长点。中原、武汉、成都、西安和长株潭城市区域也呈后来居上的态势,发展态势良好。中国城市区域的经济发展速度远远高于同时期的全国平均经济增长速度。比如 1978 年到 2004 年,全国年经济增长率平均是 9.39%,而长三角达到 12.07%,是全国的 1.29 倍。1978 年,全国人均 GDP 是 376 元,长三角为 841 元,后者是前者的 2.24 倍。2004 年全国人均 GDP 增长到 10 561 元,而长三角已经达到 35 149 元,是全国均值的 3.33 倍。可以看出,城市区域在全国的经济地位和比重是不断上升的。从发展程度上来讲,珠三角人均 GDP 为 5 500 美元,长三角达到 5 000 美元左右,已经超过世界银行提出的中高收入国家 4 870 美元的平均值,而京津冀 3 100 美元的人均 GDP 比中等收入国家 2 990 美元的平均值略高。也就是说,我国城市区域的经济发展水平已经率先达到中等收入国家和中高收入国家的相应水平。

四、充分认识城市区域化规律,促进城乡融合与发展

马克思曾经指出,人类历史是一个城乡对立统一的历史,是由城市的产生,而后带来城乡差异的扩大,然后逐渐走向城乡融合、消灭城乡差别的过程。这是哲学上的否定之否定在城乡演变过程中的具体反映。在集中型城市化阶段,由于要素不断向着城市集中,大城市化成为不可避免的现象。而到了扩散型城市化阶段,大城市的扩散作用进一步加强,城市的各种经济要素以及社会生活及文化要素都向周边区域扩散,从而形成城市和区域的一体化地域即城市区域,所以说城市区域化是城市化中后期和后期扩散型城市化的必然结果。

城市区域在欧盟和美国等发达国家国民经济中都占有绝对优势的地位。比如美国的三大城市区域——东北部城市区域、五大湖城市区域、洛杉矶城市区域,其经济贡献率占全美的 65% 以上;日本的三大城

市区域——大东京城市区域、阪神城市区域、名古屋城市区域的经济总量占日本全国的70%。而中国的三大城市区域——珠江三角洲、长江三角洲、京津冀也占全国国内生产总值的35%。城市区域的发展,一方面有利于城乡经济、社会的融合与共同发展,另一方面有利于大中小城市之间尤其是中心城市与周边城市之间的协调、合作与发展。

我国经济目前面临着巨大的挑战,最大的挑战来自于人口压力,其次是对资源、能源的超常消耗,对环境的破坏,以及所面临的基础设施约束,这些问题都有希望通过城市区域化的道路予以缓解或解决。城市区域中集约化的生产方式、企业的高度积聚和产业集群的形成、对基础设施的共享和高效利用、城乡经济的高度融合以及科技、教育的高度集中有利于解决中国经济面临的巨大压力,也是中国区域经济能够形成合力,共同参与国际竞争,共同应对经济全球化和区域经济一体化的挑战的必由之路。我们必须充分认识到城市区域化时代到来所带给我们的发展机遇与挑战,认真解决城市区域化过程中所出现的各种问题,努力消除城市—区域间要素和商品流动的各种障碍,加强城市间的联系和合作,通过制度建设、组织建设和基础设施建设等促进城市区域的健康、有效发展。

第三章 城市区域的分类与范围界定

城市的辐射作用和积聚作用使得与其临近的区域日益失去其独立性而依附于城市,城市与区域紧密结合形成城市区域,城市区域与城市区域互相接近重叠而形成更大的城市区域,城市区域化正在超越行政边界得到不断发展。城市区域如何划分、如何辨识,其边界在哪里,成为一个重要的课题。本章首先回顾国内外城市区域划分的指标体系,然后提出本书的城市区域分类办法以及指标体系,并利用城市影响力指数和标准城市区域方法,对我国的城市区域进行划分,并对每个城市区域的主要特征加以说明。

第一节 城市区域的分类及指标体系

一、美国都市区的分类及指标体系

城市区域是由城市及与城市紧密联系(在空间上连为一体、在职能上分工协作)的周边地区所组成的空间地域。国内外对这样一种城市空间的称谓不尽一致,美国联邦普查局的统计标准叫做都市区(MA：Metropolitan Area),日本称为大都市圈、大都市地域、大都市区与大都市广域圈等。

美国联邦政府普查局所指的都市区,包括一个大的核心区以及与这个核心具有高度的社会经济一体化的邻接社区的组合。这里的核心区是指达到一定规模的城市,邻接社区则以周边的县为基本统计单元。由于城市及其周边地域总是处于不断变化之中,相对稳定的行政区无法反映不断变化着的城市体系格局。美国设立独立于行政区之外的都市区就是为了解决行政区与城市体系脱节的问题,便于对城市人口、用地规模、城市与周边联系的监控和对比。同时,美国联邦和州政府的多项拨款和发展项目的制定和实施都以都市区为目标,都市区概念的重要性就更加凸显出来。

1910年美国普查局设立都市区(Metropolitan District)的概念,标志着美国首次以大城市及其辐射区域为单元公布统计数据,当时核心区人口必须达到20万以上;1930年核心区的标准降为5万人;1950年国情调查时,提出"标准大城市地区"(SMA)的概念;1960年又正式采用了"标准大城市统计区"(SMSA)的概念。1983年SMSA被更改为都市统计区(MSA),1990年又改称MA。MSA是指有明确的中心城市,并且在经济、社会上具有一体化特征的区域,具体标准为:①中心城市人口5万以上,或两个相连城市总人口超过5万;②中心城市所在县①的其余部分(即中心县)人口密度在58人/平方公里以上;③75%以上劳动力从事非农业活动且至少有15%在中心县的邻接县工作,邻接县就业者中有25%常住于中心县、市中。由若干个具有地域相邻且经济联系密切的MSA组成一级都市统计区(PMSA, Primary Metropolitan Statistical Area),一个PMSA的总人口一般不低于50万人;由两个以上相互联系和相邻的PMSA复合而成的都市区称联合都市统计区(CMSA, Consolidated Metropolitan Statistical Area),一个CMSA的总人口不低于100万人。1990年,美国一共有284个PMSA、20个CMSA,其中最大的CMSA是美国东北部纽约—新泽西—长岛都市区,人口1 800万。

---

① 美国的城市大部分都很小,县管辖的地域要比城市大得多。

表 3-1 1990—2000 年美国城市区域人口变化情况

地 区	1990 年人口	2000 年人口	2000 年比 1990 年人口增长（%）
核心统计区	230 276 736	261 534 991	13.6
大城市统计区	203 940 698	232 579 940	14.0
小城市统计区	26 336 038	28 955 051	9.9
核心统计区以外地区	18 433 137	19 886 915	7.9
美国全国	248 709 873	281 421 906	13.2

资料来源：U. S. Bureau of the Census, Ranking Tables for population of Metropolitan Statistical Areas, Micropolitan Statistical Areas, Combined Statistical Area, New England City and Town Areas, and Combined New England City and Town Areas: 1990 and 2000, Washington, D. C., 2003。

2000 年美国对都市区的划分标准进行了大幅度改革，将所有的都市区统称为核心统计区（CBSA，Core Based Statistical Area），它包括大城市统计区（Metropolitan Statistical Area）和小城市统计区（Micropolitan Statistical Area）两类。CBSA 必须满足如下标准：①中央核：至少有一个人口不少于 5 万的城市化地区（urbanized area）①或者人口不少于 1 万的城市簇（urban cluster）②，城市化地区和城市簇统称为城区（urban area）；②中心县：中心县至少 50% 的人口居住在规模不小于 1 万的城区或者中心县至少 5 000 人居住在人口规模不小于 1 万人的单个城市地区；③外围县：居住在外围县但工作在中心县的就业人口占外围县总就业人口的 25%，或者外围县 25% 的就业人口居住在中心县等。大城市统计区必须包含一个人口不少于 5 万的城市化地区，小城市统计区必须具有一个人口在 1 万人以上的城市簇。从表 3-1 可以看出，美国核心统计区人口的增长速度远高于核心统计区以外地区的人口增长速度和全国平均速度，2000 年核心统计区已经包含了全

---

① 城市化地区是指人口在 5 000 以上、人口密度大于 1 000 人/平方英里的地域。
② 城市簇是指人口在 2 500 以上、人口密度大于 1 000 人/平方英里的地域。

国92.9%的人口。截至2003年12月,美国共有934个核心统计区,其中大城市统计区361个,小城市统计区573个。

二、日本的城市区域分类

除美国之外,对我国学术界影响比较大的是日本的城市区域划分方案。日本政府1954年即定义了"标准都市圈",1960年开始采用"大都市圈"的划分标准:中心市人口为中央指令城市(相当于我国的直辖市)或人口在100万以上的城市并且临近有50万人以上的城市,外围地区到中心市的通勤率在15%以上,对外货物运输量不超过总运输量的25%的地域范围。日本所说的都市圈有两种情况:一是以单一中心城市为核心的"日常都市圈",即能够进行通勤、购物和日常业务交流的"通勤圈",以"1小时距离法则"(半径100公里左右)确定其地域范围;二是以若干中心城市为核心,周边城市、区域共同组成的"大都市圈",其半径可达300公里左右。当有两个以上中心市相近时,将其区域并入一个大都市圈。国内外一些学者也针对日本城市区域的发育情况,提出了自己的划分办法,如1976年格利克曼(Glickman)提出的区域经济组团(Regional Economic Cluster, REC),1978年川岛达彦提出的功能性都市圈(Functional Urban Region, FUC)。

三、城市区域划分的指标体系

1987年,周一星教授在借鉴西方都市区划分指标的基础上,提出建立中国的城市功能性地域"城市经济统计区"的指标体系。2000年他又对该指标体系进行了修改[1],要点如下:①都市区是由中心市和外围非农化水平较高并与中心市存在着密切社会经济联系的邻接县(市)

---

[1] 参见胡序威、周一星、顾朝林:《中国沿海城镇密集地区空间积聚与扩散研究》,科学出版社2000年版,第44—48页。

两部分组成；②凡城市实体地域内非农业人口在 20 万人以上的地级市可视为中心市，有资格设立都市区；③都市区的外围地域以县级区域为基本单元，外围地区原则上需同时满足以下条件：A. 全县（或县级市）的 GDP 中非农产业占 75% 以上；B. 全县社会劳动力总量中非农劳动力占 60% 以上；C. 与中心市直接毗邻或与已划入都市区的县（市）相邻。

法国地理学家戈特曼（Jean Gottmann）1957 年提出了大都市带（Megalopolis）的概念，这一概念不仅是简单地指一个面积广大的城市区域，而是指一个范围广大的、由多个大都市连接而成的城市化区域。大都市带是多个都市区发展聚合的产物。戈特曼提出了世界 6 个大都市带，我国的长江三角洲大都市带位列第六。戈特曼还提出了界定大都市带的五项原则：①区域内有比较密集的城市；②有相当多的大城市和都市区；③有联系方便的交通走廊把核心城市连接起来，都市区之间有密切的经济联系；④达到相当大的规模，人口在 2 500 万以上；⑤属于国家的核心区域，且有国际交往枢纽的作用。① 在戈特曼大都市带概念的基础上，周一星提出了中国特色的大都市带——都市连绵区（Metropolitan Interlocking Region，缩写为 MIR）的概念，其含义是以都市区为基本组成单元、以若干大城市为核心、大城市与周围地区保持强烈交互作用和密切社会经济联系、沿一条或多条交通走廊分布的巨型城乡一体化地域。② 构成 MIR 的五个必要条件是：①具有两个以上大城市（人口 100 万以上）作为发展极；②有对外口岸；③发展极和口岸之间有便利的对外交通干线作为发展走廊；④交通走廊及其两侧人口稠密且有较多的中小城市；⑤经济发达，城乡间有紧密的经济联系。可

---

① Jean Gottmann, *Megalopolis：or the Urbanization of the Northeastern Seaboard of the United States*, Cambridge, MA: The MIT Press, 1961.

② Zhou Yixing, "The Metropolitan Interlocking Regions in China: a Preliminary Hypothesis," in N. Ginsburg, B. Koppel and T. G. Mcgee eds., *The Extended Metropolis: Settlement Transition in Asia*, Honolulu: University of Hawaii Press, 1991.

见,都市带和都市连绵区是都市区的一种群体空间状态,是以基础设施走廊为依托和纽带,具有较强的经济社会联系的都市区的聚合体。

四、本书的城市区域分类标准

我国从东到西、由南到北经济发展极不均衡,因而不同地域上的城市区域也表现出极不相同的特征,如大型、复合型城市区域都高度密集地分布在东部,西部则多是一些小型、中型的、单一型城市区域,且地理分布上都很稀疏。因此,对城市区域进行合理的、可操作性强的分类,是对我国城市区域进行进一步研究的重要基础,也是国家和地方制定城市区域发展规划、进行城市区域管理的重要依据。参考国内外政府及学者的分类,主要是饶会林(1999)的分类,建立了本书的分类体系。为便于对比,将本书的分类和饶会林的分类及美国、日本的分类都统一列于表3-2中。

表 3-2 城市区域分类方案对比

本书的分类	饶会林分类①	美国政府分类②	日本政府分类	实例
全球城市区域	国际城市区域	复合型城市区域	联合都市统计区	大都市圈	环黄海城市区域
				长三角、珠三角、京津冀
高级城市区域	大城市区域			辽中南、山东半岛、武汉、中原
中级城市区域	中级城市区域		一级都市统计区	日常都市圈	长株潭、徐州、西安、长春、哈大
初级城市区域	基本城市区域	单一型城市区域	都市统计区		十堰、九江、安庆、郴州、桂林、北海

① 据饶会林:《城市经济学》,东北财经大学出版社1999年版中有关内容整理。
② 这是1983年美国联邦普查局的分类,参见 Arthur O'Sullivan, *Urban Economics*, 2000,4th edition, The McGraw-Hill Companies, Inc. ,pp.7-11。

在建立本书的分类时,主要考虑到以下几点:

1. 分类要体现出城市区域三大差别:①该城市区域是单一型的还是复合型的;②该城市区域的影响和联系是全球性的还是仅限于国内;③该城市区域的中心城市的影响力(能级)和城市区域成熟度如何。

2. 尽管由于国情的不同和研究问题的着眼点、重点、角度不同,不同的分类体系之间无法完全对比,但还是应尽量与传统的分类保持一定的一致性,至少对比起来比较容易。

3. 城市区域的能级受两大因素影响:一是中心城市的人口和经济实力(以 GDP 或人均 GDP 表示),人口和 GDP 越高,对区域的影响力(即聚集力和辐射力)越大;二是城市区域总体的人口和经济实力,两者越大,表示城市区域的能量越大,在国家总体经济布局中的地位越高;三是城市的成熟度,也就是城市区域一体化程度。成熟度是城市区域发展阶段的一种度量,成熟度越高表示城市区域结构发育越完善,一体化程度越高,城市与区域的联系越密切,城市区域内部的要素流动越顺畅。因此,按照能级的大小,将城市区域分为初级城市区域、中级城市区域、高级城市区域。

4. 经济全球化与区域经济一体化是当前世界经济发展的两个重要的潮流,在中国经济日益融入全球经济体系的时候,经济全球化的两个重要方面——贸易自由化与投资自由化对城市区域的发展起着举足轻重的作用,促进了全球城市和全球城市区域的形成。鉴于此,本书的城市区域分类中将全球城市区域从高级城市区域中单独提出来作为一个大类,以显示其对全球经济的影响。

基于以上考虑,初步建立本书的城市区域分类及其指标体系如下[①]:

---

① 不同城市区域的界定指标是根据已知城市区域的 2003 年人口与 GDP 数据给出,力求与人们的习惯用法相一致。比如,高级城市区域的指标下限就根据辽中南、武汉、中原、山东半岛的情况给出。

(1) 全球城市区域：由全球城市及其腹地区域组成的城市区域(有关全球城市及全球城市区域的相关问题,见第九章)。

(2) 高级城市区域：中心城市人口大于 500 万且中心城市人均 GDP 大于 20 000 元或者城市区域总人口大于 2 500 万且 GDP 大于 3 500 亿元。这两个条件至少满足一个。高级城市区域一般由中级城市区域进化或复合而成,必须是复合型城市区域。

(3) 中级城市区域：中心城市人口大于 100 万且中心城市人均 GDP 大于 10 000 元。只满足其中一个条件,降为初级城市区域。中级城市区域一般由初级城市区域复合而成,但也可以是单一型城市区域。

(4) 初级城市区域：中心城市(市辖区,下同)人口大于 50 万且中心城市人均 GDP 大于 10 000 元。一般一个地级以上城市与其郊区和辐射所及的周边县构成初级城市区域。周边县的范围可能大于或小于该市行政区辖县范围。

第二节 城市区域范围的界定方法

一、城市区域范围的常用界定方法

城市区域范围的界定在各国都是一件相当复杂的事情,且没有一个适用于所有国家的指标体系,其困难之处主要在于中心城市的周边县的界定。在美国、日本、加拿大等国,主要应用通勤率指标来反映周边县与中心城市和中心县的经济联系,因为通勤率直接反映了中心城市与周边县的经济社会联系。但在中国,人们不像美、日、加那样工作在城市、居住在郊区,而是大多选择居住和工作都在城市里,这样通勤率指标对我国城市区域范围的界定来说并不适用。除了通勤率之外,以下方法也经常被使用：

(1) 经济联系度的计算。事实上,我国城市区域中心城市与外围地区的经济社会联系,主要反映在客流、物流、资金流、信息流和技术流等层面上,构建能够通过这些"流"反映中心城市与周边县经济社会联系的指标体系是最恰当的。美国曾经使用如下公式来计算两地区之间的经济联系程度:

$$S_{xy} = S_{yx} = \frac{2(F_{xy}+F_{yx})}{(E_x+E_y)+(I_x+I_y)} \qquad (3.1)$$

式中:S_{xy}是x地区对y地区的经济联系度;S_{yx}是y地区对x地区的经济联系度;F_{xy}是x地区输入到y地区的商品(或人力、资本等)流量;F_{yx}是y地区输入到x地区的商品(或人力、资本等)流量;E_x、E_y分别是x地区和y地区输出商品(或人力、资本等)总量;I_x、I_y分别是x地区和y地区输入商品(或人力、资本等)的总量。

但我国目前官方统计口径中只提供了公路客货总量、铁路客货运量、水路客货运量、民用汽车拥有量、电信业务量、本地电话户数及业务量、年末移动电话用户数等指标,由于没有给出这些"流"的方向,因而该界定方法在我国的适用性并不强。

(2)特征值法:另一个思路是用周边县的某些特征值来界定,如有学者提出的周边县非农产业产值达到75%以上,非农行业就业的劳动力占60%以上等指标。问题在于:第一,这些特征值并没有反映出周边县与中心城市之间的经济联系;第二,随着经济发展,这些特征值在各地变化很快,目前我国东部地区大多数县都已经达到这一标准,因而这些指标已经失去意义了。

(3)经济势能与经济距离双指标法[①]:先计算中心城市的经济势能,并据此以一定标准确定相应的圈域半径(r)。再将周边城市与中心城市的实际距离修正为经济距离(E)。如果$E<r$,则将相应的城市划

---

① 参见高汝熹、罗明义:《城市圈域经济论》,云南大学出版社1998年版,第289—313页。

入城市区域,否则不划入。类似的还有计算中心城市与周边城市之间吸引力和场强指数的方法,也有学者使用定性与定量结合的方法等。

二、城市影响力指数计算方法

　　城市区域的主体是由区域中心城市起主导作用的城市体系,其范围与大小取决于区域的发展极——中心城市经济辐射与吸引力的大小以及城市与区域之间的经济社会联系的强度,是一定的经济综合体存在与活动的地理空间。

　　为了对城市区域的范围加以科学地界定,这里套用物理学中"力"的概念,在此引入"经济力"的概念。城市的经济力是指城市对其周围地区的影响力和作用强度。经济力主要有三种形式:(1)城市吸引力。城市的积聚作用使得区域的资源、信息等要素向着城市流动,城市的国内生产总值越大,其吸引力就越大。(2)城市的辐射力。城市的扩散作用使得城市的资源、信息等要素向四周区域辐射,从而带动区域经济的发展。城市的辐射力的大小取决于城市的经济总量和产业结构。(3)城市的中介力。城市作为交通运输中心、商业服务中心、金融中心和信息中心,促进了城市与区域之间的人流、物流、信息流、商流、资金流的相互流动,中介力的大小取决于城市第三产业发展的程度,从而也取决于城市的国内生产总值。

　　本书尝试使用城市影响力指数的数学模型来定量地对城市经济区域进行界定。H. C. 凯里(H. C. Carey,1858)曾参照牛顿万有引力定律提出了两城市间相互吸引力的计算公式,W. J. 赖利(W. J. Reilly,1931)又进一步发展提出了计算两城市间某地商业吸引力的计算公式。在凯里和赖利两城市间吸引力公式的基础上,饶会林(1999)提出了城市影响力(是城市吸引力、辐射力和中介力的综合)指数的计算公式:

$$R_{ik} = \frac{P_i}{d_{ik}^2} \tag{3.2}$$

式中:R_{ik}是城市i在k点的影响力;P_i是城市i的社会经济综合能量,可用 GDP 来代表;d_{ik}是城市i与k点之间的标准距离。

城市影响力指数概念类似于物理学中磁场强度的概念,愈是远离磁铁,磁场强度愈弱,且磁场强度衰减的速度是加速的。

式(3.2)中的d是标准距离而不是实际距离,这是由于城市i对于某地的影响力,不仅取决于实际距离,而且取决于交通的方便程度以及交通工具的运行速度。两地之间交通快捷、方便,则相当于缩短了两地的空间距离。举例来说,河北承德市与唐山市之间由于没有公路、铁路相通,相互之间的影响力很小,而承德市与北京市之间实际距离相仿,但因为交通畅通,因而相互之间的影响力要大得多。标准距离的计算需要引入标准速度V作为度量的一个基准:

$$d = d_1 \cdot \frac{V}{V_1} \tag{3.3}$$

式中:V为标准速度,V_1为交通工具的实际运行速度[①],d_1为两地间的实际距离,d为标准距离。

三、据城市影响力指数确定城市区域范围

1. 复合型城市区域的内部结构

从区域中心城市向外,其吸引力、辐射力和中介力是逐渐衰减的,中心城市与周边中小城市及乡村的经济联系也是逐步减弱的。从这个

[①] 城市间的交通运输方式有铁路、公路、水运等方式,因此在计算V_1时需要综合加权计算。比如,将铁路运输的速度设定为标准速度 1,如果只有铁路,那么$V=1$;如果只有公路,那么$V=0.8$;如果只有水运,那么$V=0.5$;如果既有公路,也有铁路,那么$V=1.2$,依此类推。具体加权系数的大小,取决于当地不同运输方式的实际运行速度、客运和货运量的大小。本书实际计算时为简化运算过程,均以实际距离代替标准距离。

角度出发,本书将城市区域的内部结构划分为三部分,由里到外分别是:核心层、紧密层和松散层。(见图 3-1)在核心层之中,中心城市与周边城镇经济联系极为密切;在紧密层之中,各中小城市与中心城市的经济社会联系也较为密切;而在松散层中,各城市之间以及和中心城市之间只有比较松散的联系。举例来说,北京、天津、唐山、廊坊之间经济社会联系极为密切,构成京津冀城市区域的核心层;核心层外围的秦皇岛、保定、石家庄、张家口和承德、沧州构成城市区域的紧密层;京津的辐射力其实可达到山西、河南、辽宁、山东各省甚至更远,这些省市构成城市区域的松散层。松散层与京津的经济联系实际上已经比较弱,比如山东半岛和辽中南城市区域其实主要受济南—青岛和沈阳—大连的辐射,甚至某些城市受到韩日两国的经济辐射比京津还要更强一些。所以我们通常的研究都是指核心层和紧密层而言。城市区域范围的界定其实就是紧密层边界的辨识问题。

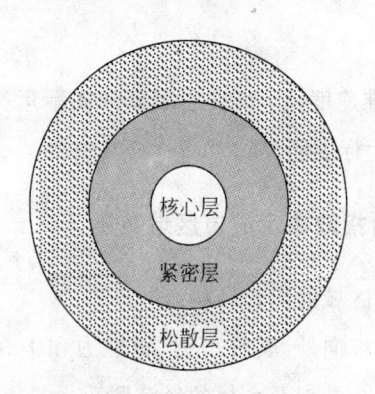

图 3-1 城市区域的内部结构

城市区域的形成可以分为两个阶段:一是交易型城市区域,二是协议型城市区域。交易型城市区域是由于自然的、市场的力量而引起城市间的经济联系和合作关系不断加强而形成的;协议型城市区域是在交易型城市区域已经形成的基础之上,出于加强相互联系和使联系经常化、规范化的需要而在各市、县政府或民间有组织地形成经济联合和协作的区域,一般都签订有具有法律效力的联合和协作协议、章程和公约,使一定区域内各市、县、区的经济联系更趋紧密和成熟,促使区域经济获得更快、更好的发展。上述城市区域的松散层相当于交易型城市区域,主要是市场自发的力量在起作用,而核心层和紧密层则相当于协议型城市区域,应由各城市政府相互签订协议或契约、成立组织机构以促进城市区域的进一步发展和走向成熟。

2. 标准城市区域

为了划定城市区域的范围,需要确定城市影响力指数的标准阈值 R_k——城市区域紧密层边界处的城市影响力指数值。有了这个标准阈值,城市 i 的辐射半径 d_{ik} 可由式(3.4)导出:

$$d_{ik} = \sqrt{\frac{P_i}{R_k}} \tag{3.4}$$

根据 d_{ik} 的值即可圈定城市区域的范围,这个城市区域范围我们称之为标准城市区域。根据多数学者的意见,北京市的辐射范围大概往北到张家口市和承德市,往南到保定市与石家庄市之间。上海市的辐射范围大致处于南京与苏锡常之间。据此反推的话,城市影响力指数的标准阈值 R_k 应在1 000万左右。例如,北京市(市辖区)2003年GDP为3 557.263 7亿元,根据式(3.4)可估计出北京标准城市区域的半径为188.6公里。

3. 标准城市区域的归并

标准城市区域在城市密集的地区不可避免地会发生区域重叠现象,这是城市化程度提高的表现,也是城市之间发生更密切的经济社会联系的表现,也预示着城市之间相互交叉辐射或积聚,有产生新的矛盾的可能。这样就必然导致实际城市区域的范围并不限于区域中心城市的标准城市区域,而是其与其他大中小城市标准城市区域的复合。所以城市区域范围的辨识就是要把发生区域重叠关系的标准城市区域都合并成一个统一的城市区域整体。为此,我们提出一个标准:如果一个标准城市区域面积的20%以上与另一标准城市区域重叠,则这两个标准城市区域合并成一个城市区域,城市区域范围进行相应的调整。

图3-2中标示出了 j、i_1、i_2、i_3、i_4、i_5、i_6 7个城市的标准城市区域,如图中实线所示。可以看出,其中三个城市(即 i_1、i_2、i_3)可以与中心城市的标准城市区域合并,合并后组成一个中级城市区域。如这7个城市继续发展,其地区生产总值各增长50%,则7个标准城市区域面积如图3-2的虚线所示。这时原来看起来没有联系的两个城市(i_5、i_6)和联系不足的城市(i_4),现在也有较强的联系了。于是,7个城市共同组成一个高级城市区域。当然这只是一般方法上的说明,任何城市区域的实际构成,都不可能是标准的圆形(多数情况下应是椭圆形,长轴与交通线方向一致),它必须根据实际地理条件、城市分布状况并照顾到原有行政

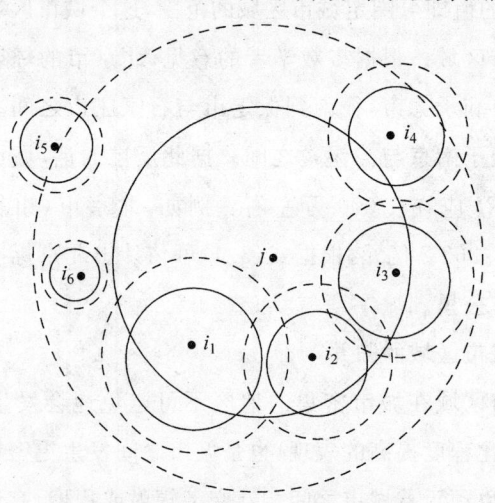

图3-2 中级和高级城市区域的形成示意图

区划,进行就近的调整。特别是一些沿海城市和边境城市的标准城市区域则就更不可能是圆形或准圆形,而是呈扇形或不规则形。由于城市经济的进一步发展,有可能由于若干初级城市区域的逐渐靠近和重合而形成中级城市区域,而中级城市区域逐步合并而成高级城市区域。

第三节 中国城市区域的划分

对我国城市区域的划分,专家们提出过多种方案。如王建(1996)提出全国可以划分为"九大都市圈",即京津冀、沈大、吉黑、济青、湘鄂赣、成渝、珠江三角洲、长江中下游、大上海;顾朝林提出的9个一级经济区(沈阳、京津、西安、上海、武汉、重庆、广州、乌鲁木齐、拉萨)和33个二级经济区体系。① 根据本书确定的城市区域分类与指标体系,以及利用城市影响力指数和标准城市区域进行城市区域范围界定的方法,我国共划分出22个初级城市区域、26个中级城市区域、5个高级城市区域、3个全球城市区域。其特征分述如下。②

一、全球城市区域

我国划分出全球城市区域3个,分别是:京津冀城市区域、泛长江三角洲城市区域、珠江三角洲城市区域,其基本特征和主要经济发展数据如下③:

1. 泛长江三角洲城市区域④:该城市区域包括上海市和江苏省的

---

① 参见周一星:《城市地理学》,商务印书馆1995年版,第393页。
② 数据均为2003年数据,引自《中国城市统计年鉴2004》和《中国区域经济统计年鉴2004》。
③ 有关全球城市和全球城市区域的相关概念和理论问题内容可参见第九章。
④ 由于这里界定的城市区域范围比长江三角洲城市区域传统的"15+1"个城市的认知大大扩大,因而命名为泛长江三角洲城市区域。

南京、南通、苏州、无锡、常州、镇江、扬州 6 市和浙江省的嘉兴、杭州、宁波、湖州、绍兴、舟山 6 市和安徽省的合肥、马鞍山、宣城、滁州、六安、巢湖 6 市,共 20 个地级以上城市,面积约 15 万平方公里,总人口 1.15 亿,总 GDP 为 26 271 亿元。区域中心城市为上海市,它是中国重要的经济中心、金融中心和科技中心,经济实力强大,市区人口 1 278 万,GDP 为 6 180 亿元、人均 GDP 48 506 元,辐射苏南和浙东北广大地区;区域副中心南京市,市区人口 490 万、GDP 为 1 453 亿元、人均 GDP 为 29 381 元,辐射江苏西部和安徽东部广大地区;区域副中心杭州市,市区人口 393 万人、GDP 为 1 618 亿元、人均 GDP 为 25 252 元,辐射浙北广大地区。

2. 珠江三角洲城市区域[①]:该城市区域包括了广东省中西部大部分地域,共有广州、深圳、惠州、汕尾、河源、东莞、清远、佛山、江门、中山、珠海、肇庆、云浮等 13 个地级以上城市以及香港和澳门两个特别行政区。区域中心城市香港拥有全球城市的地位和全球金融中心、东亚区域经济中心的重要地位,经济实力雄厚,辐射力强,是珠三角地区真正的经济引擎和辐射源,2003 年人口 680.3 万,GDP 高达 12 913 亿元,人均 GDP 为 19 万港元;区域副中心广州市拥有市区人口 588 万,GDP 为 3 188 亿元,人均 GDP 为 54 391 元;区域副中心深圳市拥有市区人口 150.93 万,GDP 达 4 733 亿元,人均 GDP 为 54 545 元。澳门虽然人口只有 44.5 万,但 GDP 也达到 648 亿元。珠江三角洲城市区域总面积约 10 万平方公里,总人口 5 251 万,GDP 为 26 281 亿元(未计入港澳地区)。

3. 京津冀城市区域:京津冀城市区域含北京、天津两个直辖市和河北省所属张家口、承德、秦皇岛、唐山、廊坊、保定、沧州和石家庄 8 个地

---

① 有的文献将计入香港和澳门的珠江三角洲地区叫做大珠江三角洲。

级市。北京作为区域中心城市具有作为首都的政治、文化优势和作为全球城市的国际竞争优势以及在国内的经济、教育和科技优势,市区人口1 079万人,市区GDP为3 557亿元,市区人均GDP为31 892元;天津作为区域副中心具有港口优势和工业优势、高科技产业优势等,市区人口759万,市区GDP为2 172亿元,市区人均GDP为28 625元。该城市区域面积约14万平方公里,人口7 332万人,GDP为1.220 5亿元。

二、高级城市区域

我国共划分出高级城市区域5个,分别是:辽中南城市区域、山东半岛城市区域、中原城市区域、武汉城市区域、闽东南城市区域,各城市区域的基本特征与经济发展数据如下:

1. 辽中南城市区域:该城市区域包括辽宁省中南部大部分地域,包括沈阳、大连、丹东、抚顺、铁岭、盘锦、锦州、辽阳、本溪、营口、葫芦岛共11个城市,总面积约7.2万平方公里,总人口3 632万人,GDP为6 337亿元。该区域矿产资源丰富,水陆交通方便,是我国的重工业基地和东北地区大城市最为密集的地区。区域中心城市沈阳市是辽宁省省会和重工业城市,装备制造和机械加工业优势明显,也是第三产业和高新技术产业聚集地,市区GDP为1 391亿元,市区人口488.4万,人均GDP为28 443元;区域副中心大连市是东北地区最大的贸易口岸,机械造船、石油化工、轻纺工业基础雄厚,综合配套能力强,经济外向度高,金融业和旅游业发达,市区GDP为1 255亿元,市区人口275万,人均GDP达到45 230元。

2. 山东半岛城市区域:该区域位于山东省北部,含济南、青岛、威海、潍坊、日照、莱芜、东营、淄博、泰安、聊城、德州、滨州共12个地级以上城市,总面积约8.64万平方公里,总人口6 060万,GDP为10 530

亿元。该城市区域地理优势独特,拥有17个沿海开放港口,便于与日韩等国的经济交流。区域内交通方便,公路密集,远洋航线众多,拥有济南、青岛、烟台、威海4个机场,国内外航线三百多条。区域中心城市济南为山东省会,现代服务业和高新技术产业发达,钢铁、石化、有色金属、机械加工等传统工业具有优势,电子信息、生物技术有很大的发展潜力,市区人口335万人,GDP为1 054亿元,人均GDP为31 818元;区域副中心城市青岛市具有港口优势,名牌企业众多,电子信息产业和加工工业发达,吸引日韩产业转移具有先天优势,是区域对外开放的窗口。青岛市市区人口247万,GDP达910亿元,人均GDP为34 633元。

3. 中原城市区域:位于河南省中北部,区域中心城市为河南省省会郑州市,副中心为洛阳市,包括郑州、洛阳、开封、新乡、焦作、许昌、平顶山共7个地级市,区域面积约3.8万平方公里,2003年人口3 500万,占全省人口36%,地区生产总值3 568万元,占全省生产总值的52%左右。郑州市总人口648万人,市区人口240万,市区GDP为530亿元,占区域的15%左右。中原城市区域是全国铁路、公路、航空、电信等交通通信枢纽之一,也是全国重要的粮、棉、油、畜牧生产基地和能源矿产、重化工业、食品纺织、商贸物流等产业基地,区内有郑州、洛阳两个国家高新技术开发区,郑州国家经济技术开发区以及建立在各城市的省级开发区。中原城市区域有三个发展带:一是沿陇海铁路方向的郑汴洛发展带,二是沿京广铁路方向的新(乡)郑(州)许(昌)发展带,三是沿焦枝铁路方向的新(乡)焦(作)济(源)洛(阳)发展带。中原城市区域是黄河经济带的中部战略支点,在实施中部崛起战略中发挥着重要的作用。

4. 武汉城市区域:该城市区域位于湖北省中部,含武汉、黄冈、鄂州、黄石、咸宁、孝感等6个地级市以及麻城、天门、仙桃、潜江、应城、汉川6个县级市,已经形成长江中游最大、最为密集的大中小城市合理分布的城市体系。区域总面积约 5.2 万平方公里,总人口 2 648.5 万,GDP 达 2 966 亿元。区域中心城市武汉市是湖北省省会,是我国中部省份最大城市,是中部地区重要的经济中心、通信中心和交通中心之一,也是中部科技、教育最为发达,高科技产业先进的城市,市区人口781 万,市区 GDP 为 1 662 亿元,人均 GDP 为 21 457 元。周边城市经济实力不强是该城市区域所面临的主要问题,需要进一步解决。

5. 闽东南城市区域:该城市区域位于台湾海峡西岸福建沿海一带,含宁德市、福州市、莆田市、泉州市、厦门市和漳州市共 6 个地级以上城市,内含长乐市、福清市、石狮市、龙海市 4 个县级市,总面积约 3.3 万平方公里,总人口 2 491 万,GDP 为 4 624 亿元。闽东南城市区域是一典型双核型城市区域,区域中心城市为福州市和厦门市。其中福州市市区人口 166 万,市区 GDP 为 625 亿元,人均 GDP 为 38 494 元;厦门市市区人口 142 万,GDP 为 760 亿元,人均 GDP 为 35 009 元。

三、中级城市区域

我国共划分 26 个中级城市区域,计有:长春、哈大、徐州、邯郸、襄樊、宜昌、南昌、浙东南、长株潭、汕头、湛江、西安、成都、重庆、自贡、太原、贵阳、昆明、兰州、包头、呼和浩特、大同、常德、海口、南宁、乌鲁木齐城市区域等,各城市区域的特征经济指标如下:

1. 长春城市区域:该城市区域位于吉林省中部,包括长春、吉林、四平、辽源共 4 个地级以上城市,总面积 4.3 万平方公里,总人口 1 601 万,GDP 为 2 251 亿元。区域中心城市为长春市,其市区人口 310 万,GDP 为 998 亿元,人均 GDP 为 32 518 元。

2. 哈大城市区域:该城市区域位于黑龙江省西南部,由哈尔滨、大庆、齐齐哈尔、绥化 3 个地级以上城市组成,总面积约 6.5 万平方公里,总人口 2 300 万,GDP 为 3 240 亿元。中心城市为黑龙江省省会哈尔滨市,其市区人口为315万人,GDP为821亿元,人均GDP为26 198元。

3. 徐州城市区域:该城市区域位于江苏、山东、安徽、河南交界处,包括江苏省的徐州市、安徽省的亳州市、河南省的永城市(县级市)、山东省的济宁市、枣庄市和临沂市,总面积3.3万平方公里,总人口4 215万,GDP为1 200亿元。徐州为区域中心城市,其市区人口167万,GDP为419亿元,人均GDP为25 254元。

4. 邯郸城市区域:该城市区域由河北省的邢台市、邯郸市和河南省的鹤壁市、安阳市、濮阳市共5个地级市组成,总面积1.7万平方公里,总人口2 551万,GDP为2 026亿元。区域中心城市邯郸市市区人口138万人,市区GDP为232亿元,人均GDP为16 840元。

5. 襄樊城市区域:该城市区域由河南省的南阳市和湖北襄樊市两个地级市以及河南邓州市和湖北枣阳市两个县级市组成,总面积约1.6万平方公里,总人口约1 644万,GDP为1 227万。区域中心城市襄樊市市区人口219万,市区GDP为241亿元,人均GDP为11 702元。

6. 宜昌城市区域:该城市区域位于湖北省中部,由宜昌市和荆门市两个地级市以及宜都市、当阳市、钟祥市3个县级市组成,面积1.4万平方公里,总人口698万人,GDP为819亿元。其区域中心城市宜昌市市区人口121万,GDP为233亿元,人均GDP为17 133元。

7. 南昌城市区域:该城市区域位于江西省境内,包括省会南昌市及其所辖的丰城市和樟树市两个县级市。总人口445万,GDP为641亿元,市区GDP为467亿元,市区人口196万人,市区人均GDP为24 844元。

8. 浙东南城市区域:有浙江省温州市和台州市两个地级市组成,区内有瑞安、临海、乐清、温岭、丽水5个县级市,总面积2.9万平方公里,总人口1 295万,GDP为2 221亿元。区域中心城市为温州市,其市区人口135万,市区GDP为530亿元,人均GDP为39 782元。

9. 长株潭城市区域：该城市区域位于湖南省东部和江西西部，由湖南的长沙、株洲、湘潭和江西省的萍乡、宜春等 5 个地级以上城市组成，含益阳、萍乡、浏阳、醴陵、韶山、湘乡、汨罗 7 个县级市，总面积 2.1 万平方公里，总人口 1 964 万，GDP 为 1 973 亿元。其区域中心城市为长沙市，市区人口 196 万，市区 GDP 为 552 亿元，人均 GDP 为 24 312 元。

10. 汕头城市区域：该城市区域位于广东省东北部沿海一带，由汕头市、揭阳市和潮州市 3 个地级市组成，总面积约 8 500 平方公里，总人口 1 325 万人，地区生产总值 1 251 亿元。区域中心城市为汕头市，其市区人口为 477 万人，市区 GDP 为 520 亿元，人均 GDP 为 11 191 元。

11. 湛江城市区域：该城市区域位于广东省西南部，由茂名市、湛江市两个地级市组成，区内含信宜、高州、化州、廉江、吴川等 5 个县级市，总面积 1.2 万平方公里，总人口 1 382 万，GDP 为 1 178 亿。区域中心城市为湛江市，市区人口为 134 万，市区 GDP 为 272 亿元，人均 GDP 为 20 341 元。

12. 西安城市区域：该城市区域位于陕西省中部，含西安市、咸阳市、渭南市、铜川市、商洛市等 5 个地级以上城市，总面积 2.8 万平方公里，总人口 2 056 万，全区 GDP 为 1 561 亿元。区域中心城市为西安市，市区人口 510 万，市区 GDP 为 859 亿元，人均 GDP 为 17 040 元。

13. 成都城市区域：位于四川省中东部，由成都、绵阳、德阳、资阳、乐山、眉山共 6 个地级市组成，区内的县级市有邛崃、都江堰、彭州、崇州、绵竹、江油、简阳、广汉、什邡共 9 个。区域总面积 4.4 万平方公里，人口 3 128 万，GDP 为 3 206 亿元。区域中心城市为成都市，其城市市区人口为 453 万，GDP 为 1 144 亿元，人均 GDP 为 25 646 元。

14. 重庆城市区域：由重庆市和四川省的泸州市、广安市组成，区内有江津市、永川市、合州市、华蓥市 4 个县级市。区域总面积 4 万平方公里，人口 4 047 万，区域 GDP 为 2 643 亿元。区域中心城市为重庆市，市区人口为 1 010 万，GDP 为 1 161 亿元，人均 GDP 为 11 403 元。

15. 自贡城市区域：位于四川省东部，由自贡市、内江市和宜宾市组成，总面积 9 500 平方公里，总人口 1 252 万，GDP 为 694 亿元。区域中心城市为自贡市，其市区人口为 107 万，GDP 为 119 亿元，人均 GDP 为 11 032 元。

16. 太原城市区域：位于山西省境内，包括太原、阳泉、晋中、忻州 4 个地级市，区域面积 15 000 平方公里，人口 1 061 万，GDP 为 954 亿元。中心城市太原市，市辖区人口 250 万，GDP 为 433 亿元，人均 GDP 为 16 496 元。

17. 贵阳城市区域：位于贵州省境内，包括贵阳市和安顺市，区域面积 11 000 平方公里，区域人口 609 万，GDP 为 459 亿元。区域中心城市贵阳市的市区人口为 200 万，GDP 为 320 亿元，人均 GDP 为 16 063 元。

18. 昆明城市区域：位于云南省境内，包括昆明、玉溪、曲靖 3 个地级以上城市，总面积 25 700 平方公里，总人口 1 269 万，GDP 为 1 380 亿元。区域中心城市昆明市的市区人口为 224 万，GDP 为 630 亿元，人均 GDP 为 28 405 元。

19. 兰州城市区域：位于甘肃省中部，由兰州市和白银市组成，总面积 1.4 万平方公里，区域人口 475 万人，GDP 为 545 亿元。区域中心城市为兰州市，其市区人口为 195 万人，GDP 为 379 亿元，人均 GDP 为 18 960 元。

20. 包头城市区域：为单一型城市区域，区域面积 1.2 万平方公里，人口 209 万，GDP 为 450 亿；包头市市区人口 178 万，GDP 为 393 亿元，人均 GDP 为 22 313 元。

21. 呼和浩特城市区域：单一型城市区域，区域面积 9 400 平方公里，GDP 为 406 亿元，区域人口 214 万。呼和浩特市市区人口 110 万，GDP 为 298 亿元，人均 GDP 为 24 415 元。

22. 大同城市区域：位于山西省境内，为单一型城市区域，区域面积

6 300 平方公里,区域人口 296 万,GDP 为 252 亿元。大同市市区人口 140 万,GDP203 亿元,人均 GDP14 611 元。

23. 常德城市区域:该城市区域为单一型城市区域,由地级市常德市组成,区域面积 7 000 平方公里,GDP 为 487 亿元,区域总人口 600 万。城市市区人口 137 万,GDP 为 234 亿元,人均 GDP 为 15 887 元。

24. 海口城市区域:位于海南省,为单一型城市区域,由省会城市海口市组成,含县级市琼山市,总面积 3 500 平方公里。海口市与琼山市的市区人口 139 万,GDP 为 229 亿元,人均 GDP 为 16 730 元。

25. 南宁城市区域:位于广西壮族自治区,是单一型城市区域,由南宁市组成,区域总面积 9 500 平方公里,人口 641.7 万,GDP 为 503 亿元。南宁市的市区人口为 146 万,GDP 为 304 亿元,人均 GDP 为 21 221 元。

26. 乌鲁木齐城市区域:位于新疆维吾尔自治区,为单一型城市区域,中心城市为乌鲁木齐市,人口 181.5 万人,辖区 GDP 为 402.7 亿元。含昌吉市、阜康市、米泉市等 3 个县级市,区域面积 1.13 万平方公里,GDP 约 500 亿元。

四、初级城市区域

我国共划分出佳木斯、双鸭山、七台河、连云港、驻马店、十堰、九江、赣州、衢州、安庆、衡阳、郴州、岳阳、柳州、桂林、北海、攀枝花、银川、宝鸡、通辽、朔州、遵义等初级城市区域 22 个。

将本书的城市区域界定的结果与我国多数学者的认识或意见相比较,很多是一致的或近似的。① 如本书的武汉、长株潭、中原、山东半岛和辽中南、京津冀等城市区域的范围与多数学者以及国家发改委(注:

---

① 如姚士谋等(2001)提出了 6 个超大型城市群(沪宁杭、京津唐、珠三角、山东半岛、辽中南、四川盆地)和 7 个近似城市群的城镇密集区(关中地区、湘中、中原、福厦、哈大齐、武汉地区、中国台湾西海岸)。

主要是关于京津冀城市区域)的意见是一致的,差异不大,可以说明此种方法的科学性。另一方面,这一划分结果也有助于解答很多争议较多或似是而非的问题。比如:中部的安徽省是自建一个皖江城市区域还是融入长三角,在学界和政界都是争议很大的,现在看来皖江已经与长三角连为一体,传统的长三角范围理应向西扩展。又如,成渝城市区域的概念已被广泛使用,然而成都和重庆的辐射范围相去甚远,还不能构成一个复合型城市区域;珠三角城市区域的范围有所扩大,新加入了河源、清远和云浮三个地级市;徐州城市区域、邯郸城市区域的范围也扩大了许多,并成为跨省城市区域。此外,单一型城市区域以前并未被人们所重视,而本书划分出的包头、呼和浩特、大同、常德、海口、南宁等6个中级城市区域和所有的28个初级城市区域都属于单一型城市区域。[①]

[①] 城市区域的划分和界定不仅具有理论研究意义,而且在区域规划甚至在国土规划中都极其重要。2007年国家按照主体功能区进行国土规划,全国划分为优化开发区、重点开发区、限制开发区和禁止开发区四类。优化开发区主要是经济发展水平较高的京津冀地区、山东半岛、长三角、福建沿海、珠三角等沿海地区城市区域,重点开发区主要是已具有一定城市化基础、但发育程度不高的城市区域,如哈长、沈大、山西中部、关中、中原、武汉、长株潭、成渝、昆明周边、呼包、乌鲁木齐周边等地区。干部的考核标准相应改变,优化开发区主要考核经济优化和效率提高的情况,重点开发区主要考核经济和社会发展情况,限制开发区和禁止开发区主要考核生态环境保护等。这种按照城市区域进行国土规划和干部考核的办法无疑是一个创举。

第四章 城市竞争与合作的博弈分析

　　城市与城市之间客观上存在着利益冲突,因而竞争不可避免。在我国各大城市区域中城际之间所爆发的引资大战、重复建设、市场分割、贸易壁垒及基础设施建设的各自为政是城际恶性竞争的表现形式,其所造成的经济效率的损失、对市场经济秩序的破坏及其对资源配置的负面影响不可小视。城市竞争与合作的博弈分析证明了城市及城市政府如果只考虑个体利益不考虑集体利益,只考虑短期利益不考虑长期利益,则必然导致城际恶性竞争的结果。然而单丝不成线,独木难成林,城市之间通过多次博弈将会得出结论:只有由个体理性走向集体理性,才能达成合作;只有通过合作,才能得到"双赢"或"多赢"的结果;也只有通过合作才能最终促进城市区域的形成和发展。

第一节 城市竞争及其危害

一、城市竞争的客观性与各种表现

　　1.城市竞争的客观性

　　美国经济学家斯蒂格里茨说:"竞争系个人(或集团或国家)间的角逐,凡两方或多方力图取得并非各方均能获得的某种东西时,就会有竞争。"个人之间因为争夺金钱、荣誉、地位等而发生竞争;厂商之间会因为追逐市场、资源、销量、利润等进行竞争。城市,作为一个利益主体,也会因争夺资源或市场而与其他城市发生竞争关系。我们这里所说的城市竞争是指城市为谋求当地的利益而采取的一些竞争策略,如制度、营销、政策等,其目的在于吸引外部的资金、技术、人力、自然资源等要素进入本地或者阻止其本地资源流向外地,或者帮助本地的企业扩大市场并限制其他城市的企业进入本地市场等,以增强该城市相比于其他城市的经济优势。

一个经济体,小到单个的消费者、大到企业或者企业集团,再到一个城市或者省、国家或地区,只要其构成一个独立的利益主体且具有独立行动能力,就不可避免地会因为对相关资源和市场的争夺而与其对手产生竞争。这种竞争其实正是经济得以发展、社会得以进步的动力,也是市场经济的活力之所在。市场竞争的主体是企业,城市竞争、国家间竞争都是通过企业竞争而实现的,因而不妨先从企业竞争开始分析。

在市场经济中,竞争是社会得以不断进步、经济得以不断发展的动力。由于激烈竞争,企业要扩大销售市场、增加利润,就不得不千方百计地提高产品的质量,增加研发投入,提高生产效率,降低产品的成本,不断降低产品的价格,不断推出新产品,这样消费者的福利水平得到提高,社会因之受益。然而,竞争带给厂商的却是价格下降和成本上升的压力,是厂商孜孜以求的利润的下降,是厂商始终要面临的前途的不确定性。竞争是社会所需要的,却是理性的厂商所极力要避免或者要想法化解的东西。为分析问题方便,我们不妨假定在一个行业中只有两个厂商 A 和 B 在进行竞争,这是一个寡头垄断行业。两个厂商产品近似,实力也相近。以博弈论来分析两个厂商的竞争策略,我们会发现他们的处境正和"囚徒困境"[①]类似。如果两个厂商都像两个囚徒那样,

---

① "囚徒困境"是博弈论的一个著名案例:两个疑犯甲、乙被警方抓住,并隔离审问。警方掌握的证据并不充分。如果两个疑犯都坦白,每人将入狱 3 年;如果都不坦白,每人仅入狱 1 年;如果一个抵赖而另一个坦白,那么抵赖者将入狱 5 年而坦白者将被释放。不管甲坦白或者不坦白,乙坦白总是对己有利的,所以坦白是他的全面的严格的占优策略,对于甲也同样。因而甲、乙都坦白是一个占优均衡。

只考虑自己的利益而不惜损害对方,结果两个厂商的利益都将受到损害。一个厂商一旦降低价格或者提高产量,必将受到其竞争对手"以牙还牙"的应对,结果两个厂商谁也占不到便宜。不合作博弈的结果必定是两败俱伤。在"囚徒困境"的例子中,两个囚徒经过数次重复博弈之后,就将发现,合作才是最佳的策略。与此类似,两个寡头厂商最终将会从不合作博弈走向合作博弈,选择合作(合谋或曰勾结)来共同决定一个利润最大化的产量或价格,然后再以一定的方式来分配相关利益。两个厂商是这样,多个厂商的寡头垄断市场也是这样。厂商之间合作的主要方式不外乎结成价格同盟、企业合并或者形成一种价格默契等。因为厂商之间的勾结抑制了竞争,抬高了价格,损害了消费者利益,也不利于社会的进步和经济活力的形成,因而世界各国都有相关的法律对之进行限制,如美国的《反托拉斯法》、我国的《反不正当竞争法》和《反垄断法》等。

　　从以上分析来看,不管企业间的竞争看上去有多么激烈,其实在竞争对手之间都存在着一种企业间进行合作的趋势。由于利益的不一致,这种合作又是不稳定的(很多卡特尔组织很快消亡就是证明)。从一定意义上来说,只要不同经济个体之间存在着利益上的冲突,必然就会产生经济个体之间的竞争行为,企业之间是如此,城市之间亦如是。同时由于激烈的市场竞争可能导致竞争对手双方的利益受损,因而竞争对手之间总是有走向合作的趋向。所以市场经济中,厂商之间关系概括起来就是:在竞争中有合作,在合作中有竞争,此一时以竞争为主,彼一时则以合作为主。

　　然而,当我们把研究的视角从企业竞争转向城市竞争的时候,我们会发现情况有很多不同。在 20 世纪 70 年代以前的计划经济时期,城市并不是一个利益主体。新中国成立以后到 70 年代我国一直实行高度集中的计划经济体制,其特点就是企业的一切经济活动都由政府相关部门进行决策,从生产到销售,从商品流通到收入分配,都由计划部门进行安排,各地的财政实行统收统支,全国就相当于一个大工厂,每个工厂相当于一个生产车间,利润全部上缴中央,统一分配。因此,在这种体制下,就没有地方利益和企业利益可言。从而也就没有企业间的竞争和地方间的竞争问题。1978年开始的改革把分权让利作为改革的突破口,地方和企业的自主权得以扩大。分权让利的主要内容,一是下放财政权和税收权,实施财政包干体制,如1988年实行的"财政大包干",基本精神就是包死基数,递增收入分成,地方多收多支;二是下放投融资权限,扩大了地方政府和企业的投融资决策权;三是下放企业管理权限,地方政府拥有了实际的剩余控制权和剩余索取权。1994年我国又对财税体制进行改革,把财税包干制改为分税制,建立中央税收和地方税收体系,初步形成了中央和地方财力分配的新格局。地方政府有足够的动力促进地方经济的繁荣,因为这是它们的收入不断增长的源泉。反过来讲,地方政府手中拥有较强的财政实力又使之有能力大量投资于基础设施及其他社会项目,吸引投资,从而促进经济的进一步发展。可以说,税收体制改革使得地方政府拥有了组织税源、扩大税基的动力,行政分权、企业下放、投融资权力的下放使得各级地方政府拥有了对经济进行干预的手段。

上述各项改革的逐步推进,使得城市政府成为区域经济发展中重要的利益主体,并拥有了进行相互竞争的手段,从而不同城市间展开对于市场各种有形的和无形的资源的激烈竞争就变得不可避免。钱颖一等[1]认为,中国的经济改革依赖于行政性分权,即把中央政府对经济的控制权分配给地方政府,这种分权创造了"有中国特色的维护市场的

---

[1] G. Montinola, Qian YingYi, and B. R. Weingast, "Federalism, Chinese Style: the Political Basis for Economic Success in China," *World Politics*, 1995, vol. 48, No. 1.

(market-preserving)经济联邦制"。中央政府越来越少使用行政手段调动资源,保护了城市的利益,也刺激了城市政府追求本地利益的积极性,加剧了城市政府之间的竞争。在改革开放的初期,我国各种所有制的企业都是刚刚从计划经济体制转变为市场竞争的主体,企业并不具备直接参与区域竞争甚至国际竞争的能力、技术、信息、知识,也不具备相关的制度环境,在此情况下,城市政府成为我国这种渐进式改革的关键的推动力量。城市政府通过建立以利润最大化为目标的企业来增强其权力和资源并获取部分剩余收入。城市政府积极改善投资环境,如争取改革开放试点城市、建设交通运输体系、完善各种服务设施等;城市政府努力弥补企业在信息、资金和经验方面的不足,通过"政府搭台,企业唱戏"等方式,充当了企业和外部联系的中介角色,起到了市场经济的"润滑剂"的作用,降低了交易成本。应该说,城市政府在建设我国社会主义市场经济体制的过程中,作出了很大的贡献。在改革过程中,城市政府承担了相当部分的交易成本和制度成本(比如国企员工下岗失业、社会保障等)。为了促进城市经济的发展,城市政府必须对一系列的政策、方针、规划、措施及交易规则等进行调整,以适应市场经济中不断出现的新形势的需要。经济发达的城市是这样,经济落后的城市为了实现赶超、发掘后发优势更是这样,它们对制度创新的要求更为迫切,因而城市政府也成为制度变迁的主要推动者。以长三角为例,"改革开放以来,长江三角洲各地区的经济成长、市场化改革的推进无不与省市各级政府有关,可以说,长江三角洲地区政府在推进市场经济建设方面始终处于主导地位,其作用是积极的、重要的"[①]。事实证明,税收体制改革、行政分权及投融资体制改革等各项改革措施,取得了很好的

[①] 洪银兴、刘志彪:《长江三角洲地区经济发展的模式和机制》,清华大学出版社2003年版,第111页。

效果,最早进行这方面改革的地方如广东、江苏、浙江、山东等省都是经济发展较为迅速的省份[①]。

然而,如果说城市竞争在改革开放初期是城市经济发展的主导因素和重要推动力的话,那么在改革开放三十年后的今天,其副作用则日益显现出来。我们发现,城市之间的竞争正在日益恶化,并没有出现预期的那种既竞争又合作的良性关系。这种局面的出现并日益严重已经成为建立一体化的城市区域以及城市区域合理的城市间分工合作体系的阻碍力量。在承认城市竞争是城市重要的活力之源的同时,也应看到,如果只强调城市竞争而忽视城市合作,将会导致城市间交易成本增加,为今后城市区域化的发展造成不可估量的损失,因而必须予以重视和进行研究。

2. 城市竞争的表现形式

城市竞争无非是城市通过各种政策、措施(其中主要是软硬件环境的改变),吸引外部资源的流入和促进本地产品的流出的行为。中国地方政府的竞争模式分为三类[②]:(1)进取型地方政府。主要依靠制度创新和技术创新,通过地方软环境的建设来吸引资源,从而扩大当地的税基。(2)保护型地方政府。常常依靠政府保护来创造当地企业的产品市场,制度创新和技术创新有限。(3)掠夺型地方政府。它基本不创造税源,为了维护各种开支,只有通过各种手段增加税费,导致当地经济失去根基。这样一个划分较准确地描述了中国各城市政府在面临激烈的市场竞争时所选择的不同的行为模式。在我国的珠三角、长三角、京津冀、辽中南、山东半岛等城市区域中,情况往往是,一个城市政府,既

---

① 参见银温泉、才婉茹:"我国地方市场分割的成因和治理",《经济研究》2001年第6期,第3—11页。

② 参见周业安、赵晓男:"地方政府竞争模式研究——构建地方政府间良性竞争秩序的理论和政策分析",《管理世界》2002年第12期,第52—61页。

是通过制度创新和改善行政管理水平以及交通条件等公共设施水平来吸引资源的进取型城市政府,也是采取了很多地方保护措施的保护型城市政府,还可能是不适当地增加税费的掠夺型城市政府。面临不同的情况,同样一个城市政府可能会有上述各种选择。保护型和掠夺型的竞争模式日益进化和发展,导致了城市间恶性竞争局面的出现。城际恶性竞争主要表现为如下三个方面:

(1) 引资大战

一个城市所拥有的企业的规模和数量,直接决定了该城市 GDP 的大小和利税的多少,从而间接决定了该城市的财力大小和城市领导的政绩。因而在我国各城市区域中尤其是高级城市区域中,城市之间为了吸引国内外的资金而展开的争夺战,已经达到了"白刃战"的水平。城市政府的主要做法,一是向上伸手。通过各种途径包括宣传本市在全省经济发展格局中的重要地位,来影响省政府、中央政府的战略决策,以争取重大建设项目落户本地。二是违反政策,先斩后奏。为了招商引资,不惜违反国家的区域发展规划、有关土地政策和环境政策等,先把项目上去再说,造成一种既成事实,从而胁迫上级部门不得不批准。三是帮助融资,不择手段。城市政府经常动用行政手段为企业进行融资,比如政府压银行给本市的项目贷款而千方百计限制银行给外地企业贷款,城市政府往往积极推动本地企业直接发行债券或股票筹资,也不管该企业的实力如何、资质如何,甚至对企业的造假行为也睁只眼闭只眼。四是竞相让利,损害秩序。为了吸引投资尤其是外资,有的城市给予外资令人难以置信的税收优惠,有的城市在地价上是一让再让,甚至是"零地价"。有的外商看出城市政府急于引资的迫切心情之后,就不断地在不同的城市间游走,引起城市政府竞相杀价。这样做的结果不仅损害了国家经济利益,而且破坏了市场经济的秩序,其后果比直接的经济损失要严重得多。

更为严重的是,很多地方政府为了招商引资,不惜违反国家土地政策。据国土资源部的资料,凡是性质严重的土地违法行为,几乎都与发展地方经济的主观动机有关。其违法的形式也呈多样化的特点,有违反规划占用耕地特别是基本农田的,有违反国家产业政策占用土地的,也有在征地过程中侵犯农民合法权益的。有的地方通过修改土地利用总体规划,化整为零批地,把审批权下放给地市,使占用基本农田必须报国务院审批成了一句空话;有的地方与开发商签订土地出让协议后,再"量身定做"竞争条件,搞虚假挂牌出让;有的地方"以租代征",先由乡镇政府从农民手中把地租来,然后直接转租给了企业。

(2)市场分割与贸易壁垒

城市政府为了保护本地的企业,往往会利用手中的行政权力,对本市企业和外市企业在经济上实行差别待遇或者设置人为的贸易壁垒,这种现象也被称为地方保护主义。地方保护主义的表现形式多种多样,比较严重的,公开发布地方性法规、文件,强令或变相强令本市企事业单位只能销售、购买、使用本市产品,或者只能接受本市企业提供的服务;较为隐蔽的,则要求外地产品办理不同于本市产品的审批程序,对外地产品设置关卡、额外收费或实行不同的税费标准;更为隐蔽一些的,有的城市在技术、质量要求上采取与本地企业不同的标准,重复检验、认证,对外市进入本市的产品设置很高的技术壁垒,对本市流出的产品则一路绿灯,甚至不惜以财政补贴相协助,这种做法与国际贸易中一些国家为阻挡外国产品进入而设置的技术壁垒如出一辙,有过之而无不及,实际是以质量监测为名行地方保护之实;有的城市对外地企业侵害本市企业的利益慷慨激昂、大加挞伐而对本市企业假冒外地名牌产品的行为则视而不见甚至包庇、纵容。如许多地方的政府部门通过"红头文件",要求购买本地企业生产的产品,或通过歧视性收费降低本地产品价格,抬高外地产品价格,鼓励购买本地产品。这种地方保护主义泛滥的结果就是在本应是一体化的城市区域内却出现了市场分割和贸易壁垒。我国地方保护的形式多种多样,包括对劳动力、技术要素、资本、原材料流动的限制,也包括价格控制、销售量限制和技术壁垒等;地方保护的措施则更是五花八门,包括限制本地的专业人才外流、阻碍外地人员进入、对工程建设招标中变相照顾本地企业等等,不一而足;从产品来说受到地方保护最严重的依次是烟草、酒类、汽车、电信、农产品、医药产品、电力、食品、化肥和农副产品。法国经济学家(Sandra Poncet)的定量研究表明,1987年中国消费者购买各自所属省份自制产品的数量是它省产品的10倍,而到1997年,这一比值达到了21倍。[1]

(3)重复建设

重复建设是指在一定区域、一定阶段内,某种产业、产品已经形成和即将形成的生产能力之和远远超出市场需求,而经济主体仍继续扩大生产能力的投资行为。以高新技术产业情况为例,在珠三角城市区域,广州、深圳、珠海、佛山、江门、肇庆、东莞、中山等市都把电子信息、生物技术、新材料、光机电一体化、新能源与环保、精细化工作为自己的高新技术产业的主导领域。在长三角城市区域,14个城市的城市规划中,排在前4位的支柱产业都是电子信息、新材料和生物医药,上海正在建设中国"硅谷",杭州提出打造天堂"硅谷",苏州则营造珠三角"硅谷"工程。在长三角地区相距不远的15座城市中,有11座城市选择汽车零配件制造业作为重点发展的产业,有8座城市选择石化业,12座城市选择通信产业。在基础设施如机场、港口的建设方面,情况要更为严重,货源不足、客源不足成为这些设施面临的共同问题,有的设施建

---

[1] Bruce Gilley, "Provincial Disintegration: Reaching Your Market Is More than Just a Matter of Distance," *Far East Economic Review*, 2001, No. 11.

成之日便是亏损之时,有的设施无法充分发挥作用。

重复建设问题是一个非常复杂的理论和实践问题。在成熟的市场经济国家,竞争性领域中一定程度的供过于求是一种常态。这是因为只有保持一定程度的供过于求,才能使企业始终处于竞争压力之下,从而产生改进技术、扩大规模的动力以提高质量、降低成本,也是淘汰落后生产企业、提高整个行业水平的必要条件。在我国的轿车行业,一方面,轿车产能远大于需求,已经形成供大于求的局面;另一方面,跨国汽车企业还在争先恐后地进入中国,一些国内企业也在不断上新项目,简单地用重复建设来描述汽车行业显然是不合适的。事实上,相当一部分企业的轿车产品由于缺乏竞争力而举步维艰,但另一部分企业的产品却竞争力很强,销售火爆。如果排除政府干预的因素,这些新进入的企业都是理性的。换言之,经济学家或政治家不能以简单的相似性系数、区位商或者其他更复杂的计算来代替企业家的判断,从而产生强烈的干预冲动。但是,我国很多的重复建设却是在地方政府的强力推动和不具备完全自主决策能力的国有企业的积极配合下完成的,有很多还是国家严格控制进入的行业,如钢铁、电解铝、化肥、大型石化行业等,而几乎所有的城市重大基础设施项目都是政府主导的。这些政府主导型的重复建设挤占了有限的资源,降低了产业集中度,削弱了产业的竞争力,甚至有的项目一开始生产就亏损。因而对于这些方面的重复建设问题就必须引起足够的重视。

(4)基础设施建设的各自为政

在城市区域中,城市之间有着紧密的社会经济联系,物流、资金流、信息流要靠城市间顺畅的交通通信设施来实现。但是各个城市之间由于彼此的经济利益并不一致因而经常出现基础设施建设各自为政,不能有效地相互衔接从而导致基础设施效能无法真正发挥的现象。

二、城市恶性竞争的弊病与危害

城市间的激烈竞争导致地方保护主义抬头,重复建设、贸易壁垒、市场分割等日益严重,基础设施建设不能有效衔接从而难以发挥效能,这些现象在中国的城市区域一体化建设中正在产生越来越严重的危害。

1. 经济效率的损失

城市间的激烈竞争导致地方保护和市场分割,极大地降低了经济运行的效率。一方面,市场经济本身由于价格机制的作用对于生产要素的流动有一种导向作用,比如大城市劳动、土地的价格高但信息灵、人员素质高、技术先进、交流渠道畅通,因而常常作为大公司的总部所在地、技术研发中心、会展中心、金融和物流中心等,而中小城市则由于劳动、资本价格较低、高素质人才缺乏而常常成为制造业聚集地。在城市竞争的情况下,市场分割和地方保护的作用使得要素价格扭曲,大城市为争项目大上制造业,而中小城市也在资金、人才、土地价格等方面寸步不让,生产要素不能按照市场信号在城市之间正常流动,从而不能配置到边际产出最高的生产环节中。可能出现的结果是,大城市的资本丰富却不能流出,中小城市资本短缺却不能流入,大城市的劳动力和土地稀缺却都使用在产出较小的制造业上,而中小城市人才短缺却想在服务业上一较短长。另一方面,要素不能正常流动必然造成要素不能创造最大的效益从而也不能获得最佳的报酬,其表现就是投资者利润下降(这是从整体上说的,当然受到保护的个别厂商利润可能上升)而劳动者收入降低,从而整个社会的储蓄和资本积累速度也会因此而减缓,从而影响到整个经济长期发展的潜力。

2. 对市场经济秩序的破坏

市场经济是一种分散决策的经济体制,在这种体制中,消费者的决策和厂商的决策都是在自己所受到的约束条件下根据自己的效用最大化和利润最大化的目标而作出的。要维持市场经济的正常运行,需要满足三个条件,一是信用体系。企业与企业之间、企业与消费者之间或者消费者与消费者之间的交易关系是靠契约维持的,要使他们都遵守契约,既要依靠法律等规则的有形约束,也要靠道德、社会价值观等的无形约束。法律的制定与执行要花费很大的成本,面对整个经济体数以亿计的交易量,如果只是依靠法律关系来约束交易双方的行为,其执行成本之大可能使得多数交易根本无法达成,因而依照道德观、价值观等社会无形的约束使交易各方都自觉按契约办事是非常重要的,正因如此,市场经济又被称为契约经济和信用经济。二是公平竞争。市场经济本身的经济活力是依靠其市场竞争残酷的优胜劣汰机制来维持的。在市场竞争中,竞争力弱的企业被淘汰而竞争力强的企业得以生存并不断发展壮大,这样才能使整个经济保持旺盛的活力。如果政府不能公平地对待每一个企业,比如扶持一部分企业而打击或不支持另一部分企业,导致企业之间竞争的天平失衡,则结果可能是竞争力弱的企业不思进取只想依赖政府扶持,竞争力强的企业也无法发展壮大,或者是竞争力强的企业反而被削弱,竞争力弱的企业却规模膨胀。出现这样的情况意味着整个经济体效率的降低。三是获取充分的信息。市场经济中企业要作出正确的决策离不开信息,如供求状况、价格、竞争对手的情况等等。如果政府不适当地对市场进行干预,则会造成价格信息及其他信息扭曲,不能正确反映市场真实的供求状况,即使政府是出于扶持某一企业的一片好意,也未必能达成好的结果。

中国几个规模较大的城市区域中,都程度不同地存在着城市之间的恶性竞争,这种恶性竞争的结果使得市场经济得以有效运行的信用体系、公平竞争和充分信息这三个条件都不能得到满足。首先,城市政府往往给予外资企业以超国民待遇,在企业税收、土地供应等各方面都给予特别优惠,甚至对于外资企业职工权益得不到保护的现象也听之任之,这种做法使得本已处于强势地位的外资企业处于更加有利的地位,而实际上恶化了本土企业的竞争环境,这些做法在改革开放初期为了吸引外资而不得不采用,但到了现在,改革开放已经三十多年了,仍然继续这种做法则是难以令人理解的。各级政府对于国有企业也是千般呵护、万般扶持,企业上市给予优先,银行融资给予便利,财政资金慷慨支持,人事制度、行业准入等方面的"软"支持更是其他企业所难以企及,结果是国有企业该破产的不能破产,该改进管理的也没有动力,企业的市场退出机制失效、效率降低。相对应的,民营企业由于人事制度限制难以得到人才,由于资源流动受到限制难以得到自然资源,由于银行贷款受到限制难以得到资金,在市场准入、土地供应、企业上市等诸多领域受到限制,只能像蚂蚁搬大象那样缓慢地进行自我积累,如此怎么能够适应我国经济快速发展的形势?政府对不同所有制企业采取不同政策,不符合市场经济所要求的公平竞争的原则,不利于维护正常的市场经济秩序。我们知道,WTO是调整国与国之间经济关系的重要协定,WTO的重要原则之一就是非歧视原则或曰国民待遇(national treatment)原则,即对国内企业和国外企业一视同仁。我们应该既对国内企业和国外企业一视同仁,也对国内企业之间一视同仁。其二,作为市场经济重要基础的信用体系在城市恶性竞争中遭到破坏。我们看到,一个城市的产品和知识产权在另一个城市得不到保护;一个城市的产品在另一个城市的销售会受到限制;一个城市生产的资源性产品往往不能正常流出而消费型产品又往往不能正常流入。其三,我们看到,城市政府对企业的优惠政策、土地价格等不够稳定,使得企业无法对自己的未来成本和效益作出一个准确的判断。今天把高污染的企业请进来,明天又把它关闭;今天千辛万苦给出种种优惠条件引进了项目,明天却发现连正常的供电、供水都不能保证。凡此种种,使得企业所赖以作出决策的信息体系几乎崩溃，企业的投资变得几乎是不可预测。这些做法对企业并不利。最近几年的发展也证明，很多大的有实力的企业其实看重的并不是政府给出的各种优惠条件，而是稳定的投资环境和中国的大市场以及由此带来的发展机遇。

3. 对资源配置的负面影响

在一个成熟的市场经济中，劳动、资本、土地、技术、信息等要素资源会通过市场价格体系的作用，在企业主导下在不同区域间进行流动，从而实现资源的有效配置，亦即每一种资源都配置到它边际生产力最高的用途中去。然而，在城市恶性竞争的环境下，市场配置资源的机制被人为改变，城市政府的行为影响到劳动、资本、土地、技术、信息、企业家管理、原材料等资源，从而改变了商品和要素的空间流向。从劳动要素来说，城市通过对劳动力的教育、培训和服务促进富余劳动力的流出，通过收取城市增容费、设置进城人员子女教育、高考升学、住房、医疗等障碍，限制一般劳动力的流入，通过提供较好的工资待遇和福利吸引人才，也会通过控制档案等人事制度的堤坝来阻碍人才的流出；城市政府通过提供廉价的土地和五花八门的税收优惠，吸引资本、技术、信息和管理等各种资源，然而在吸引到外部投资的同时，可能政府的财政收入并未能够相应地增加，于是政府可能被迫加大对于中小投资者的税收征缴力度，从而加大不同企业之间的税收负担的差距和不公平程度。同时，廉价供应土地往往意味着政府的土地收益锐减从而无法给予失地农民以公平的可接受的补偿，引起严重的与农民间的土地纠纷。有很多外资企业在"五免三减半"到期后就整体迁走，留下空空的厂房。同时，大幅度的税收优惠使得政府财政收入不能随着GDP的增长而同步增长，导致教育、医疗、公共事业、社会保险、基础设施建设等需要大量财政投入的地方因为缺少资金而不能到位。即使在我国经济最为发达的珠三角和长三角城市区域，上述公共物品短缺的现象依然严重。

在那些地方保护比较严重的地区，由于外地产的物品存在进入障碍会导致本地产品价格昂贵，消费者以更高的价格买到质量更低的物品，降低了消费者的效用和福利水平。

第二节 城市竞争与合作的博弈模型

Novell公司的创始人雷达尔说过："你不得不在竞争的同时与人合作。"企业是这样，城市也是同样。单纯强调竞争或者单纯强调合作都是有失偏颇的，与对手进行你死我活的竞争只会破坏市场秩序，最终自己也将一无所获；为了合作而不考虑自身的利益，创造一个自己不能把握的市场当然也不是明智之举。本节我们将用博弈论的理论来说明城市选择合作或者不选择合作的深层的原因和动机，以及城市间如何从竞争走向合作。

一、引进外资中的城市博弈

如前所述，在财政分成、行政分权的体制变革下，城市日益成为一个利益主体。作为城市利益的代言人，城市政府也日益重视城市的经济成长。具体来讲，城市政府对经济的关注点集中在三个方面：GDP及其增长率、就业的稳定和增长、地方财政收入的增长。这种关注并非某个市长或市委书记的个人倾向，而是一种体制性倾向。在当前我国的经济增长还属于一种地方利益驱动型的增长的情况下，城市作为一类竞争主体出现于市场体系中就是不可避免的。这是我国主要的城市区域都出现了激烈的城市竞争的逻辑基础。

城市政府的上述三个经济目标能否顺利实现都与这个城市能否吸引到足够的外来投资紧密联系。投资增加了，生产能力就增加，从而产量增加，GDP上升，就业上升，财政收入增长。外商直接投资（FDI）不仅能够给当地带来上述好处,而且其先进的技术和先进的管理还对当地的企业具有示范作用,外商投资还具有群聚效应,一个大的项目一上,往往一批上下游配套项目就跟着上来了。所以吸引外资成为城市政府的头等大事,珠三角、长三角、京津冀到山东半岛、辽中南等高级城市区域,每一个城市的政府都努力招商引资。在这场城市间激烈的引资竞争中,城市政府可以运用的有两个利器:一是土地,给外商优惠供应土地;二是税收优惠。这种竞争如果从区域或者全国的角度看,只是一种"零和游戏",因为外商之所以来中国或者某一个城市区域投资是看上了中国庞大的市场、廉价的劳动力、高素质的技术队伍、丰富的资源,并非是奔着土地或者税收优惠而来(许多跨国公司的老总都表明过这种态度),城市激烈的引资竞争所改变的只不过是外商投资落户到具体哪个城市。显然,竞争的结果受益的只是外商,而受到损害的则是城市区域整体。下面我们用一个简单的博弈模型来看一下城市间引资竞争的逻辑。作假定如下:

(1) 只有两个城市:B 城市和 A 城市,双方进行完全信息静态博弈。

(2) 如果双方采取合作的态度,即都不给外商优惠,土地按市场价格提供,税收优惠则只执行国家的相关政策,那么 A 城市由于实力强,吸引外资获得收益是 100, B 城市只有 60。

(3) 如果双方都采取竞争(不合作)的态度,那么 A 城市给了外商好处, B 城市也会给,同样 B 城市给了外商好处, A 城市也会给,这样 A 城市和 B 城市都要让渡给外商 20 的利益,结果 A 城市和 B 城市的收益分别降为 80 和 40。

(4) 如果 A 城市采取合作态度而 B 城市不合作(给了外商 20 的优惠),将有 40% 的投资从 A 城市转移到 B 城市,从而 A 城市的净收益变为 60, B 城市为 $100\times40\%+60-20=80$。反之,如果 B 城市采取合作态度而 A 城市不合作,将有 60%的投资从 B 城市转移到 A 城市,A 城市的净收益变为 $60\times 60\% +100-20=116$,B 城市为 24。

		B城市 不合作	合作
A城市	不合作	80, 40	116, 24
	合作	60, 80	100, 60

图4-1　两城市吸引投资博弈支付矩阵

从图 4-1 可以看出,无论 B 城市合作还是不合作,A 城市的最优战略都是不合作;同样,无论 A 城市合作还是不合作,B 城市的最优战略都是不合作。因此 A 城市和 B 城市的吸引投资博弈具有一个占优纳什均衡(不合作,不合作)。两个城市不约而同都会选择不合作。然而,从两个城市的整体利益而言,这并不是一个最佳选择,因为在双方都选择不合作时其净收益总和是 120,而在双方都选择合作时其净收益总和却有 160,且两城市的收益都有提高。这是一个典型的"囚徒困境",它显示了个体理性和集体理性的矛盾。它说明了当经济社会中的数个当事方都只为自身利益打算时,即使大家都遵守社会规则,追求个人利益的动机并不一定能实现集体或社会的最大利益,甚至也不一定能实现个体的最佳利益。为什么两个城市不能坐到一起,都采取合作的态度从而获得最大利益呢?这是因为在缺乏有效的协调磋商机制和监督机制的前提下,双方都抱有机会主义的态度,一旦自己选择合作而对方选择不合作,自己就可能失去重要的投资机会,并在以后的竞争中处于劣势。相对于选择合作可能遭受的损失来讲,选择不合作的损失是最小的。

这个模型说明了在现在的制度框架下,城市政府在吸引外资方面只注重竞争不重视合作的现象背后,实际是城市政府从经济角度所作出的理性选择,而绝不是像有些媒体所宣传的那样是盲目竞争。在模型中所使用的分析方法仍然是非合作博弈(non-cooperative game),要使博弈双方从非合作博弈走向合作博弈(cooperative game),就需要在博弈双方相互作用时能够达成一个具有约束力的协议(binding agreement)。就是说,要打破这种城际非合作博弈局面,实现城市间的合作,就必须要重新建立城市间的利益协调机制,还需要有一个监督机构能够对城市间的违约行为提出警告、进行惩罚,使得城市合作机制变得令人能够置信。

二、地方保护中的城市博弈

市场分割和贸易壁垒是城市区域内各城市地方保护主义盛行的必然结果。但与引资竞争中的情况不同,地方保护主义并非所有城市的首选之策。处于相互竞争状态的两个城市,如果实力悬殊,实力弱的一方可能选择保护而实力强的一方宁愿选择开放;如果两个城市生产的产品是相同的或者替代品,它们可能选择保护,而如果两城市生产的产品是互补品,则它们可能选择开放。不同的情况,可能有不同的选择,完全是城市根据自己和竞争对手的情况所作出的理性选择。下面我们以一个完全信息动态博弈模型来进行说明。

假设有 A 和 B 两城市,A 城市在烟酒类产业上有优势,竞争力强于 B 城市。A 城市在烟酒类产品上的利益为 R_A,B 城市在烟酒类产品上的利益为 R_B。如果两城市要进行市场保护的话,保护成本分别为 C_A 和 C_B。这里的保护成本包括各种人力和资金的投入,违反国家政策所承担的责任,以及由于市场保护带来的不良的市场影响和地方福利水平的降低。下面我们考虑一个完全信息动态博弈的模型。假定:

(1)双方都具有完全信息。即 A 城市和 B 城市都清楚它们本身及对手的行动可能产生的收益和成本。

(2)双方进行动态博弈。即 A 城市先行动,B 城市根据 A 城市的战略来选择对自己有利的战略;或者相反,B 城市先行动,A 城市根据 B 城市的战略选择对自己有利的战略。

(3)A 城市和 B 城市可以选择两种战略:合作(即开放市场)和不合作(即不开放市场,实行市场保护)。

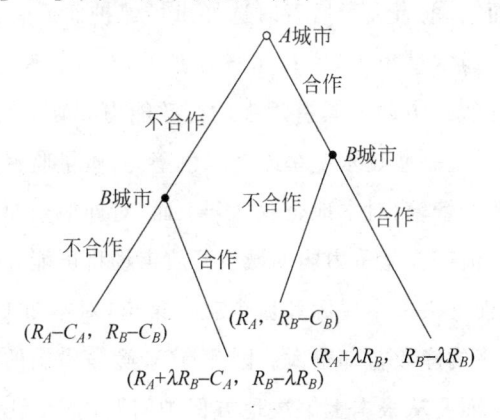

如果 A 城市先行动,选择合作,B 城市可以选择合作或者不合作。如果 B 选择合作,由于 B 城市烟酒类产业的竞争力低于 A 城市,B 城市的一部分市场将被 A 城市夺取,假定 B 城市失去的市场比例是 λ($0 < \lambda < 1$)。这时 A 城市的净收益将是 $R_A + \lambda R_B$,B 城市的净收益将是 $R_B - \lambda R_B$。如果 B 选择不合作,则 A 城市净收益为 R_A,而 B 城市的净收益变为 $R_B - C_B$。如果先行动的 A 城市选择不合作,净收益的计算以此类推。这样得到的动态博弈树如图 4-2 所示。可以看到,当 A 城市选择合作时,无论 B 城市合作还是不合作,A 城市的净收益都大于 A 城市选择不合作时的收益,即 $R_A + \lambda R_B > R_A + \lambda R_B - C_A$,$R_A > R_A - C_A$。因此,博弈的精炼纳什均衡是(合作,{合作,不合作})。B 城市选择合作还是不合作取决于 λR_B 和 C_B 的大小,如果 $\lambda R_B > C_B$,则 B 城市会选择不合作,如果 $\lambda R_B < C_B$,则 B 城市会选择合作。

图 4-2 A 城市先行动时的动态博弈

同样的方法可以得到 B 城市先行动时的动态博弈树,见图 4-3。这个博弈的精炼纳什均衡是(｛合作,不合作｝,合作)。当 $\lambda R_B > C_B$ 时,均衡为(不合作,合作),当 $\lambda R_B < C_B$ 时,均衡为(合作,合作)。

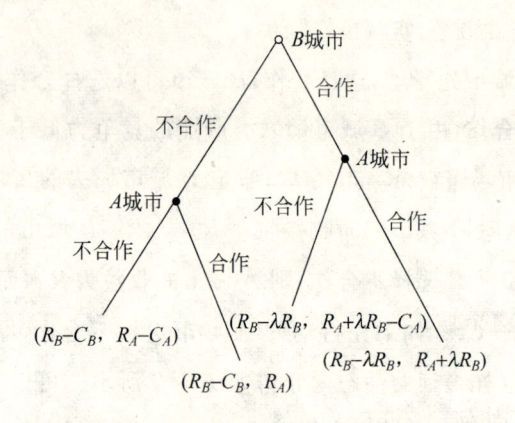

图 4-3　B 城市先行动时的动态博弈

从这个模型可以看出,如果两个城市中具有相同的或者替代性强的产业且实力差别较大,那么产业竞争力强的城市倾向于合作,即开放市场,而产业竞争力弱的城市将视开放市场后的损失与实行市场保护的成本对比而定,前者大于后者时选择市场保护而后者大于前者时选择开放市场。通常情况下,实行市场保护的成本并不大,因为我国的省、市、县等各级地方政府具有很强的行政能力和独立性,也具有地方立法权,可以设置一些技术壁垒或者绿色壁垒,质量监督及工商管理部门都归地方政府管辖,对本地企业网开一面,对外地企业严加管理是很容易办到的。但产业竞争力弱的城市开放市场将可能导致该产业在本城市衰落,从而失去一个税源和城市就业渠道,对本市 GDP 也会产生很大影响,失去的净收益却很大。因此,产业竞争力弱的城市将趋于实行地方保护。而要从根本上解决地方保护问题,就要设法加大其实行地方保护的成本,方法有很多,如中央政府通过立法对地方保护作出明确界定并对其进行处罚,受害的城市和企业可对实行地方保护的城市提起司法诉讼,加大中央政府对地方政府在这方面的监督和约束,将实行地方保护问题放到对地方干部的政绩考核中去,等等。这一结论对于多个城市的情况显然也是成立的,因而同样适用于复合型城市区域内部城市间竞争与合作的分析。

显然,如将这个模型加以扩展就可以得出如下结论:

(1)两个城市中有一个城市各个产业竞争力都很弱,这个城市就有全面实行地方保护的倾向。因而如果一个复合型城市区域中城市间经济发展差异太大,则难以实现经济一体化。

(2)如果两个城市生产的是替代品,则两城市倾向于竞争;如果两城市生产的是互补品,则两城市倾向于合作(要解决的主要问题是合作带来的"红利"如何分配)。因为在这种情况下,两城市的相关企业都将因为市场的扩大而享受规模经济带来的好处。所以城市间实行差异化的产业结构则易于建成城市区域统一大市场。

地方保护是一把"双刃剑"。通常每个城市都有自己的比较优势,如果一个城市对自己的弱势产业实行保护,必然招致其对手城市针锋相对地报复,也对自己的产业实行保护,这样两个城市谁也得不到好处。经济学关于"来自交易的收益(gain from trade)"的基本常识告诉我们:自由贸易可以扩大市场范围,提高各城市间的专业化水平,促进这些地区的经济发展。各个城市都明白,相互开放市场,建立城市区域的统一大市场对大家都有利,然而每个城市也都清楚,谁先实行市场开放,谁就有可能因为对手继续实行市场保护而吃亏。这成为一个解不开的"悖论"。再则,经济一体化和市场开放可能有利于城市区域的整体利益,也有利于每个城市的长远利益,但对具体某个城市的短期利益来讲,则未必有利,甚至可能有害。对于任期只有数年的城市政府领导人来讲,在自己有限的任期内,"为官一任,造福一方",使当地经济上一个台阶是从上到下对干部的基本要求,政府官员受到的压力是空前巨大的,因而政府对短期利益的追求可能甚于对于长远利益的追求。要打破这种"悖论",有三条至关重要:一是城市区域内各大城市的领导坐到一起就有关取消市场保护、建立区域统一大市场问题签订有约束力的协议;二是中央政府和省政府在干部考核中不仅要考察干部任期内城市的经济增长而且要考察这届干部给下一届干部留下了什么,即该城市长期增长的潜力;三是区域中心城市——"龙头"城市必须带头完全开放市场,其他城市才有可能群起效仿。我们知道,企业间有时会组成卡特尔组织,合作垄断市场,国家间也有这样的垄断组织。不过这样的垄断组织鲜有成功的案例,为什么呢?因为垄断组织的成员都只考虑自己的利益,偷偷地违反协议的动机非常强烈。而欧佩克(OPEC)这一国际石油垄断组织却屹立数十年而不倒,原因就在于沙特阿拉伯这一最大的产油国始终严格地遵守协议,为其他国家树立了一个典范。从这一点来说,要促成城市区域合作局面的形成,区域中心城市的率先垂范是至关重要的。

三、重复建设的城市博弈

重复建设问题一直是我国经济建设中的一个顽疾,也是城市区域建设中的一个难题。各个城市竞相进入同一行业或者一拥而上从事某一基础设施建设的现象连绵不断,从 20 世纪 80 年代的"轻纺热",到 90 年代的"开发区热",再到现今的"造车大跃进"、"机场建设大战"等等,不一而足。这些现象只用城市政府的财税激励或者 GDP 激励是难以解释的,因为很多项目是一建设就过剩、一生产就亏损,很多项目没有可行性论证,根本就无视市场前景和可能招致的亏损。这就要从国有企业经理们的个人激励方面寻找原因。

"企业的收益可分为两部分,一部分是难以度量的非货币形态的收益,另一部分是容易度量的货币形态的收益。完整的产权又应包括控制权和剩余索取权两部分。非货币形态的收益与控制权相联系,故又称为控制权收益,它包括诸如指挥别人带来的满足感,名片上印上'总经理'的荣誉感,当总经理可享受到的有形或无形的在职消费,以及通过资源的转移而得到的个人的好处等等。货币收益是可以反映在企业会计账目上的收益,如企业利润。控制权收益由拥有企业控制权的人(经理人员或政府官员)直接占有,货币收益由企业所有者——剩余索取者占有(不考虑企业其他成员的合同收益)。"[1]作为一个社会主义国家,我国国有企业是所有权与经营权相分离的企业。而且,与一般的所有权与经营权相分离的企业不同,国有企业的所有权属于全体人民。但是,全体人民既缺乏信息,又没有有效手段来监督经营者;从而既没有积极性对经营者提供激励,又因为"搭便车"等问题的存在而没有"当家做主人"的自我激励。这样,国有企业的实际控制权就掌握在政府部门或由政府部门任命的厂长、经理们手中。当然,这种控制本身并不一定导致重复建设。但是,如果经理的权力与责任不对称,就另当别论。现实的情况是,一方面,国有企业的厂长经理不仅享有相当的控制权收益,而且从扩大销售中得到相当的个人好处(包括在职消费);一方面,企业的生产成本基本上都是由全体人民承担的,经理个人承担的边际成本远远小于生产的真实边际成本。正因为如此,国有企业经营者们追求个人目标最大化就与企业经济效益最大化发生了严重偏离,满足个人的边际收益等于边际成本条件的价格就可能低于真实的边际成本。并且在现行制度下,国有企业的所有者——全体人民也不会对于控制者失去对企业的控制权进行补偿。由此,对于控制者而言,失去了

---

[1] 张维迎:"控制权收益的不可补偿性与国有企业兼并中的产权障碍",《经济研究》1998年第7期。

控制权,就失去了一切,而不仅仅是控制权收益。重复建设一般会损害本地的整体利益,但由于会增加经理的控制权收益,地方政府就会追求重复建设,所以才会一再出现重复建设的现象。如果经理的控制权能被赎买,重复建设和地方保护的问题就可以大大减少。

简单地讲,重复建设就是过多的企业在偏离利润最大化原则下进入同一个市场的现象。为什么明明无利可图,企业还是选择进入该行业呢?为了便于分析,我们需要做如下几个假设:

(1)市场中只存在两个企业;

(2)该市场是一个完全信息市场,即两个企业对于对手在各种策略组合下的利益都完全了解;

(3)各博弈方同时决策,或者决策行动有先后,但后行动者不知道先行动者的具体行动是什么,即是一场静态博弈。

首先,我们将分析在不存在政府管制、企业所有权与经营权相统一的前提下的市场进入博弈。

如果两个企业同时进入,各亏损100;如果一个企业进入而另一个企业不进入,则进入的赢利为100,不进入的赢利为0;如果两个企业都不进入,则都不亏不赢。博弈过程如图4-4所示。

		B企业	
		进入	不进入
A企业	进入	-100, -100	100, 0
	不进入	0, 100	0, 0

图 4-4　市场进入博弈

该博弈有两个均衡战略:(进入,不进入)和(不进入,进入),其含义就是,两个企业都不进入或者两个企业都不退出不是一个纳什均衡。也就是说,重复建设在理论上是不应该出现的。究其原因,正是控制权损失的不可补偿性改变了这场博弈的结果。

如前所述,在公有制下,企业的所有权和经营权相分离,相应的企业的所有者与控制者也就分离,并且通常情况下,作为简政放权的结果,真正掌握企业控制权的是经理,他们真正拥有企业的经营决策权。在这样的条件下,尽管(进入,进入)从整个社会角度来讲并不是最优选择,但由于这两种决策对于企业经理个人来讲却存在着利益,并且这些利益只有通过牢牢掌握企业的控制权来获取。对于他们来讲,一旦失去控制权就等于失去一切。这就是个人理性与集体理性相冲突的一个很好的例子。因此,这时的进入博弈就发生了变化。

		B企业 进入	不进入
A企业	进入	−125, 25 −125, 25	0, 0 70, 30
	不进入	70, 30 0, 0	0, 0 0, 0

图 4-5 变异的市场进入博弈

作为非独立的投资主体,国有企业没有投资风险的观念。投资项目的效益好坏与企业领导的责任不对称,无论企业是赢利还是亏损,企业经理都可以凭借控制权享有控制权收益。在双方都进入市场的情况下,尽管企业会整体亏损,但企业经理人仍可以获得一部分控制权收益,并且可以将成本成功转嫁给企业的真正所有者——全体人民,于是就导致了这样一个结果:两个企业各亏损125,拥有企业控制权者却可以获得25的控制权收益;如果一个企业进入另一个企业不进入,则进入企业的赢利为100,但由于企业控制者要获得30的控制权收益,因此,这时进入企业的赢利就变为只有70,不进入的一方无论是企业还是企业控制者赢利均为0;如果两个企业都不进入,则双方无论是企业还是企业控制者则都是不赢不亏。由于拥有企业决策权的是企业的控制者而非所有者,因此,从企业控制者的个人私利出发,此时的纳什均衡则是(进入,进入),并且是一个占优策略均衡(dominant-strategy equilibrium),即无论什么情况下,两个企业会同时进入。

该模型从企业控制权收益的角度解释了为什么国有企业投资积极性很高,一有机会就竭力争取上项目,在缺乏科学预测和分析的情况下制订扩大生产能力的计划,并千方百计游说上级主管部门批准,大肆进行重复建设。

以上两个城市博弈模型对研究城市间的引资竞争、地方保护和重复建设行为背后的利益关系和形成机理提供了一个较为清晰的分析框架,其结论也基本符合事实。然而在模型中,城市政府被简单地人格化为"城市经济人",这是建立理论模型所必需的,但这一假定与现实情况是有差距的,因而模型所提供的结论也会和现实情况有一定差距,现实的情况比模型所描述的情况要更复杂和更加多样化。因此,理论模型可以作为我们研究问题的起点,而不能是终极结论,必须将理论模型分析和实际的经济分析相结合才能得出可靠的结论。

第三节 关于城际关系的四个基本判断

一、城市合作是城市区域合作的主体

城市区域由城市(包括城乡过渡带)与乡村组成,因而城市区域合作包括城市与城市的合作、城市与乡村的合作、乡村与乡村的合作。在这些类型的合作中,城市与城市的合作是城市区域合作的主体。之所以作出这个判断,理由有五。首先,虽然城市和区域之间是一种互相联系、互相依赖、共同发展的关系,但城市始终是区域发展的中心,是区域的中心和重心所在。城市是区域的产业积聚中心和扩散中心,也是科学技术进步主要的孵化地,是信息和知识生产和传播的中心,因此,在城市与乡村的关系中城市不可避免地走向主动的、支配的地位而乡

村则扮演了被动的和从属的地位。第二,城市区域合作最重要的是建立城市区域内部各个城市间的产业分工与协作体系。这里的产业分工主要是指第二产业和第三产业,它们主要分布在城市,在乡村只是以乡镇企业的形式有少量分布。第一产业由于依附于土地,流动性很差,虽然农民从事第一产业也有一个作物品种和数量的选择问题,但主要的粮食、蔬菜、畜产品等农业剩余都是面向临近城市中的企业和居民销售的,而农业剩余劳动力的流动则是面向全国的,并不局限于城市区域内部,因此,第一产业的产业分工与合作问题并不是本书需要重点研究的课题。第三,城市在城市区域内部的交通网络和信息网络中居于重要的枢纽地位,区域中无论是物流、人流,还是信息流、知识流,都是首先在城市间传播和扩散,再在城市和乡村之间进行传播和扩散。第四,从负面来讲,城市还是最主要的污染源,乡村只是城市污染物排放的被动受害者。因而污染的治理和生态环境的改善,都需要依靠城市间的合作来完成。第五,城市还是区域的行政管理中心,政府的主要办事机构都位于城市,政府主要的经济决策在城市作出,主要的制度在城市颁布,主要的财政资金在城市拨付。尤其是在目前市管县的体系下,城市政府明显居于主导地位。

二、城市不是完整意义上的市场主体

如前所述,我国的行政分权改革导致中央政府逐步减少对城市事务的干预,从而使城市政府拥有了调配大部分资源的权力和能力。20世纪90年代的"财政包干"和分税制改革,使城市的社会福利水平及其他利益与本市的经济发展水平紧密地联系了起来,使城市追求自己的经济利益的行为合法化。当城市拥有了自己的事权和人权,拥有了自己的经济利益和为追求这些经济利益而采取行动的行政的、法律的手段的时候,城市便毫无疑问成为市场竞争中的一个主体。

然而城市并不是一个完整意义上的市场竞争主体。作为市场竞争的主体,它必须具有独立的经济利益、能够独立作出经济决策并能够享受竞争后的收益。城市并不能够满足这三个基本条件。首先,城市的目标函数与城市的代理人——政府的目标函数并不总是一致的。城市的目标函数应该是全体城市居民的效用最大化,即社会福利最大化,具体来说就是经济效益、社会效益和环境效益的统一;而在现有的干部考核体系中,经济增长指标处于首位,并且经济增长指标也与政府可支配的财权成正比例,因而城市政府基本上把追求经济高速增长作为自己的奋斗目标。第二,城市利益群体的构成及其目标是多元化的。城市的利益群体严格说来有三个,一是政府;二是居民,追求的是自己的效用最大化;三是企业,追求的是利润最大化。这三部分利益群体的目标有交集也有不一致的地方。第三,城市政府并不具有独立的决策能力。虽然由于中国的分权化改革中央政府下放给城市政府很多调配资源的权力甚至包括部分城市的立法权,然而中央政府还是保留着很多对于城市政府的经济控制权,比如超过1 000亩的建设用地需要国务院审批,中央政府还可以对银行的贷款方向及额度进行控制,因而城市政府能够独立进行的经济决策实际上是有限的。加上分税制的设计本身就使得中央政府财力大大增强,而省、市政府能够支配的财力除了人员支出之外已经所剩无多,因而城市政府能够用于基础设施建设、环境建设等提高竞争力的资金并不多,从财政的角度来看,中央政府的控制力不是下降了而是上升了。城市政府一方面在很多城市经济活动中有相对的独立性,而另一方面又受到国家宏观经济调控的制约。中央政府和省、市政府之间在利益关系上也出现了错综复杂的局面。

进一步分析,城市竞争的说法实际上是给城市一个虚拟的"经济人"角色。现实中,城市竞争实际是通过企业、政府和市民的互动来完成的,政府只是推动市场竞争的主体之一。由于在一个城市中企业和市民的决策都是一种分散决策,且具有相当的流动性,因而实际上只有城市政府有能力去实现和维护城市的利益,调动城市竞争所需要的各种资源,于是顺理成章地成为城市利益的代言人和实现城市利益的主体。这样,在城市竞争的背后实际上主要表现为城市政府间的竞争(intergovernmental competition),但政府间竞争又比单纯的城市竞争要复杂得多。比如,城市政府的竞争不仅表现在横向上,如地级市之间的竞争,而且表现在纵向上,如地级市和下辖的实力强大的县级市之间的竞争上,很多县级市由于有强大的经济实力而产生出升级为地级市的强烈欲望。以此来看,实际的城市竞争比虚拟的"城市经济人"之间的竞争要更加复杂。

三、"城市竞争"是市场经济条件下的自发表现

"城市竞争"是在城市发展过程中与其他城市进行的吸引、争夺、拥有和转化资源的过程,目的是提高城市的竞争能力和经济发展水平。从理论上来讲,只要存在资源(包括自然资源、社会资源、经济资源和政治资源等)的稀缺性,就会产生竞争。在计划经济时期,资源也是稀缺的,各个城市之间也存在利益冲突,但是由于资源调配权都集中于中央计划部门手中,城市之间的竞争充其量说只是一种"兄弟竞争"。然而在 20 世纪 90 年代的行政分权化改革和分税制改革之后,城市成为了一个真正的具备调动资源能力的利益主体,城市间的竞争就不可避免了。在这场城市竞争的"大戏"中,城市政府扮演了一个推动者和主导者的角色,尤其是进入 21 世纪,在"经营城市"的理念指导下,城市政府迅速地由消极的公共财富的管理者向使国有资产和公共资源保值增值的资本运作者转变,城市政府从城市管理者和服务者的幕后"守夜人"迅速走上了竞争的前台,扮演了"企业型政府"的角色。

在我国的每一个高级城市区域中,城市之间都展开了激烈的市场

竞争,这些竞争表现在四个方面:一是争夺资源。从过去的"棉花大战"、"蚕茧大战"到今天的"煤炭大战"、"铁矿石大战"等等,有关城市之间围绕着限制资源流出、竞相囤积资源、哄抬资源价格展开一轮又一轮的激烈争夺。二是争夺要素。对于资本、技术、人才等生产要素展开争夺,主要是争夺资本,其手段无非是三种,一是利用税收减免、土地优惠的方法,吸引外商和国内客商,通过人事制度阻止人才的外流;二是通过改善自己城市的基础设施和生态环境吸引外部人才、资金,留住自己的资金、人才;三是提高本市的行政效率,改善制度环境,使外商和国内客商的投资软环境得到改善。我们看到,在珠三角、长三角城市区域,城市竞争的方式正在逐步从第一种方式向第二种、第三种方式转变。三是争夺腹地(区域)。腹地越大意味着城市影响的区域越大,控制的资源越多,直接影响的市场越大。四是争夺政策。主要是争取城市被列入改革开放的试点城市,列入重点建设城市,争取国家的各项倾斜政策和优惠政策,争取国家级或省级开发区,争取国家重大基础设施建设项目和重大工业项目的落户。这些政策落实到某个城市往往使这个城市获得重大的资源支配能力和制度制定的权力,直接影响到城市进行经济改革的能力,使这些城市在与其他城市的竞争中处于有利地位,获得先发优势。

上述各种形式的城市竞争,都是市场经济条件下一个城市在与其他城市竞争时所作出的必然的、自发的反应。多数情况下这种竞争优化了城市的制度环境,美化了城市的生态环境,提高了政府的工作效率,改善了城市的投资环境,对于我国改革开放以来经济建设的成就是功不可没,其积极意义必须予以肯定。然而也应看到,有些城市在竞争中只讲短期利益,不讲长远利益;只考虑自身利益,不考虑区域利益;只讲实用主义,不讲规则秩序;只讲竞争,不讲合作;只求己胜,不讲"双赢";只讲个体理性,不讲集体理性。这些现象都是城市竞争还处于初级的自发阶段的表现,其发展下去必然要走向竞争与合作并重的新阶段。

四、"城市合作"是市场经济发展的高级阶段

城市竞争是一个动态的、连续的过程。在竞争过程中,自然资源、人才、资本、信息、技术、知识等各种要素为了寻找其最大边际报酬的区位而在各个城市和乡村之间进行流动,从而逐渐形成城市间的分工与合作体系,逐渐凝聚成各个城市的比较优势和城市竞争力。企业间由于横向协作关系和纵向协作关系将不同城市中的不同企业连结了起来,形成了一体化的协作关系。当这种协作关系仍然具有较大的交易成本而不适应市场竞争需要的时候,不同城市的不同企业之间就会发生购并、控股、参股等现象,这种情况的发展更加使得企业变得你中有我、我中有你。这种分工协作关系直接导致了对于城际基础设施建设的强烈需求,也客观上要求城市间的交易制度和规则相互接轨,这就必然要求城市跨越行政边界来共同考虑它们所面临的共同问题。城市之间由此必然走向城市合作这一市场经济的高级阶段。

城市的经济发展一方面取决于其自身努力,另一方面要受到城市间相互依赖的分工协作关系的制约,不同城市在经济上构成了一个特殊的共生的经济生态。各个城市好比是处于一个相互联动的价值网络体系中,其在这种网络体系中的地位由其竞争力来决定,竞争力强的城市可能获得一个较高的地位,然而每个城市也不可能突破这一价值体系而自求发展。试想,上海是中国经济实力最强的城市,但上海能不能离开长三角的发展而自我发展?如果长三角其他城市的经济都处于困顿之时,上海能否独善其身?可以说,这样的一种城市经济生态共同体就决定了城市之间必须进行合作。

从城市合作的视角看,城市之间并非是你死我活的关系,并非只有

打击对手才能发展自己。对手的存在会促使城市改善自己的软硬件环境，提高竞争力。对手强大了，市场容量也扩大了，自己企业也可以增加销售、扩大规模，从而产生规模效益。城市之间也有一个外部效应问题：你建立了一项好的制度，我可以拿来学习；我引来了一个大企业，你就可能引来其相关配套企业；我修了道路，你的汽车来办事也方便；我这里的污染小了，你那里的天空也更蓝。大家相互竞争，也相互合作，这种竞合关系完全可以造成 1＋1＞2 的效果。

在企业竞争中，如果市场竞争是完全竞争，那么企业只能得到零利润。如果企业之间通过一定方式的合作以垄断价格或者产量，那么企业都得到了利润，合作的结果是双方都得到了好处。城市能够从企业的合作中学到很多的经验和教训，通过城市合作来改善自身的处境。但城市合作与企业合作又不完全是一回事。城市合作要比企业合作更复杂、更重要，因为城市经济是区域经济中最具活力和最复杂的部分。城市经济的复杂性主要表现为城市之间在行政、经济、文化等诸多关系上交错繁杂的局面，以及城市本身发展的空间特性。这在一定程度上制约了各城市在资源禀赋、发展条件、交通设施等多方面的优势互补，再加上特定的制度背景，会使各种发展关系变得难以整合。

城市之间之所以能够进行合作，根本在于城市间存在着共同的利益。要顺利推动城市合作，首先就要寻找到两个城市间的共同利益。其次，迄今为止的证据强烈表明，成功的合作的一个基本条件是伙伴城市之间的平等关系。每个城市无论经济实力如何雄厚、政治地位如何优越，也不能仗"势"欺人或依"势"压人，试图依靠牺牲伙伴城市的利益来寻求自己的利益，是合作不能持续的重要原因。每个伙伴城市都需要清晰地识别其共同利益之所在以及自己在区域中的利益是什么，通过城市合作推动共同利益的实现。

第五章 城市区域合作的模式与路径选择

城市区域合作首先是产业合作,为此必须建立城市间差异化产业分工、互补与合作体系,各城市间应职能分工明确,主导产业定位合理,区域中心城市与周边城市的分工合作关系尤为重要,而发展产业集群、建立城市区域较为完整的制造业体系则是有效利用聚集经济和规模经济、节约生产和运输成本的必由之路。城市区域的环境合作需要变浓度控制为总量控制,推广以市场机制为主导的排污权交易等先进的管理办法,以生态补偿制度来恢复治理生态环境,依靠清洁生产和循环经济从根本上消除污染、节约资源,这是城市区域可持续发展的可靠路径。本章还讨论了城市区域基础设施合作的有关问题,如:投融资问题、共建共享问题、职能分工问题等。

第一节 城市区域产业合作

一、城市间差异化产业分工与合作体系的建立

1. 城市区域产业分工的理论基础

(1)城际分工与合作的经济原因

城市区域内部恶性竞争局面的出现与各个城市重复建设、产业分工不明确有极大的关系。城市区域的分工与合作,不仅降低了恶性竞争的程度,避免了资源的浪费,而且促进了资源的流动,提高了资源的

空间配置效率。分工与合作可以说是一个硬币的两面,没有城际分工,就不会有城市合作;反过来,城市合作又有利于城际分工的形成与深化。在城市区域产业分工形成与深化的过程中,必然伴随着各种利益关系的变动,有时是激烈的矛盾甚至是斗争。因此,对城市产业分工与合作的形成机理、结果及其影响因素进行理论上的分析是十分必要的。但令人遗憾的是,到目前为止,经济学界对此问题研究得并不深入,主要还是借助于国际贸易的相关理论。

分工与专业化可以说是一个问题的两个方面。专业化是一个组织为了减少其生产活动中的不同职能的操作种类而将生产活动集中于较少的不同职能的操作上。区域分工在地域空间上的集中表现就是区域经济的专业化。一个城市的经济活动包含许多职能,随着分工程度的加深,城市的经济职能不断分离出去,由其他专业化的城市承担,而本城市的专业化职能也得到加强。分工以专业化为基础。市场经济中,城市区域专业化与分工之所以能够形成,是因为分工能够带来额外的经济效益。具体来说:①城际分工使各个城市能够按照各自的比较优势来进行生产,从而降低了生产成本,提高了生产效率。②城际分工会导致企业规模的扩大从而产生规模经济,更为重要的是城际分工促进了同种产业在某城市的集中,从而产生聚集经济。一般来说,聚集经济的形成有多种原因,比如聚集导致企业可以共用一些城市基础设施和商业服务设施,聚集导致企业间减少了运输成本,同种产业在同一地理位置上的集中还导致了企业间、个人间能够方便地进行信息交流和知识的传播,从而产生了知识和信息的溢出效应(spillover effect)。③城际分工的外部性。这里的外部性是指某个城市专注于某种产品的生产而对其他城市产生正的效益。城际分工外部性的产生原因有很多。首先,分工促进了生产要素在城市区域范围内更为广泛地流动,从而提高了城市区域资源配置的效率;其次,分工导致城市区域内相互关联的多种商品的供给和需求提高,从而对其他城市产生正效应;此外,一旦城市区域形成有效的产业分工,将在一定程度上降低城市间或企业间产品价格竞争或要素吸引竞争的激烈程度,促进城市间以及企业间的合作关系。分工程度的提高与合作程度的提高是相辅相成的,也可以说,没有分工就没有合作。

在我国常见的产业分工有三种:垂直型分工、水平型分工和混合型分工。垂直型分工是指一个城市生产最终制成品,而由另一个或几个城市生产中间投入品,是一种以互补和依附为特点的产业结构体系。水平型分工指工业制成品生产的分工,有的城市生产劳动密集型产品,有的城市生产资金、技术密集型产品,通过贸易互通有无,各得其所。发达城市与不发达城市之间经常采用垂直型分工,而相同发展程度的城市之间经常为水平型分工。混合型分工则指一个城市的专门化生产既参与垂直型分工,又参与水平型分工。

(2)城际分工与合作的基本理论

国际贸易中对国际分工问题有几个著名的理论,并且对区域经济和城市经济的产业分工理论也产生很大的影响,并经常被引用。其一是亚当·斯密的绝对优势理论;其二是大卫·李嘉图提出的比较优势理论;第三是 E. 赫克歇尔和 B. 俄林提出的要素禀赋理论(H-O 模型)。如果按照李嘉图模型或者 H-O 模型,落后国家由于先天条件不足,在国际分工中只能选择那些相对落后的产业,从而获得相对较小的比较利益,并且无法摆脱这种不利局面。迪克西特和斯蒂格里茨提出了著名的 DS 模型:即使两国的初始条件完全相同,没有李嘉图所说的比较优势,但如果存在规模经济,则两国仍然可以选择不同的专业化分工方向,从而产生内生的(后天的)比较优势。这个理论被称为新贸易理论。它解释了要素禀赋条件基本相同的发达国家之间的贸易情况。从生产的角度看,由于规模经济的存在,生产规模越大,生产成本就越低,因此所生产的产品的种类越少越好;而从消费的角度看,消费者总是追求多样化消费,产品的种类是越多越好。两者的冲突会由于市场规模的扩大和产业分工的明晰而得以缓解。因此,市场规模的扩大,使得所有人不仅能够消费更加多样化的商品,而且商品的价格也更低。并且按照 DS 模型,落后国家完全可以通过后天选择不同的专业从而获得后天比较优势。先天的比较优势无法选择而后天的比较优势则取决于正确的决策,正确的决策对于后进国家克服先天不足至关重要。保罗·克鲁格曼提出的相似条件下的分工理论则认为,在条件相似的国家或区域之间之所以能够通过贸易而形成分工,关键在于规模经济的作用。但某个区域究竟发展何种专业化,则在一定程度上具有历史的偶然性。但是如果区域之间在某种偶然因素的作用下,形成了某种分工格局,那么就会形成很强的路径依赖,这种格局将会通过区域间的贸易不断地累积发展下去。

尽管上述理论成果都是针对国际贸易的情况提出来的,但是其基本原理同样适用于城际经济关系的分析。上述各种分工理论,归根到底都是比较优势理论在某一个方面的体现,无论这种比较优势是先天就有的还是后天获得的。某一个城市或者区域的发展,只要是具有某一个方面的相对比较优势,就可以获得分工带来的利益。从城市区域合作的角度来看,也只有城市区域内各城市间形成合理、有效的产业分工格局,才能够避免恶性竞争局面的出现,这也是城市合作局面形成的经济基础。

2. 日本东京城市区域的产业分工

日本东京城市区域包括东京都和埼玉、千叶、神奈川、茨城、栃木、群马、山梨七县所辖地域,[①]是世界已知大城市区域中发育较为成熟、分工较为合理的一个,在日本三大城市区域中居于首位。其中心城市

---

① 另一种说法是,东京城市区域只包括东京及其近邻三县:埼玉、千叶、神奈川。

东京都又是日本的首都和首位城市,并且是世界金融中心之一和企业管理中心(即很多跨国公司总部所在地),其经济影响是世界性的,是名副其实的全球城市。东京城市区域经过几十年的规划和发展,各城市间已经形成了比较明显的职能分工与合作体系,各城市根据自身的经济基础和专业化特色,承担不同的职能,在分工合作、优势互补的基础上共同发挥出了集聚优势。20世纪东京所面临的交通、污染、人口过于密集、工业过于集中等问题正是今天中国的北京、上海和广州等城市同样面临的问题,东京城市区域分工、合作的经验对于今天我国的京津冀、长三角和珠三角同样具有借鉴意义。

东京是日本的政治、行政、文化、商业、工业、金融和交通中心,发挥着国际交往、经济管理和金融中枢的职能,因而第三产业非常发达,所占比重已经达到80%。神奈川县内有横滨和川崎两大城市,是东京城市区域重要的港口和工业城市,汽车、造船、电机、食品加工、钢铁、炼油、化工、电子等工业都很发达,许多现代化大企业如日产汽车、日立造船、松下电器、日本钢管、东京电力等都汇集于此。埼玉县在东京城市区域中发挥着行政、居住、商业和工业职能,其中浦和市是行政机构聚集地,大宫市是商业聚集地。千叶县在东京城市区域内则发挥着港口、机场、工业、农业和居住职能。东京周边四县中茨城经济发达,其筑波科学城,集中了45个研究、教育机构和230家研发型企业,是日本最重要的学术研究基地;栃木、群马和山梨三县则发挥辅助职能,工业在城市区域内部相对较弱,但从全国来看仍位居前列。[①]

日本东京城市区域产业分工与合作局面的形成是政府强有力的政策措施和市场机制共同作用的结果。早在1985年日本国土厅就对东京城市区域的职能分工进行了规划,提出了变一极集中型空间结构为

---

① 参见张召堂:《中国首都圈发展研究》,北京大学出版社2005年版,第44—52页。

多极分散型空间结构的设想;在1986年制订的"第四次首都圈基本计划"中,明确了将市中心的功能向周边地区分散,设立14个"业务核都市"(即卫星城);在1998年第五次国土综合开发计划中明确要分散东京的城市功能,把行政中心与经济、文化中心分离;1999年"第五次首都圈基本计划"又明确东京城市区域要建成"分散性网络结构",业务核城市追加到21个。日本政府提出了多项措施来促进城市间产业分工的调整和改善,比较成功的措施包括:(1)为了解决东京都产业过于集中、空气污染、交通堵塞等严重问题,日本政府一方面控制都市内工业的发展,另一方面采取三年免征固定资产税等措施鼓励企业的外迁。结果东京都的机器制造、石油、煤炭等占地和用水多、污染严重的工厂都迁往周围各县的卫星城,而代之以出版印刷、电子、服装、食品、商业服务等产业,第三产业得到迅猛发展,情报服务业、工程技术及工程设计等产业在城市区域内占据重要地位。(2)为改变东京商业、人口过于集中的状况,日本政府于1988年作出了"关于国家机关等搬迁"的决定,制定了《多极分散型国土形成促进法》,鼓励行政机关和自卫队搬迁到东京外围城市。到2002年3月底,有46个机关和11支部队集体搬迁到埼玉县。(3)建设筑波科学城。东京人口过于集中的一个重要原因就是大学过多,因而日本着手兴建筑波科学城,1998年全面修订《筑波科学园城市建设法》。很多大学、研究机构及教育机关搬迁到筑波,研究人员达到1.3万人。[1]

3. 珠三角城市区域的产业分工与合作

(1)港澳与珠三角"前店后厂"的产业分工合作模式

珠三角城市区域是我国三大城市区域之一。珠三角城市区域的形成和发展与港澳地区向珠三角的直接投资、产业转移、合资合作是分不

---

[1] 参见[日]国土交通省:《首都圈白書》,平成14年版,第118页。

开的。20世纪70年代末,中国首先在珠三角及其他东部沿海城市推行改革开放政策,实施了建立经济特区、实行减免税政策等吸引外资的开放措施。广东各地的城市政府和县、乡镇政府对于招商引资表现出极高的积极性,为外资的进入提供了极大的政策上的方便,再加上位于改革开放前沿的珠三角地区廉价的土地和源源不断的内地廉价劳动力的供给,对香港和澳门资本形成了巨大的吸引力。当时香港及澳门地区恰正面临着劳动力成本居高不下、土地资源短缺、产业没有发展空间的难题。与港澳临近的新型工业化国家和地区的迅速崛起也对港澳地区形成巨大压力,当时韩国及我国台湾地区的工业化已经实现升级,泰国、印度尼西亚、马来西亚等国具有丰富的自然资源和廉价的劳动力资源,成为港澳强有力的竞争者。可以说,珠三角地区的强大吸引力和港澳面临的日益恶化的国际竞争环境的强大推动力共同作用,导致了在20世纪70—90年代香港和澳门制造业向珠三角地区的大转移。香港和澳门将其已不具竞争优势的劳动密集型企业及资金、技术含量较低的其他企业向珠三角地区转移,与珠三角地区的乡镇企业、民营企业等进行合资合作,充分利用了珠三角地区劳动力便宜、土地成本低的优势条件,使得其产品在国际上的竞争力迅速提升,迅速占领了国际、国内市场,其丰厚的利润为香港的产业转型及升级积累了大量的资金。珠三角地区逐渐成为港澳最大的生产加工基地,并迅速完成了工业化和城市化过程。在1994年以前,香港对广东的投资占广东全省外商直接投资的80%以上,1995—1997年这一比例下降到73%—78%,2000年这一比例下降到60.86%,2003年又下降到55%左右,但仍是一个比较大的数字。香港的制造业和贸易公司在珠三角雇佣的雇员总数大致在1 000万到1 100万之间。[1]

---

[1] 参见朱文晖:《走向竞合——珠三角与长三角经济发展比较》,清华大学出版社2003年版,第103页。

香港向珠三角地区进行制造业产业转移的时候，将产品营销、设计和管理等环节留在香港。香港还利用自己与国际市场联系紧密、具有成熟的国际贸易渠道和管理经验的优势，不断强化这种"购销店"的角色。粤港两地这种销售渠道在香港、生产过程在广东的经济合作与分工模式，被形象地称为"前店后厂"模式。这种模式充分发挥了粤港两地的比较优势，是双方经济发展内在需要的实现，是区域中心城市与周边城市之间优势互补、协同发展、互利双赢的典范，为其他城市区域的城市合作模式的选择提供了很好的借鉴。

港澳与珠三角"前店后厂"模式的成功运作为香港和澳门在20世纪90年代成功实现产业结构升级积累了雄厚的资金和物质基础。从1975年到1995年，香港的实际GDP增长了4倍，年均增长7%左右，人均实际GDP增长了3倍。2001年香港的贸易总额相当于其GDP的238%，其中绝大多数涉及祖国大陆的转口贸易。近年来，香港的转口贸易已经接近其本地出口的10.5倍。这类贸易大多是从中国内地进口制成品再出口，或者是香港从国外进口原材料后转口到内地的工厂。结果，在"前店后厂"模式的作用下，香港的生产者服务业迅速发展，金融业、证券业、会计服务、法律服务、广告业、展会业、咨询业、仲裁业、物流管理、出口贸易、文件处理、航空与海运服务、管理服务、商务协助等都在亚洲处于一流地位。香港的第三产业产值1980年占GDP的67.3%，到1995年已经达到83.7%，2001年提高到86.5%，经济结构实现了脱胎换骨的转变。香港经济中服务业比重达到85%以上，这是伦敦和纽约等全球城市所具有的典型指标。从就业来看，香港一共有300万劳动力，仅进出口贸易行业就雇用了50万员工。服务业尤其是生产者服务业的发展使香港成为了名副其实的国际大都市，不仅珠三角而且整个中国东部地区都从中受益。反过来讲，港澳的产业升级和结构变革又为珠三角地区的制造业实现国际化并创造出"两头在外、大进大出"的生产模式创造了条件。珠江三角洲地区通过接收港澳转移出来的制造业,顺利实现了工业化初期的原始积累,促进了工业化和城市化的进程并进入城市区域化阶段。

如今,香港具有世界优良的深水港口和发达的基础设施,有完善的金融管理和发达的现代通信业,与世界上大多数国家和地区进行贸易并因此建立了国际贸易网络。香港特区政府对于资本的自由流动实行积极不干预政策,并且具有臻于国际一流的资本市场监管体系,有来自于世界各地的娴熟的专业人士。香港是跨国公司亚太地区总部的集中地,是亚洲重要的金融中心和商业服务中心。这些都是香港的比较优势之所在,也是香港保持持续繁荣的重要保证。香港的这些优势与珠三角的土地、劳动力和制度相结合,与祖国大陆的人才优势和自然资源优势相结合,会产生强大的竞争力。

(2)珠三角城市区域的城际产业分工

从国际经验看,城市区域化最终必将导致中心城市和周边城市的功能定位、产业分工的调整。这一点,从日本东京、名古屋、阪神城市区域的情况可以清楚地看出。城市区域在形成和发展过程中,中心城市通过经济辐射和产业带动激活了周边城市的经济资源,使其在城市区域内得到高效运转,而周边城市的开发和利用则弥补了中心城市资源的不足。在城市区域的这种演进过程中,在市场机制的自发作用下,生产要素和资源必然会按照比较优势的原理和集聚经济、规模经济的需要而在整个城市区域范围内进行重新配置,以实现其最大的增值或资源的最有效利用。

珠三角城市区域由于同属一省,城市间的产业规划与分工较易协调,城际利益关系也易于调整。珠三角是我国开放最早、开放程度最高的地区,加上悠久的商业传统和政府对经济较少的干预,形成了比较完善的市场经济制度体系,拥有良好的经济环境。在这样的经济环境中,在市场机制的驱动下经过二十多年的发展,珠三角已经形成了一个有效的、合理的产业分工体系。各个城市间产业分工比较明确,形成了一种既有竞争、又有合作的良性发展的局面。从广州往东南到深圳沿线,包括东莞大部分地区和惠州部分地区是出口导向型的劳动密集型产品生产基地,深圳和东莞也是电子信息产品生产基地。从广州往西南到南海、顺德、中山、江门等珠三角西部地区,是内销型劳动密集型产品的积聚地,包括服装、纺织品、建筑材料等,还包括规模庞大的电器产品。

珠三角各城市的优势产业各有不同。广州作为广东省省会,是珠三角的政治和经济中心,因而也是珠三角服务业最为发达的城市。广州市的南沙开发计划如果成功也可能使广州市发展成为我国重要的汽车工业基地。有资料显示,到 2008 年南沙汽车基地的整车产量可以达到 100 万台,整车及零配件产值达到 1 000 亿元,拉动相关配套产业产值 1 000 亿元。深圳是一个由移民建立起来的新城,居民受教育程度高,创业环境好,是我国重要的高新技术产业创业的摇篮和重要基地。深圳的集装箱运输和航空货运也很发达,其对珠三角的服务功能和辐射能力正在逐步显现。东莞市是劳动密集型产品的生产基地和计算机类产品的生产基地。珠江西岸各城市都形成了自己的特色产业群。如陈村的花卉业和观赏农业、南海的纺织和铝制品业、佛山的陶瓷和纺织业、开平的加热设备业、顺德的电子电气业、江门的服装业和纺织业等。顺德、南海、佛山重组为佛山市后,三地的合作更出现了一个新局面。

4. 长三角城市区域的产业分工与合作

(1)长三角城市区域产业分工与合作的特点

20 世纪 80 年代至 90 年代初,上海的很多企业开始将触角延伸到江浙相关城市,建立零部件配套基地或者原辅料生产基地,有的企业采取贴牌加工方式,有的企业采取经济联营等方式。这一时期主要以上海企业向江浙地区的扩散为特征,以企业之间的合作为主导。20世纪90年代中期以来,长三角的开发开放进入了一个新的阶段。以浦东开发为标志,大量的外资进入上海及其周边地区。大量的外资金融机构、法律服务机构、广告公司、中介公司、会计师事务所等生产者服务业进入上海,使上海的产业结构进一步升级,为上海成为区域中心城市打下了基础。很多外资企业将总部和研发中心落户在上海,将生产基地放在上海周边的城市如苏州、昆山、嘉兴、宁波,这样上海对周边城市的辐射力和控制力显著上升。

经过改革开放以来三十年的发展,长三角城市区域初步形成了一个比较合理的产业分工与合作局面。上海承担了主要的生产者服务业职能和金融中心的职能,还是长三角的交通与航运中心、航空中心和对外贸易的枢纽,是长三角企业总部、研究机构的聚集地。从制造业来看,上海以汽车整车、钢铁工业、船舶制造等重工业和电子信息、生物医药、精细化工、石化、成套设备制造等为主,轻工、纺织业逐渐退居次要地位。在江苏,化工业主要在南京和仪征,特种冶金主要分布在南京、张家港、江阴、靖江地区,汽车产业以南京、仪征和扬州为主,汽车零部件业尤其发达,精细化工分布在沿江下游地区,以张家港、常熟、太仓、泰兴、南通为主;船舶产业主要集中在苏中沿江地区,如南通、扬州、仪征、江都、靖江等地,电子通信和精密机械等高科技产业主要分布在昆山、苏州、无锡等地;新材料业则分布于泰州、江阴和南通地区;浙江的制造业以轻工业和劳动密集型工业为主,纺织、服装及纤维制品、电器机械、化学原料及制品、交通运输设备、皮革皮毛制品、电子及通信业、金属制品业和塑料制品业等都很发达,现在已经出现了向技术高级化和加工深度化发展的趋势,信息产业、生物工程和新医药、新材料、光机电一体化、环保产业、精细化工等高新技术产业发展很快,高新技术与传统产业的嫁接和改造是一个重要发展领域。

具体来说,长三角城市区域的产业分工合作表现出如下特点:①企业跨城市进行兼并、收购、控股以及跨城市进行经营和发展成为一种风潮。比如上海服装集团在江苏昆山、浙江绍兴、诸暨等地建立分公司,以品牌发展为龙头,以现有市外销售网络为依托,形成辐射全国的能力。江浙两地的优势企业如江苏同创集团、春兰集团、宁波杉杉集团等均以不同方式进驻上海,或将企业的决策机构、营销中心和研发中心迁移上海,或者兼并、收购上海的企业,实现资产优化重组。②长三角的产业合作领域和规模不断扩大。长三角的产业合作已经从一般的产业协作向资本运作和融合的方向发展,从生产合作向科研开发、加工制造、市场营销等各方面的整体合作发展,从单纯的制造业向金融、保险、商贸流通、旅游、房地产等全方位拓展。③合作方式灵活多样。长三角的城际产业合作不仅是企业之间的合作,而且包括企业与大专院校、科研院所的合作。尤其是江浙两省的很多企业都注意利用上海的科技优势和人才优势,及时将上海大学和研究机构的科研成果转化为企业的产品,促进了企业的科技进步和科研机构的成果转化,江浙很多企业还到上海聘请退休专家、教授和技术人员。④外资、台资企业在长三角的布局推动了产业区域分工的形成。比如上海大众汽车有限公司将整车制造放在上海,将汽车零部件的生产放在上海周边其他城市;台资企业将总部放到上海,而将制造工厂放到苏州及昆山、嘉兴等地。由于外资经济在长三角的重要地位,这种布局客观上就将上海与周边城市紧密地联系在了一起,也形成了与珠三角"前店后厂"有所区别的合作模式,不妨叫做"总部—生产基地模式"。

(2)长三角城市区域产业分工方面存在的问题及解决思路

珠三角城市区域产业分工与合作局面的形成主要是港澳地区以轻纺工业为主的劳动密集型、资本密集型产业向珠三角地区转移、扩散的结果。改革开放前珠三角地区工业基础薄弱，国营经济相对也较弱，加上广州等珠三角城市历史上就是华南重要的通商口岸，有浓厚的商业传统，因此当改革开放后海外资金大量进入时，政府除了在政策上给予支持、对投资环境进行优化外，对企业资金的走向基本不予干涉，可以说，"无为而治"是广东各市、县、镇政府基本的态度和共识。因而可以说，港澳资本、台资和外资向珠三角的转移和扩散，基本上是市场机制作用的结果，因而形成了比较有效、合理的产业分工与合作的网络体系。但长三角城市区域的情况则与此有很大的不同。上海历来就是中国的工业重镇，南京、苏州、杭州、宁波在20世纪30年代就已经形成了现代工业布局的雏形。新中国成立以后长三角地区也是新中国重点建设的区域之一，因而到改革开放时已经形成了良好的工业基础，产业门类比较齐全。新中国成立伊始，作为新中国的重要工业基地，长三角就有强势政府的传统，改革开放以后政府职能的转换相对于珠三角要困难得多，政府对经济干预的欲望和强度也要大得多。这是中国两大经济区之间一个根本性的差别。

从理论上讲，市场选择是有效的产业分工之所以形成的基本要求。政府的作用在于为企业的产业活动提供完善的基础设施，为分工形成的过程建立符合公平竞争原则和效率原则的竞争规则，提供经济运行的制度框架，在企业的跨城市投资、购并、参股、融资等活动中提供制度上的支持，而不是设置障碍。产业分工的形成应该是市场选择的结果，效率原则要求产业分工必须以资源禀赋为基础，按照比较优势原则和规模经济、聚集经济原则，进行资源的自由合理的流动，通过竞争实现适者生存、优胜劣汰。某些地方政府对于生产要素的正常流出的"堵"和流入的"引"，采取了不符合市场经济原则的各种手段，如减免税收、减免各项收费、低地价等，有时甚至采用极端的措施如零地价、零税收等，一个个开发区成了各地政府招商引资的"政策性洼地"，使得长三角地区有效、合理的产业分工局面难以形成。

总的来讲,长三角城市区域在产业分工与合作领域存在的问题主要表现在:①上海的产业定位问题。上海作为长三角城市区域的区域中心城市,其在长三角产业分工中的定位问题是一个无法回避的问题,直接影响其对于长三角的经济辐射与带动作用的强弱,从而直接影响长三角的整体发展。一个突出的问题是上海的发展基本上是向东发展,如洋山港、浦东机场、浦东开发和崇明岛开发,与长三角背道而驰。另一个问题是上海的产业发展尤其是制造业与长三角的产业链联系并不强,很多产业反倒和长三角其他城市构成竞争关系。上海的学界、政府比较一致的看法是上海和纽约、东京相比较,经济实力还不够强,首位度还不够高,必须发展制造业以增加GDP,因而吸引外商在制造业方面的投资或者限制制造业向周边城市的扩散、迁移仍然是合理的。只有当上海的经济实力达到像东京、纽约那样的水平时,才能够进行产业扩散。这种理论忽视了中国与美国、日本之间在科技实力、服务业水平等方面的巨大差距和国情的不同,忽视了GDP国际对比中汇率及许多不可比的因素的影响。这种理论在实践中占据主导地位对于上海进一步实现其产业结构升级、真正发挥其长三角的龙头带动作用和服务功能是不利的。最后,上海的服务功能和服务意识还不到位。上海的城市功能定位是国际经济、金融、贸易、航运中心和国际大都市,这就要发挥"集散、生产、管理、服务、创新"五个方面的基本功能,而在物流、信息、金融、技术创新等项服务以及生产者服务业各方面,上海还没有负起足够的区域责任,和香港对珠三角的服务相比还有很大的差距。②产业结构同构化严重。长三角16个城市都把汽车、石化、电子信息业作为未来发展的主导产业,江浙沪的产业同构率达到70%以上。产业严重同构必然引发城市间恶性竞争,导致资源的浪费和企业的利益受损。① 上海曾经发展过洗衣机、彩电、空调,最后企业都因为竞争不过周边城市而亏损甚至倒闭。③没有形成有效的区域产业分工格局。其实在长三角地区各城市间存在明显的发展程度上的梯次关系,比如上海处于产业的高端,南京、杭州和宁波处于第二级,苏锡常为第三级,其余城市可以划为第四等级。处于不同等级的城市之间可以发展以价值链和产业链为纽带的产业垂直分工,而处于同一级别的城市之间则可以通过互补型的水平分工体系来加强其产业联系。具体来说,上海应着重发挥其金融、信息、教育、研发、管理等方面的优势,着力发展服务业和装备制造业,强化其作为长三角区域中心城市的辐射功能;第二级城市重点发展服务业、高新技术产业、重化工业;第三级城市重点发展资金、技术密集型产业;第四级城市可优先发展劳动密集型产业如服装、电子、纺织、印刷、食品等轻工制造业。

二、城市区域产业集群

1. 产业集群的形成机理

在一国经济中,经常可以看到某一产业中的很多企业聚集在一个特定地域范围内(如一个镇或市),从而形成了一种独特的竞争优势,构成一种独特的经济景观。以美国为例。美国的汽车产业主要集中于底特律,跑鞋生产集中于俄勒冈,地毯生产集中于佐治亚州的达尔顿镇及其附近。明尼阿波利斯的医疗设备、克里夫兰的油漆和涂料业、西密歇根的办公家具、加州的葡萄酒业等,都十分著名。美国的硅谷因为其半

---

① 究竟产业同构率多高才算重复建设或可能引发恶性竞争是难以确定的。这与产品是同质的还是有差异的有关。如汽车制造业,上海生产中高档轿车,江苏扬州生产大型客车,浙江生产低档轿车、中档客车和特种用车。所以汽车产业同构率很高而产品同构率不高。同样是纺织服装行业,绍兴生产服装面料,海宁生产工业面料,无锡生产高档面料,苏州以丝织品生产为主。这种差异化竞争无害而有益。

导体工业聚集而闻名天下,在 101 公路沿线聚集了八千多家电子科技公司和软件公司,其中全球前 100 家大科技公司有 20% 在此落脚,英特尔、思科、升阳、网景和 3COM 等 5 家上市公司股票价值总和超过 2 500 亿美元。在意大利北部一个很不起眼的小城萨索尔洛沙及其周围聚集了 100 多家瓷砖厂,1987 年它们生产了世界瓷砖总量的 30%,占总出口量的 60%,产值达 100 亿美元。这种相同、相近或者相互关联的企业在地理上的集中,就是通常所指的产业集群。产业集群的形成可能有多种情况,比较常见的是生产相互配套产品的企业在一定地域内积聚或者以某个大型企业为核心,上下游的中小企业积聚配套。有时外商直接投资也会出现"整体移植"、"团队作战"、大中小企业配套、上下游联动的情况,形成链条式的发达的产业集群。比如日本丰田、本田、日产三大汽车总装厂在广州落户,就带动了一系列汽车零部件工厂在广州或广州附近落户,形成一个很大的汽车及其零部件产业集群。

产业集群之所以形成是因为聚集经济的吸引。也就是说,众多相互联系(如前向关联或者后向关联)的企业在某一特定地域内集中,产生了成本的节约或者效率的提高。具体来说,有四个动因。一是劳动市场的共享。当某个产业在同一地区集中的时候,便把相关人才吸引到当地从而在当地形成一个劳动市场,这样企业可以轻易地在当地寻找到合适的工人和技术人员,降低了搜寻劳动信息的代价。反过来,劳动者如果不满企业的待遇或发展前景也较易离开原工作企业而寻找到新的就业机会。因而这种企业聚集的现象客观上促进了劳动力的流动和劳动的专业化分工。二是产业集群的形成实际上是产业链的细分,原来产业链上的各个环节现在都由独立的企业来代替,原来一个大企业的内部管理关系现在成了不同企业间的分工协作关系,每个企业都根据效率和经济原则而非其他关系进行广泛的分工协作,从而使交易成本最小化,也就是说集群内企业间的交易比大公司内部的垂直管理体系更有效率。此外,相互关联的企业聚集在一起,也减少了运输成本,促进企业间协同作战、共同繁荣、共同发展,获取单个企业无法获得的整体优势。三是由于产业积聚会形成许多专业性附属行业或者促进了专业化的服务产业,这些附属行业和专业化服务企业的发展反过来又降低了企业总体的成本。比如北京,由于行政单位和文化、教育单位及公司总部的大量聚集,导致打字、复印、广告业、印刷业等行业的空前繁荣,其服务价格也比其他城市低很多。四是有利于知识溢出和创新。在产业集群中,新工艺、新技术、新思想、新观念被迅速传播,有用的技术、信息和经营经验被迅速加工和利用。理论界有一种观点认为创新能力与企业规模成正比,因而中小企业创新能力不足。但大量事实证明中小企业创新能力低的原因是孤立和分散所致。通过企业的积聚,企业与企业之间、企业与大学和研究所等科研机构之间的相互联系、相互作用和相互依赖以及各种方式的交流、沟通和接触,都有利于新思想的形成、新技术的传播和使用,企业间通过合作网络获得一种内生的创造力,通过不断创新而获得竞争优势。在美国硅谷,数千家电子和计算机企业聚集在一起,每个企业都专注于某一个狭窄的研究领域,并通过企业间的频繁交往获得有关技术、信息和管理等方面的知识,提高了各自的创新能力,所以能够成为全球电子产业和计算机产业的生产和研发中心。

美国经济学家艾伦·J. 斯科特(1983,1986)为认识聚集经济的本质提供了一个新的视角——范围经济,他将交易成本理论赋予空间的意义并引入城市区域的理论研究。他认为,交易成本在生产过程空间纵向分解或纵向一体化中起着决定性作用,生产过程在空间上的纵向分解导致交易活动范围增加。单位产品的交易费用越大,卷入其中的厂商或企业越有可能通过空间聚集而减少交易费用,以便从相互聚集中享受范围经济利益。

2. 产业集群分类及特征

产业集群可以有多种分类。从产业联系的角度,产业集群分为垂直关联型和水平关联型。从形成产业集群的驱动力的角度可以将产业集群分为原生型和嵌入型产业集群。[①]

(1) 垂直关联型产业集群和水平关联型产业集群

垂直关联型产业集群是指产业集群的上、下游企业间存在着原材料供应、成品或半成品生产、销售等投入产出关系。此种产业集群中每个企业都是专业化的生产服务企业,从事整个产业链中的某个或某几个环节。水平关联型产业集群中的企业生产的是相同或相似的产品,企业以生产差异化的产品来避免同质竞争。在专业化分工程度很低的情况下,它仅仅是同类企业的地理集中,只能获取聚集经济的好处而无法获得专业化分工的经济利益。在专业化程度很高的情况下,它事实上就是一个垂直关联型产业集群。比如,广东东莞,目前电子信息产业集群的发展已经达到一个惊人的程度,电子元件年产量132.6亿只,显示器517万部,键盘2 288万个,鼠标1 449万个,除CPU外东莞电脑整机的配套率达到95%以上。

水平关联型产业集群虽然可以享受到聚集经济的好处,但由于企业生产的是相似的产品,因而必定会产生激烈的市场竞争,竞争的结果必定是部分竞争力弱的企业被淘汰,而那些具有成本优势和技术创新优势的企业生存下来并不断发展壮大,从而在产业集群中形成一个或数个主导企业。这些主导企业规模很大从而可以享受到规模经济带来的好处,那些竞争力弱的企业要么退出市场,要么加入主导企业的生产协作体系中去,要么就成为一个模仿跟进型的企业。这种现象在珠三角和长三角都很普遍。在宁波服装产业集团中出现了雅戈尔,在海宁

[①] 参见吴德进:《产业集群论》,社会科学文献出版社2006年版,第107—108页。

皮革产业集团中出现的卡森和雪豹,都是主导企业成长的例子。在诸暨市枫桥镇衬衫产业集团中形成了3家龙头企业,年产量都在300万件以上。

在珠三角和长三角的产业集群还有一个显著的区域特点,即多个城市都出现了生产相同或相似产品的产业集群。比如浙江省以服装为主的园区有10个,鞋业园区7个,丝绸纺织园16个,五金园区9个。这些产业集群间产生激烈的竞争是不可避免的。这种局面的出现一方面与城市政府产业规划中只考虑本地利益不考虑区域利益最后伤及自身有关,另一方面也是市场经济中信息不完全条件下企业投资的盲目性的反应。由于产业集群之间激烈的竞争,企业受到很大的压力,这种压力迫使企业不断地进行技术创新,逐渐改进其产品的性能和特点,产业集群间也会不断进行市场细分,形成不同的地方特色产业,最终实现城际产业的分工与合作。浙江宁波的余姚市、北仑区和宁海县,都有模具制造产业集群,产品基本相同。经过多年的发展,逐步形成了产业分工,目前余姚市以生产塑料模具为主,北仑区以生产金属模具为主,而宁海县则主要生产精密模具、冲压模具和压铸模具。[①] 这种产业分工细化和专业化的倾向有利于产业集群之间的协调发展,缓解恶性竞争的不良局面,也有利于形成整个城市区域中该产业的总体竞争优势,参与国际竞争。

(2)原生型产业集群与嵌入型产业集群

原生型产业集群是指主要由城市区域内部资源、技术和市场等因素驱动而发展起来的产业集群。这种产业集群在浙江被称为"块状经济",在广东被称为"专业镇"。珠三角的产业集群起步于其专业镇建设,即"一镇一业,一村一品",并逐步形成规模。从构建中小企业网络

[①] 参见吴德进:《产业集群论》,社会科学文献出版社2006年版,第201—202页。

开始,逐步形成某种特定商品的专业市场,形成产、供、销一体化的专业镇经济。但目前,仍然是以低技术含量的、劳动密集型的产品来占领市场。如在佛山市,澜石镇生产不锈钢,张槎镇生产针织品,石湾镇生产建筑陶瓷,盐步镇生产内衣,陈村镇生产花卉,关窑生产玩具,乐从生产家具,金沙生产五金,大沥生产铝材等。珠三角以产业集群形式形成的众多专业镇已经成为珠三角经济重要的支撑力量,这些专业镇所生产的产品都各有特色,单个企业规模不大,实力有限,然而整个集群加起来往往在全国甚至全球占有重要地位,有的专业镇产值数百亿,常住人口近百万,早已达到大城市的标准。

在浙江,这种以中小企业自主发展为主形成的原生型产业集群更是显示出蓬勃的生命力。这些中小企业相互之间既竞争又合作,合作使企业能够更好地进行专业化分工,更好地实现聚集经济效应;竞争促进企业的技术创新,提升了产品质量,提供了企业创新发展的激励。中小企业的专业化分工导致技术扩散和强烈的外部经济,而且其产业还很容易延伸到相关联的产业中去,使产业集群像滚雪球一样越滚越大。在浙江诸暨市大唐镇有八千多家家庭企业生产袜子,平均每家织机仅8台,谈不上是一个完整的企业,但全镇将做袜子分成10个环节:1 000家原料厂、300家缝头厂、100家定型厂、300家包装厂、200家机械配件厂、600家营销商、100家联运商。这些企业分工明确,合起来好比是规模庞大的企业,任何订货量都能消化,年产48亿双袜子,产值达90亿元。[①]

嵌入型产业集群主要是由城市区域的外部要素驱动而发展起来的产业集群。这里的外部要素可以是国有资本,也可以是私人资本,还可

---

① 参见盛世豪、郑燕伟:《浙江现象:产业集群与区域经济发展》,清华大学出版社2004年版,第46页。

以是外资。但是在中国的制度、文化和企业自身的条件约束下,国有资本很少发生迁移,群体迁移更不可能,私人资本多在企业主家乡发展,大规模的群体性迁移也是凤毛麟角,因而中国的嵌入式产业集群主要由外资引起,主要经济成分也是外资,无论珠三角还是长三角都是这种情况。

外商直接投资是跨国公司全球化策略的具体体现,它们在全球范围内遵循"追随客户(follow your customers)"的策略。当跨国公司到中国投资后与这家跨国公司有客户协作关系的企业也会随着前来,这包括上下游产品的供应商与提供物流、仓储、采购、咨询、会计和金融的服务商。服务商的加入使得嵌入式的产业集群结构更加完善。这种嵌入式产业集群一般会出现在那些市场经济制度比较完善、要素供应较充分的地区,比如交通条件便利、靠近大城市、有充裕的劳动力供应的地区。长三角的上海、苏南及浙东北部分地区,是外商直接投资所驱动的产业集群较为发达的地区。苏南的昆山是台资迁移引起的产业集群的典型代表。1992年,台湾巨大机械股份公司投资昆山,开始生产捷安特牌自行车,在公司市场不断扩大的情况下,其公司零部件供应商日本禧玛诺公司、美国太阳公司以及4家日资企业、2家美资企业相继入住昆山。在它们的带动下,相继聚集到昆山的自行车企业就有41家,加上中国内地的自行车零部件企业,形成了一个产值超过20亿、相关企业多达120家的自行车产业集群。

3. 长三角城市区域的产业集群

长三角城市区域的产业集群是多层次的。电子信息、生物医药、新材料等工业领域可以形成产业集群;金融、法律、会计、广告等服务业也可以形成产业积聚;技术含量低、附加值低的劳动密集型企业同样可以形成产业积聚;即使是传统产业,如石化、能源、机械制造、汽车等行业,也在不断摆脱大而全、小而全的窠臼,发展专业化分工和链条式生产方式。

上海产业集群分布的大致情况是：青浦以精密机械、新材料、微电子工业为主；嘉定以汽车产业为主；奉贤以输配电为主；漕河泾和张江以高科技产业为主；上海的金融、保险、贸易、航运，也呈现相当大的积聚度。上海的产业集群除了以宝钢为主导企业的钢铁产业集群外，基本是以外资企业为主导，这是上海产业集群的一个显著特点。如上海化工区总投资超过80亿美元，30家企业几乎全是外商独资或合资，英国石油、德国拜耳和巴斯夫公司都投下巨资。而在浦东面积仅22平方公里的微电子产业带，国际知名的芯片公司纷至沓来，中芯国际、宏力、华虹、泰隆、英特尔、1BM、威宁、贝岭等国际知名跨国公司都云集于此，项目达到66个，投资过亿的企业8个，其中中芯国际投资额超过30亿美元。

苏南地区的产业集群以外资主导的嵌入型为主，少量为乡镇企业为主导的原生型。苏锡常是苏南外资产业集群最为发育的地区。苏州吸引了世界500强中的91家企业，投资了240多个项目，超1亿美元以上的项目超过100个，全市出口对外资的依存度接近100%，投资和税收的依存度均超过40%。无锡拥有世界500强跨国公司企业52家，包括通用电气、柯达、索尼、阿斯利康等具有国际一流技术的企业，形成电子、机械、化工、医药四大重点特色产业集群。南京更是以吸引跨国公司建立研发机构而著名。

浙江省是我国产业集群发展最为繁荣的省份，产值亿元以上的产业集群有519个，平均每个县3个以上，合计总产值在6 000亿元以上，涉及110多个制造业行业和30多个农副产品行业。浙江省的产业集群主要以劳动密集型产业为主。在浙东北环杭州湾地区产业集群发展水平较高，主要城市的产业集群如下：杭州以大型机械及成套设备、电子通信、家用电器、医药产业、软件及其他高科技产业为主；宁波以服装、机械、石化产业为主;绍兴以纺织、印染、医药、化工及高科技产业为主;嘉兴以纺织、皮革、机械仪表为主;湖州以纺织、服装、建材为主;舟山以水产品加工、海洋医药产业为主。

浙江产业集群建设中专业市场的建设功不可没。以专业市场为依托,把成千上万的中小企业有效地组织起来,形成浙江特色的"专业市场＋家庭工厂"的经营模式,或叫做"小企业、大市场"的"浙江模式"。用浙江人的话说就是"建一个市场,带一批产业,兴一个乡镇,活一地经济,富一方百姓"。

最后需要指出的是,由于产业集群这种经济现象及经济理论的兴起,过去我们对于重复建设问题的一些定量的或者定性的研究方法和理论视角应当作出适当的改变。一个城市区域的产业布局经常是以国际资本为主导的,长三角、珠三角、京津冀无不是如此,多数企业已经融入跨国公司的国际产业链中。跨国公司通过"全球资源,本土运作",在全球范围内配置资源,以实现其资源配置的最优化和企业利润的最大化。本国企业也多以开拓国际市场为使命,"立足中国,面向世界","中国制造,全球销售"。这两种情况下,企业生产的产品都是面向全球市场的,因而不能简单地以国内市场的需求和供给状况来判断是不是重复建设。只要是在国际市场上有竞争力,有销售市场,企业能得到利润,就是合理的。如果仅仅是看有多少个企业或多少个城市都在生产同样的产品,就认定为重复建设,那温州的鞋子和打火机、顺德的电器、昆山和东莞的电子计算机都会被认为是重复建设,实际上这些产品恰恰是长三角和珠三角最具竞争力的产品之一。

三、城市区域产业体系的建立

1. 美日城市区域发展模式对比

美国和日本都是城市和城市区域高度发达的国家,主要的经济力量各自都集中在有限的三个城市区域之中。在美国,东北部城市区域、五大湖沿岸城市区域和环旧金山城市区域最为著名。在日本,东京、名古屋、阪神城市区域构成日本经济的主力。巧合的是,在中国,也有三大城市区域,珠三角、长三角和京津冀。日美两国城市区域内部的产业体系特别是制造业产业体系的建立方面有着很大的差别。这些差别导致了区域交通体系、生产效率等方面一系列重大的差异。研究这些差异,对于我国城市区域分工与合作模式的建立有重要的参考价值。

美国东北部城市区域和五大湖沿岸城市区域是美国经济最为发达的区域,国土面积占全国的11.5%,人口却占全国的50%以上,这里集中了全国制造业从业人数的2/3和制造业产值的3/4以上,是美国的制造产业带。然而美国的采掘工业和石油、天然气工业等主要集中在南部地区和西部山区,煤炭主要分布在东部各州,锌矿和磷酸盐矿集中在美国东中部,铝矿主要集中在中南部的阿肯色州。这样一种全国大分工的格局必然形成矿产在全国其他地区开采再远距离运输到东北部和五大湖区的结果。美国全国发达的交通运输体系为这种全国大分工的区域经济格局提供了强有力的支撑。按2003年的数据,美国铁路运营里程为27万公里,最高峰时曾达到40万公里。1996年美国的公路总里程为636.6万公里,高速公路8.8万公里。由于美国这种全国大分工的区域经济模式,美国每单位GDP产生的货运周转量几乎是日本、法国、德国的4倍到7倍。

日本是一个岛国,国土面积小,人口众多,人口密度比美国高12倍以上,并且平原奇缺,只占国土面积的24%。所以日本选择了一条与美国完全不同的城市区域经济发展模式。在工业化和城市化的过程中,日本的人口和产业逐渐集中于东京附近的关东平原、名古屋附近的浓尾平原和大阪附近的畿内平原,从而发展出日本的三个大城市区域,即东京城市区域、名古屋城市区域和阪神城市区域。这三大城市区域以30%的国土面积,容纳了63%的人口,创造了70%左右的国内生产总值。与美国的城市区域不同,日本三大城市区域基本上都是以大城市为核心,以中小城市为依托,各自建设其独立的制造业产业体系,每个城市区域都是自成体系,具有相似的产业结构。日本三大城市区域内部的各个城市间经济联系非常密切,浑然一体;但在三大城市区域之间却经济联系甚少,据日本运输省1979年的统计,城市区域内部的货物流量占全日本货物流量的85.3%,城市区域与外部的货物流量占14.7%,其中只有1.5%的货物流量发生在三大城市区域之间。[1] 美国与日本在1979年总的货运量都是50亿吨,但美国的货运周转量达到3万亿吨公里,日本却只有3600亿吨公里。美国的铁路平均运距是905公里,日本只有256公里;美国公路平均运距是437公里,而日本只有29公里。[2]

2. 中国的城市区域制造业产业体系建设

中国目前的区域分工与美国的情况近似。中国东北地区是重工业基地和装备制造业基地,西部矿业发达,长三角轻工、机械电子及纺织业发达,而珠三角则轻工业和电子工业比较发达。如此的区域分工结构必然造成两个结果。一是交通运输业承受空前的压力。中国的国土面积和美国近似,按2005年的数据,中国铁路的总长度是7.5438万公里,只及美国的1/4;中国的公路总里程为190万公里,只及美国的30%,而高速公路只有3.5万公里,相当于美国的40%。2005年中国铁路完成了2.7万亿换算吨公里的货物周转量,比美国27.3万公里铁

---

[1] 日本政府20世纪60年代的"大城市区域"定义为:中心城市人口在100万人以上,临近有50万人以上城市,外围地区到中心城市的通勤人口不低于本地人口的15%,大城市区域间的货物运输量不得超过总运量的25%。

[2] 参见王建:"美日区域经济模式的启示与中国都市圈发展战略的构想",《战略与管理》1997年第2期,第1—15页。

路的货运周转量还多,即以世界6%的铁路完成了世界24%的货运周转量,很多繁忙干线的运输能力利用率在85%以上,很多区段达到100%,远高于75%的饱和值。即使这样,仍然不能满足国家发展和建设的需要,铁路、公路日益成为经济发展的瓶颈。二是交通建设的耕地占用给国民经济造成很大压力。以中国目前的区域分工模式,即使将铁路和公路营运里程都提高一倍也不能满足需要,离美国的标准还很远。按照人口计算,中国的铁路路网密度为每万人0.56公里,而加拿大为16.18公里,俄罗斯为5.9公里,美国5.55公里,法国5公里,德国4.4公里,英国2.85公里,日本1.59公里,印度0.63公里,差距还很大。假设中国铁路再增加10万公里,那么就需要占用约600万亩土地。按照《国家高速公路网规划》,高速公路将达到8.5万公里,即增加5万公里,那么还需要占地265万亩。普通公路如果再增加一倍,也需要5 000万亩以上的土地。三项相加几乎需要6 000万亩以上的土地,即使其中一半是耕地,也是3 000万亩以上。这是中国本已非常紧张的耕地供应所无法承受的。再考虑到城市化所引起的耕地占用,更是惊人,如果到2028年人口增加到15亿,城市化率提高到75%,那么就意味着新增城市人口6亿人,如果按照美国的数据,城市人口平均占地1 003平方米,那么仅此一项就需要9亿亩土地。而中国全部耕地面积只有19.88亿亩。

中国的国情在很大程度上与日本相似。人均国土面积狭小、人均耕地少、人均平原少、人均资源拥有量低等特点都与日本相似甚至相同,日本所走过的工业化与城市化的道路非常值得我们借鉴。日本的重要经验之一是要积极发展大城市,充分利用大城市对于技术、资金、劳动的聚集作用和城市规模效益。日本城市人口只有美国的50%左右,但100万人口以上的大城市却有11个,比美国多5个;日本东京人口达到840万人,比美国纽约人口还多;日本有1/4的人口居住在100万人以上的大城市,40%城市人口居住在40万人以上的大城市里。[①] 日本的另一个重要经验就是积极发展建设城市区域,在产业布局上分别在三大城市区域部署了一套比较完整的制造业产业体系。由于城市区域内部产业体系较完整,多数产业和原材料、零部件等都可以在城市区域内部完成采购和销售。城市区域之间的交易大大减少,因而大大降低了对于交通设施的需求,从而也就减少了道路建设对于土地特别是耕地的占用需求。据世界银行出版的《1994年世界发展报告》的资料,日本的城市人口平均占地只有115平方米,人均道路占地是90平方米。作为对比,美国由于郊区化的发展,形成了中小城市为主的局面,多数是低于5万人的城镇,结果是美国城市人口平均占地达到1 003平方米,人均道路占地496平方米。我国在新中国成立后六十年的发展过程中,已经形成了北重南轻、东资源西加工的全国大分工的产业体系格局。如今面对土地、矿产、交通等条件的制约,可借鉴日本的城市区域发展模式,大力发展大城市,推动城市区域经济,安排好城市区域内部农轻重、服务业与工业、加工工业和原材料工业、国际生产与国内生产的比例关系。

如果按照类似日本城市区域的产业分工模式,那么在中国的大城市区域中分别规划出相对独立的产业体系是十分必要的。目前在京津冀有发达的钢铁工业、汽车工业、纺织及机械工业,而电子信息产业、石化工业相对不足。长三角产业体系较为完整,但电力、煤炭、石油等工业不足。珠三角地区的汽车、电子信息、玩具、服装等轻工业发达,但电力不足,石油化工、钢铁业明显不足。这三大城市区域都应根据自己的优势和不足,重新勾画自己的产业发展蓝图。比如,珠三角城市区域最

[①] 参见王建:"美日区域经济模式的启示与中国都市圈发展战略的构想",《战略与管理》1997年第2期,第1—15页。

近几年在产业结构的调整方面有很大进展,通过西电东送和修建核电站逐步解决了电力紧缺的状况,数个大型石化企业建成之后石化产品的缺口就可补上。但珠三角有发达的汽车工业却没有相当的钢铁工业,这是一个软肋,其实广东省完全可以利用国外的铁矿资源,利用自己港口的优势,在临海地区建立大型钢铁企业,这既可以缓解钢铁从国外进口或从宝钢运输的运输压力,又降低了生产成本。就京津冀来说,应该利用首钢搬迁到曹妃甸并在曹妃甸修建铁矿石码头和石油码头的有利时机,充分利用国外的石油资源,建立起较为强大的石化工业体系。长三角城市区域的钢铁、石化、汽车、电子信息、纺织服装等各方面发展都较均衡,但应通过发展核电、外部输电等方式解决电力不足问题,通过进口国外石油、煤炭及金属矿产的办法来解决资源短缺问题。当然,产业体系的建设和最终形成,主要还是应该通过市场的选择来完成,政府通过产业规划、区域规划、产业政策等方式来进行引导,并不能代替市场进行决策。如果这样的思路得以实现的话,在我国大城市区域中重要的产品都能够自己生产,城市区域之间交换的主要是各自的特色产品和优势产品,势必大大减少城市区域间的商品交换。当然,中国原有的产业分布格局及中国国情的不同决定了中国不可能实现像日本城市区域那样的产业集中度和完整的产业体系,但通过建立较为独立的产业体系以达到节约运输成本、节省土地占用、提高产业效率的目的是完全可以实现的。

第二节 城市区域资源与环境合作

一、城市区域环境质量状况与污染物总量控制

1. 我国城市区域面临的基本环境问题

跨省城市区域的形成和发展往往以一定的江河湖海为依托,以相

似的地形、气温、降水、植被、土壤、水系等自然特征构成一个较为完整的自然生态单元。长三角和珠三角分别属于长江和珠江流域以河口三角洲堆积为主的自然生态体系,京津冀则属于滹沱河和海河的山前及河口堆积形成的自然生态体系。也就是说,从自然的、生态的角度看,城市区域基本上都属于同一个生态体系,是一个完整的整体。我国的高级城市区域如闽东南、中原、武汉、山东半岛、辽中南,中级城市区域如长株潭、西安、成都、徐州、晋中等,莫不如此。如果不是人为割断各种生态要素间的自然联系,或污染等破坏超出其生态阈值,这个生态区域就将长期保持动态的平衡状态。但在现实中一个生态区域往往跨多个城市的行政区域,一个完整的生态单元被多个行政单元所分割。由于经济发展水平的差异,不同城市对环境治理上持有不同的认识,采取不尽相同的行为方式,这种环境治理态度上的差异必然反映在行动上,其结果就是在污染治理、水资源管理、流域综合开发、环境保护、防洪防旱等区域性事宜上,不能采取统一的行动,各自为政、互不协调,大家都向落后的看齐,区域环境问题不断积累而越来越严重。尤其是跨界污染更是困扰城市区域可持续发展的一个顽症,只有城市间采取紧密的、协调一致的行动,且付出不懈的努力甚至以牺牲部分 GDP 增长为代价,才有可能得到解决。典型的案例是江苏盛泽镇与浙江嘉兴市之间的污染事件。河流从盛泽流向嘉兴,两地以前均以印染行业著名,但由于采取互不协调或各自为政的产业调整与环境保护政策,如嘉兴积极调整产业结构,严格控制印染业的环境污染,结果印染业渐渐萎缩,而盛泽镇对印染业基本采取不治理态度,使其进一步发展成为全国印染业的集中地,每年有 900 万吨污水从盛泽流向嘉兴,产生较为严重的跨界污染问题,造成嘉兴的外水系鱼与珍珠蚌基本死光。长期以来两地矛盾突出,社会影响较大,在省际难以协调这一跨界污染矛盾的情况下,最终在国务院的直接干涉下才得以解决。

2. 城市区域污染物总量控制

(1)传统的污染物浓度控制不能适应城市区域环境控制要求

我国从 20 世纪 70 年代末开始采用排污收费制度。国家制定一个统一的符合环保要求的各种污染物的浓度标准,对未达到标准的企业征收排污费,收费水平按超标部分的污染物浓度和重量计算。应该肯定的是,污染物浓度控制在制止环境不断恶化方面起到了一定作用,有一定的成效,但出现的问题也很多,尤其是不能适应城市区域环境控制要求。主要的问题是:①公平性问题。举例来说,甲企业排出污水 1 万吨,有害物质浓度 1%;乙企业排出污水 1 百万吨,有害物质浓度 0.1%。乙由于达标不会被罚款,甲由于超标将被罚款,但是乙排出的有害物质却是甲的 10 倍,显然有失公平。实际上,有害物质对江河湖海所造成的危害取决于污染物的总量而非浓度。这同时也给一些企业留下了可乘之机,因为只要将其污染物稀释,就有可能变不达标为达标。②统一的浓度控制标准掩盖了不同污染源的差别性:不同的污染源所处的地理位置不同,决定了对其污染控制标准也应该不同。一个文化城市、旅游城市或风景名胜、自然保护区、重要水源或河流流域等应有较高的环境标准,而一些重工业、化学工业或电力、建材工业的聚集地就不可能达到同样的标准。更为重要的是,不同地区的具体资源状况和环境容量、不同企业或者行业的生产工艺、生产技术、所拥有的环保技术都是不同的,采用统一的环境标准便掩盖了这些区别,使环保政策的实施失去了针对性。比如,有的企业附近有廉价的天然气供应,企业可以轻易地改变其燃料结构从而降低污染物如二氧化硫的排放,但只要已经达到环境标准,无论企业的边际治理费用多低,企业都没有动力去做。反过来说,某个企业超标排污被罚款,但只要这个罚款金额低于甚至稍高于企业的边际治理费用,企业都不愿意去做。③我国对污水排放实行单因子收费,即当污水中含有多种污染物的时候,按收费额最高的那种污染物收费。这种收费方法极不合理,其不公平性显而易见。另外,对企业治理污染不会产生刺激作用,反而会抑制企业治污的积极性。假定一个企业排放的污水含两种污染物铅和汞,铅超标10倍,汞超标9倍,如果这个企业付出艰苦的努力,治理了铅污染后,企业的状况并没有好转,因为政府又将按汞超标9倍来收费。理性的企业是不会这样做的。

(2)变浓度控制为总量控制

目前国际上实行污染物总量控制的手段主要有两种。一是排污收费,或称庇古税,它是指政府给污染者确定一个合理的负价格,由污染者来承担全部外部费用,这个负价格要等于边际外部成本,从而企业的边际私人成本等于边际社会成本,企业的最优决策就是社会的最优决策。这个负价格一旦确定,企业据之确定它的产量和污染水平,通过市场自发作用间接达到政府的总量控制目标。另一个手段是排污权交易,又称科斯手段,就是政府首先确定一个城市区域满足环境要求的污染物最大排放量(由环境自净能力决定),再把这个总量指标分配给每个城市,每个城市再把它的总量指标分解成若干规定的排放量即排污权,然后以销售、出租、拍卖、馈赠等方式分配这些排污权给企业,一旦初始的排污权确定,企业即可在市场上出售或购买排污权。所以排污权交易又被称为建立市场型的污染控制手段或称科斯手段。这样企业削减排污总量将可以通过出售排污权获利,从而对企业产生激励作用,这种手段实际上是政府建立了一个排污权的市场,利用市场机制来实现污染物的治理。

(3)排污权交易的资源配置效应

从图5-1来分析排污权交易的效果。假设有排污者a、b、c,各自的边际治理成本曲线分别为MAC_1、MAC_2、MAC_3;根据改善环境质量的要求,共需削减排污量$3Q$,政府要求排污者a、b、c均比各自原有的污

染物排放量减少 Q。由于 c 的边际治理成本较低,削减较多的排污量而将剩余的排污权出售将是有利的,而 a、b 的边际治理成本较高,削减较少的排污量且从市场购买其余的排污权将是有利的,由此对排污权的供给和需求的均衡将形成一个均衡的排污权价格即 P^*,在这一价格下,a 将削减排污量 Q_1(因 Q_1 是厂商 a 的均衡削减量,在这一点上 $MR = P^* = MAC_1$),购买 $Q - Q_1$ 的排污权;b 将削减排污量 Q_2,购买 $Q - Q_2$ 的排污权,c 将削减排污量 Q_3,出售 $Q_3 - Q$ 的排污权。c 出售的排污权等于 a、b 购买的排污权之和。这样就达到了政府预期的总量控制目标。

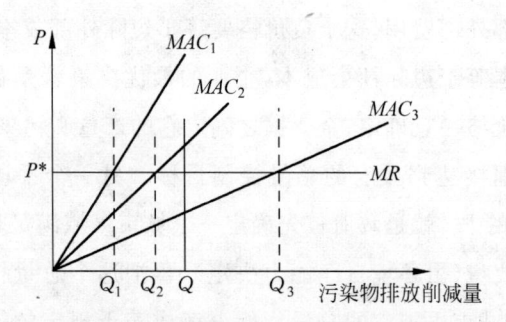

图 5-1 排污权交易的资源配置效应

由此可见,排污权交易形成的根本原因是,由于生产技术、生产规模、排污状况、治理工艺、管理水平等方面的情况不同,不同的排污者之间在污染治理成本上存在着差异。举例来说,假定 A 市有一个显像管玻壳厂,B 市有一个钢铁厂,可以通过改变燃料结构如由烧煤改烧天然气来减少二氧化硫的排放,如果玻壳厂减少 1 吨二氧化硫排放的成本为 10 元而钢铁厂为 20 元,则通过排污权交易的方式,玻壳厂可以多减排,钢铁厂少减排或不减排,玻壳厂将多余的排污权出售给钢铁厂,这样可以实现社会产值的最大化;如果政府强制实行统一的环保标准,两厂都必须减排相同的二氧化硫,则由于钢铁厂的治理成本太高而使社会总产值减少甚至有可能使钢铁厂亏损或破产,从社会看是不利的。从这一例子可以看出,在总量控制的前提下,排污权交易的实施将污染治理的任务进行了优化分配,使得污染物的削减主要集中在边际治理成本最低的排污者身上,从而降低了全社会的污染治理的总体费用。并且排污权交易能在市场的调节下,使排污权的供需关系达到动态平衡。

将环境容量作为一种资源进行管理,在一定的环境目标条件下,利用市场经济的手段实现环境资源的优化配置,这正是排污权交易理论的核心所在。排污权的确定,其实质是环境资源的核定;排污权的分配,其实质是环境资源使用权的分配。明晰产权,通过市场经济手段,排污权交易就能顺应污染物排放总量不断削减的要求,促进现有排污者的污染物削减,有效地控制新污染源的产生,保证污染物总量控制指标的实现。但在排污权交易的体系中,后进入的企业显然处于不利地位,因为它们需要向先进入的企业购买排污权,等于增加了成本,这样会阻碍经济的发展。美国在实施大气二氧化硫项目时,从每年排污许可证的初始分配总量中留出 2.8% 作为特别储备,留待第二年拍卖,部分抑制了排污权价格过高、后进入的企业负担过重的问题,也有助于在保护环境的同时保证经济的发展。这种做法值得我国在工作中参考。自 1997 年开始,美国环保协会就与国家环保总局合作在长江三角洲地区和其他省市进行排污权交易的试点,但这些试点都局限于上海、南通、太原等城市,还没有在城市区域范围内进行推广,更没有像美国那样在全国范围内推广,待时机成熟时,推广的前景是广阔的。

二、城市区域生态环境治理政策的改进

1. 城市区域生态补偿及有关理论问题

生态系统为人类的生产和生活提供了必不可少的物质资源和生命

维护系统,也是城市区域健康发展必要的物质基础。城市区域是一个完整的生态系统,生态环境的破坏或者治理有着显著的外部性,一个城市对生态环境的破坏可能损害生态系统内另一个城市,而一个治理、恢复生态环境的行为可能对另一个城市乃至整个城市区域产生正面的影响。因此城市区域生态环境的治理与恢复必须通过城市之间的合作和协调来完成,城际生态治理也构成了城际合作的重要内容。这里面最为重要的方面就是要建立城市区域的城际生态补偿体系。

生态补偿体系的核心内容是对造成生态环境破坏的企业征收生态补偿费,然后补贴给致力于保护、恢复生态环境和生态功能的企业或个人。有的论者混淆了生态补偿费和排污费的区别,将两者混为一谈。实际上,排污费是控制生产者向环境排污造成环境污染和危害的主要手段,其目的是补足污染治理费用,而生态效益补偿费是用来恢复环境资源利用过程中造成的生态功能的减损破坏。在向企业、事业单位和个人征收了生态效益补偿费之后,如果企业、事业单位和个人在生产经营过程中仍然向环境排放污染物,还必须缴纳排污费。我们注意到生态补偿费应用到城际关系时与通常的"污染者付费"原理(PPP, the Polluter Pays Principle)或者"谁污染,谁付费"的原则是冲突的。下面的模型将说明生态补偿有时是不得已之选。

假定生态环境恢复与重建的边际治理收益(MAB)和边际治理成本(MAC)都是已知的。设 i 城市边际治理成本为 MAC_i,边际收益为 MAB_i,整个区域的边际治理收益为 MAB。显然,对于城市区域来讲,最优的治理水平由下式决定:

$$MAB = MAC_i$$

如图 5-2 所示,如果要达到区域治理水平最优,i 城市的最优治理量应为 Q_c。这是一个合作解,它代表了整个区域治理成本最小的治理量。但是作为一个理性的经济决策,i 城市首先考虑自己的利益最大

化,它会根据自己下式来决定自己的治理量:

$$MAB_i = MAC_i$$

i 城市将把其最优治理量定在 Q_n。这是一个非合作解,它代表了各个城市最小化自己的控制成本时的治理量。显然 $Q_n < Q_c$,无法达到区域最优治理目标。

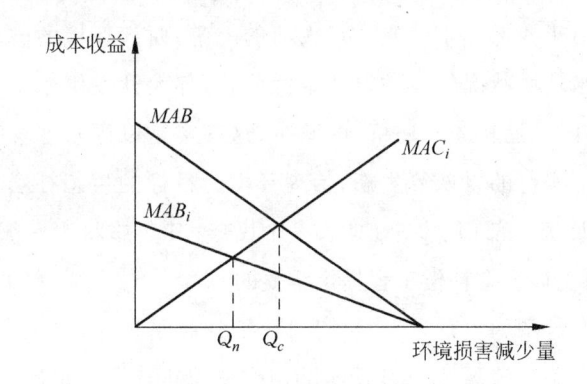

图 5-2 区域环境合作与不合作解

这个简单的模型说明了整个区域福利的增进并不代表每个城市的增进,或者增进的幅度并不一致,有的城市按照区域利益治理生态环境的话,其状况有可能恶化,比如这个城市可能需要不发展工业,要植树造林并且不能砍伐森林,其城市财政可能由此而崩溃,所以这个城市完全可能选择不合作,而只是根据自己的能力来确定生态环境的治理量,这是这个城市在利己动机下所能采取的最优行动,这个行动将得到一个纳什均衡解,这个解只是完全合作结果的帕累托次优解。这时最好的解决办法是受益城市向受损城市提供单边支付,作为一种补偿,促使利益受损的城市增加生态治理量。

2.我国实行生态补偿制度的情况

我国总体的地势是西高东低,长江、黄河、珠江、海河等大的河流几乎都是由西向东流淌。而中国经济总的特点是东部经济发达、人口密集、交通方便、产业以加工业为主;西部经济落后、人口稀少、交通不便、土地贫瘠、资源丰富、产业以资源及资源加工型为主。近二十年来西部资源向东部流动的同时,生态环境遭到了比东部更大的破坏。而东西部巨大的发展差异更无形中刺激了西部地区大力发展资源消耗型产业,以牺牲环境为代价换取经济增长,形成了经济和环境相互制约的恶性循环。由于西部处于主要大江大河的上游,西部环境的破坏直接导致了东部水环境状况的日益恶化。因此,西部大开发伊始中央就确定了在西部开展"退耕还林还草"的政策,这其实是以国家名誉和国家的财力在西部实行的以恢复生态、治理环境为目标的生态补偿。这一巨大工程涉及多个部门、多个地区、多个民族,其实施将为区域间、区域内、流域内实行生态补偿工程提供重要的蓝本。

在省域范围内实行生态补偿制度,浙江省是走在前列的。浙江部分地区进行了小流域生态补偿试验,比如2005年,台州市设立了600万元的长潭水库饮用水源保护专项资金,江山、龙游、金东县(市、区)等都对水源地和库区乡镇以生态补偿名义进行了财政补助。2005年8月浙江省政府正式出台《关于进一步完善生态补偿机制的若干意见》,为浙江省的生态补偿机制进一步制度化、规范化打下了基础。浙江省的生态补偿主要涉及"森林生态效益补偿"、"下山移民工程补偿"、土地整理和标准农田建设补偿和矿山自然生态环境保护治理与地质灾害防治等方面的补偿。这些生态补偿已经初见成效,截至2005年年底,通过生态补偿已使859.1万亩生态公益林达到建设标准,全省已治理水土流失面积达807.3平方公里。[①] 在国家发改委主持的长三角区域发展规划中,已经将生态补偿制度作为生态保护与恢复的重要政策列入规划,但由于是跨省合作,实施难度必然是很大的。

[①] 参见陈穆商:"浙江生态补偿走向制度化",《人民日报》2006年4月14日。

3. 城市区域环境政策:从治理型到防治型

传统工业发展模式的弊端,一是能源消耗大、资源浪费大、污染严重;二是采取被动的"末端治理"管理模式,已经污染到非常严重程度时才去治理,造成治理成本居高不下,甚至根本无法完成;三是企业的生产和环境保护脱节,不能协调,因此这种发展是不可持续的。从西方发达国家的实践来看,当污染治理到一定程度时,边际治理成本曲线就会急剧变陡,即边际治理费用(marginal abatement cost)迅速提高,高昂的治理成本使很多污染实际上不可能治理。这就促使人们去另辟蹊径,寻找其他的可持续的发展之路,于是出现了清洁生产和循环经济的发展模式。

清洁生产是要消除污染源而不是等污染物排放后再去治理,主要包括四个方面:(1)清洁生产的目的是节省能源,降低原材料消耗,减少污染物排放;(2)清洁生产的基本手段是改进生产工艺技术、强化企业管理,最大限度地提高资源和能源的利用水平;(3)清洁生产的主要方法是排污审计,即通过审计发现排污行为、排污原因,并筛选消除或减少污染物的措施;(4)清洁生产的最终目的是保护人类与环境,提高企业的经济效益。清洁生产不仅要实现生产过程的无污染或少污染,而且其生产的产品在使用和最终报废的过程中也不对环境造成损害,此外还应包括技术上的可行性和经济上的可行性,体现经济效益、社会效益和环境效益的统一。我国也提出了"三同时",要求新上马的生产设备必须与污染控制设备同时设计、同时施工、同时运行,以避免出现先排污再治理或排污后不治理的现象。"三同时"的要求比清洁生产标准要低一点,这也符合我国目前环保技术还不成熟的现状。目前,西方许多国家如荷兰、瑞典和美国都已经取消或减少了环保补贴的发放,把环保资金主要用于环保技术的开发和推广,这些做法值得我国参考。把有限的环保资金用于污染治理技术、新型清洁生产技术的开发利用以及城市分散污染源的集中处理(如修建综合污水处理厂)等,这也是国际上的一个趋势。如德国推行清洁生产的结果是,在 GDP 增长两倍多的情况下,主要污染物减少了近 75%。

  和清洁生产关注企业生产过程不同,循环经济不仅关注生产过程,而且也关注消费过程和废弃物的再利用过程。循环经济要求把经济发展建立在自然生态规律的基础上,使整个经济系统以及生产与消费的整个过程基本上不产生或只产生很少的废物,实现经济发展、环境保护和社会进步的"共赢"。循环经济理念以资源利用最大化和污染排放最小化为主线,将传统的"资源－产品－废物"所构成的物质单行道变为"资源－产品－再生资源"的闭环流动性经济发展新模式,以实现"低开采、高利用、低排放"。最大限度地利用进入系统的物质和能量,最大限度地减少污染物排放,将清洁生产、资源综合利用和可持续消费等融为一体。循环经济的原则是"减量化(reduce)、再使用(reuse)、再循环(recycle)",也称"3R"原则。减量化原则要求经济活动的开端为了达到生产目的尽量减少资源投入,从源头上控制资源消耗和减少污染物的排放;再使用原则,反对一次性产品使用,倡导产品使用周期中,尽可能延长其使用寿命;再循环原则要求在产品的使用寿命终结时,其残值可以重新成为可以利用的资源。

  循环经济的理念对于城市区域的建设与城市资源环境合作有重要意义。在长三角城市区域已经提出了建设生态产业、生态工业园、生态城市和生态流域等不同层面上的目标,已经有了成效。其中比较成功的是生态工业园(eco-industrial park)的建设。生态工业园是寻求工业园内企业间的产品和投入品的关联度,建立起产业间的组合、链接、补充、共生和代谢,从而形成一个相互依存、类似于自然生态系统食物链过程的工业生态系统,达到物质能量利用的最大化和废物排放的最小化。① 城市区域实行循环经济要取得成效,不仅需要政府强有力的调控,企业界、科学界和社会公众的参与,同时依赖于资金、技术、法律、制度等软硬环境的强有力的支撑。

三、城市区域的水资源有效利用

1. 水权与水权市场

我国多个城市区域几乎都程度不同地存在着水资源短缺的问题,水资源短缺成为城市区域经济发展的重要制约因素。水资源不仅是工业生产和人民生活的重要资源,而且是维持生态环境良性运行的必要条件。因此,使有限的水资源得到合理的分配和有效使用,产生最大的经济效益、社会效益和环境效益,是城市区域面临的一个重要的研究课题。当然水资源的配置途径不止一条,政府调控、行政手段、水资源使用费等经济手段都是可用的,并且各有其优缺点,但笔者认为市场手段应该成为最基本的手段而其他手段作为辅助手段。

科斯是现代新制度经济学的奠基人和 1991 年诺贝尔经济学奖的得主,后人将科斯的思想总结为:若交易成本为零,无论权利如何配置都可通过交易达到资源的最佳配置。这就是人们所称的科斯定理。这里的权利指的是产权。如果市场交易的成本过高,根本达不成什么交易,科斯认为通过法律界定产权将是一种合理的制度安排,这比不界定产权要好得多。比如,两个村的村民对一条河的使用权发生争执,互不相让,谁也无法合法地(包括按惯例)占有它,在这种情况下,谁占有了河水,谁就拥有了财富。这样,无休止地争吵和打斗,使谁也不能使用河流,结果河水白白地浪费掉。而这时通过法律或者政府就可以强行

---

① 参见王成新等:"循环经济:长江流域可持续发展的必由之路",《长江流域资源与环境》2003 年第 16 期,第 3—8 页。

划定产权,使资源能比没有产权时得到更好的利用。即使这种界定不是最佳界定,但最糟糕的产权界定也比不界定产权要有效率得多。

水资源也是能够界定产权的,我们称之为水权,它包括水资源的所有权、使用权、经营权、转让权等。我国及世界上大多数国家实行的都是水资源国家所有的水资源所有权制度,但水资源的使用权、经营权、转让权和收益权、管理权等各项权利是可以界定的。我国在确认水权方面已经做了卓有成效的工作,比如,国家按照河流的流域来划分水权。如,黄河在1997年曾断流二百多天。为解决这一问题,有关部门在黄河流域每年580亿立方米的流量中,给沿黄各省划分了水资源的使用权,比如分配给宁夏40亿立方米、甘肃30多亿立方米,这40亿和30亿就是国家赋予宁夏和甘肃的水权。这项工作是成功的,解决了黄河断流的大难题。为了有效地利用水资源,水权还可以进一步明晰化,可以一直明晰到具体的经济主体,比如具体到分配给各个县、市多少,各个县、市又分配给各个企业多少,多少用于生活用水,多少用于生产用水,多少用于生态用水等等。

水权的界定并不能确保水资源的使用必然是有效率的。按照科斯定理,要实现经济的有效率,还必须建立能够进行自由交易的市场——即水权市场。通过水权市场的建立,进一步对水资源进行优化配置以实现资源的最优化,使有限的水资源产生最大的价值。举例来说,我国要解决8亿农民的隐性失业问题只有走城市化的道路,城市用水必然大量增加,会出现城市与农村争水的现象。城市用水的增加可以通过水权市场来加以解决,城市在水权市场上以一定价格购买农村的水权,保证了城市用水的需要,给城市的发展创造了条件;而农村从出售水权获得了收益,从而会对农村节约用水产生激励作用,农民的节水意识会得到增强,他们会大量采用节约用水的灌溉技术比如滴灌技术、喷灌技术等。显然,水权市场的建立会促使水资源从效率较低的水权持有者向效率较高的水权持有者流动,社会总的效率将得到提高,从而提高了社会的总产值,而且有利于提高人们节约用水的意识、养成节约用水的习惯,也有利于节水技术的推广。水权交易适合于城市之间,也适合于企业之间。

2. 水权市场的实践:东阳—义乌水权交易

浙江义乌是全国有名的小商品城,全国百强县,经济实力雄厚,但在快速发展的过程中却遭遇到水资源危机。义乌的人均水资源量是1 057 立方米,不到全国一半,如果按常住人口 150 万计算,人均水资源量不到全国平均水平的 1/4。而同一流域邻近的东阳市水资源丰富,拥有两座大型水库,其中一座横锦水库就相当于义乌全部库容的两倍还多。

2000 年 11 月 24 日,东阳市和义乌市签订了有偿转让用水权的协议,义乌市一次性出资两亿元,购买东阳横锦水库每年 4 999.9 万立方米清洁水的永久使用权。这是我国首例跨城市水权交易,引起了社会广泛关注。东阳—义乌水权交易之所以能够发生,根本上在于供给和需求的市场力量。因为义乌如果新建水库,每立方米的投资在 6 元以上,东阳如果发展节水灌溉或修建新的节水设施,成本不高于每立方米 1 元。通过水权交易,东阳以高于每立方米 1 元的价格将部分水权转让给义乌,义乌以低于 6 元钱的价格买到水资源,结果是两市取水总量没有增加,却同时满足了双方的用水需求。水权转让带来的"双赢"是显而易见的。2005 年 1 月 6 日,引水工程完工,奔腾的清水从东阳市横锦水库出发,经过刚刚完工的渠道激情奔涌进入义乌,为义乌工农业生产输送了新的血液和动力。

东阳—义乌水权交易之所以引起广泛关注,是因为其具有三大显著特点:一是打破了"指令用水,行政划拨"的旧模式;二是填补了我国水权市场的一个空白,建立了跨越城市的水权市场,率先以平等、自愿的协商方式达成交易;三是证明了市场机制是水资源配置的有效手段,双方不仅经济上实现了双赢,而且促使城市更加节约用水和保护水资源。

作为我国首例跨区水权交易,东阳－义乌水权交易无疑是对水权交易理论的一次很好实践,对全国其他地区也有很多借鉴意义。在这之后,浙江"跨地区卖水"越卖越火:石奇和余姚紧随其后,进行了水权交易;绍兴市与慈溪市也正式签订了供水合同。"买水卖水"甚至跨出了浙江区域;甘肃省张掖市以水权制度建设引领了我国第一个节水型社会建设试点的发展。

当然,在我国目前的条件下,水权和水权市场并不是解决城市区域水资源配置的"灵丹妙药",其局限性也很明显:(1)水权交易受时间、空间等条件的限制,在水权交易中的供给方往往处于优势垄断地位,难以通过市场竞争形成水权的市场均衡价格。比如,在一个流域内,上游水资源丰富,下游水资源短缺,但下游除了向上游地区买水外没有其他可选择的余地,所以在谈判中处于非常不利的地位。(2)水资源的功能很多,只有能发挥经济效益的部分水资源,比如说生产用水、水电等,才能进入市场;而用于生态环境建设和人民生活用水的那部分不能或不能完全进入市场。(3)由于在水资源市场上竞争不充分,并且水资源与人民群众的生活直接相连,因而水价不可能完全由市场竞争来决定,很多情况下仍是采用政府定价。我国大部分地区实行的都是差别定价,比如对设定用水量以下的水实行低价政策,而对洗车、洗浴、宾馆等高耗水行业及居民、企业用水超标部分实行高价政策。这种差别定价的好处在于一方面达到了节约用水的目的,另一方面保护了社会中弱势群体的用水需求。但这种定价方式容易造成价格的扭曲,即水资源的价格不能正确地反映水资源的稀缺程度,也对价格管理部门的管理工作提出了更高的要求。

第三节 城市区域基础设施合作

一、基础设施建设与城市区域发展

1. 基础设施的特点及其与城市区域发展的关系

基础设施是城市间人流、物流、信息流、资金流得以有效运行的必需的载体和通道，是城市区域要素积聚和扩散的必要条件和物质基础，是城镇空间结构体系的重要决定因素。没有强大的、超越时空阻隔的基础设施的连接，没有城际基础设施的互联互通和畅通无阻，城市区域合作便成为无源之水、无本之木，失却其正常运行及成功的基础。因此，要构建和谐、有序、集约、可控且不断发展的城市区域，必须建立和完善城市区域基础设施体系。

城市区域基础设施在很多情况下是跨行政区域、跨部门、跨行业、区域共享的大型枢纽性和功能性的，一般分为经济性基础设施和社会性基础设施两大类。经济性基础设施包括能源及自然资源供应系统、交通运输系统、供水排水系统、生态环境系统、信息通信网络、区域防灾系统六个方面；社会性基础设施包括教育科研、文化、卫生等设施。城市区域基础设施的特性表现在四个方面：(1)整体性和系统性。整个城市区域基础设施系统是一个综合的有机联系的系统，各个子系统之间要保持合理的、协调的比例关系，任何一个子系统的不完善和供给不足都会造成整个系统的"短板效应"[1]，尤其是城际基础设施的不完善会成为整个城市区域体系有效运行的"瓶颈"。(2)超前性。无论是快速交通通道还是港口、机场的建设，无论是信息网络的建设还是各项社会

---

[1] "短板效应"又称"木桶效应"，是指木桶的盛水量是由组成水桶的最短的那块木板决定的，而其他的木板即使再长也不起作用，用来比喻一个经济系统的决定性变量之间要有恰当的比例关系。

服务设施的建设,都具有规模大、投资多、周期长的特点,因而其建设周期必须适当超前于整个城市区域发展与合作的需要,如果等基础设施供给不足了再去规划、建设,就会延误发展的机遇。(3)外部性。是指基础设施的投资者并不能得到基础设施的成功建设所带来的全部收益。反过来讲,基础设施短缺可能会带来负的外部性。由于外部性的存在和普遍的"搭便车"心理,城市区域内各个城市都对本市范围内的基础设施建设持积极态度,而对连接各个城市的城际基础设施持消极态度。(4)自然垄断性。基础设施多具有固定成本极高而边际成本极小的特点,如高速公路和高速铁路、信息高速公路等,虽然一次性投资极大但建成之后可以容纳极大的用户群。因此,这些自然垄断行业往往是政府垄断经营的。

考虑到城市区域基础设施的以上特性,城市区域基础设施的融资、建设、运营、管理和监督就必须综合考虑区域整体发展的需要,处理好建设时间、空间、资金链、城际利益平衡及基础设施功能的最优化利用等各方面关系,确保基础设施适应城市区域合作与协调发展的要求,总的来说就是要"适度超前、效益优先、利益平衡、成本共担、资源共享、促进发展"。

2.基础设施建设与协调的迫切性

虽然我们多次指出在城市区域基础设施建设中出现的重复建设现象及其所造成的资源浪费,但并不代表我国的城市区域基础设施建设都满足了实际需要,都是供大于求的。实际情况是基础设施的不足与过剩共存,结构性矛盾突出。我国长三角地区公路网和铁路网的密度均比全国平均水平高出1倍多,但每万人拥有的公路里程仅为全国平均水平的40.8%,每万人拥有的铁路里程只有全国平均水平的1/3。[①]

[①] 参见洪银兴等:《长江三角洲地区经济发展的模式与机制》,清华大学出版社2003年版,第32页。

我国的三大城市区域中珠三角和长三角城市区域内部的干线铁路早已不堪重负，无论客运还是货运都不能满足实际需要，城际高速铁路都还处于论证、可行性研究阶段，离实际建成使用还很遥远；现有的沪宁、沪杭甬、京石、京津塘高速公路车满为患，远远不能满足需要；珠三角虽有广深准高速铁路但仍不能满足需要。三大城市区域之间的交通问题更为严重，京广、京沪两条铁路连接京津冀与珠三角、京津冀与长三角，虽几经改造、提速、扩容，其实际利用效率早已是世界之最，但仍然是捉襟见肘、不敷需要。长三角与珠三角之间的东南沿海情况更为严重，甚至就没有一条铁路相连。虽然目前京广、京沪、沿海高速客运专线铁路已在规划或建设之中，但由于建设周期很长，不可能在最近几年解决，而最近数年恰是我国城市区域经济飞速发展之时，铁路运输能力的"瓶颈"制约已然形成事实。内河资源虽有一定的优势，但大多数内河航道处于天然状态，通航能力很低。为适应集装箱运输的发展，港口的水深、泊位、堆场等设施条件需要进一步改善和扩展。通信基础设施建设，离传输网络数字化、宽带化、综合化、智能化发展方向的要求还相距甚远。

一方面是基础设施供给不足，另一方面是基础设施供给过剩或者不能有效利用。囿于行政区划和地方利益的限制，城市基础设施的规划和建设大都不能与区域利益相一致，重复建设、利用效率不高的现象普遍存在，很多影响城市区域经济发展的、需要城际合作才能完成的项目迟迟难以完成。比如长三角、珠三角的机场建设就是重复建设、供给过剩的典型，长三角、京津冀的港口建设同样也呈现过剩的状态。城市区域基础设施的整体性和系统性要求区域内各城市对于涉及多个城市的建设项目要统筹规划、多方协调，各城市在投资、建设、运营、管理方面必须加强合作，统一步调。而实际情况却是各个城市在各自为战、自成体系。例如，长江本是长三角的大动脉，水运的成本远远低于铁路和公路运输,然而由于长三角各城市忽视了内河航运的统一规划、航道疏浚、运营,不但水运的优势未能充分发挥,而且整体的交通运输体系难以形成高效运行的网络。凡此种种问题都与各城市在基础设施建设中缺乏合作有关,已经严重制约了城市区域的发展。

二、城市区域基础设施建设与经营中的利益协调

1. 基础设施建设的利益分享与成本分担机制

城市区域基础设施具有外部性的特点,使得投资者对于未来收益的预期较低因而投资的意愿降低,从而出现城市基础设施建设难以合作、步调难以一致的问题,最终导致城际基础设施的短缺或者难以协调及有效利用。所以关键的问题是要建立起城际基础设施建设的成本分担机制和利益分享机制,真正实现外部收益内部化、外部成本内部化,简言之,就是城际基础设施的投资者享受其投资的所有收益、承担其投资的全部成本。具体来说,其实现途径有三:一是直接对基础设施的使用收费,比如高速公路,就可以对过往车辆收费,以补偿投资者的成本支出。二是利益交换。仍以高速公路为例,假定沪宁高速由上海和江苏各修一段而成,由于高速公路是准公共物品,双方可以通过协议约定,沪苏对对方的车辆都不收费,以此作为使用对方高速路的成本补偿。这个办法的缺点在于谈判过程可能很困难,因为难以对各方利益求得平衡,但很多基础设施项目不适宜收费,用此方法还是比较妥当的。三是合作双方参股。比如,长三角的发展确实需要建设一个国际集装箱枢纽港,无论建在哪个城市都会给当地带来很强的外部收益,上海和宁波当然互不相让,这时可以考虑将港口建在自然条件更好的宁波,由上海和宁波双方共同出资组建合资公司来进行建设和运营,收益由双方根据股本分摊,甚至宁波可以无偿出让给上海部分股份以补偿

其不自建港口的损失。①

2. 城市基础设施建设及营运中的投融资体制市场化改革

城市基础设施由于具有准公共物品的性质和自然垄断特征,因而政府往往选择垄断建设及垄断经营。然而由政府垄断经营带来的弊病往往和优点一样多,比如产权不清、效率低下、定价过高、政府保护、引致腐败等问题在这里都会存在,同时基础设施项目都由政府建设还加重了政府的财政负担。因而现在世界各国的基础设施建设也越来越多地采取市场化的运作方式。

市场化运作方式中最常用、最成熟的是 BOT 模式(建设－运营－转让的简写),即地方政府通过特许权协议,将公共基础设施项目的特许权授予承包商,承包商在特许期内负责项目的设计、融资、建设、运营和维护,并负责偿还债务和赚取利润,特许期后将项目无偿移交签约方的政府部门。该模式提供了私人机构参与城市基础设施建设的可行的方式,是政府与承包商合作经营基础设施项目的一种特殊的方式。其次 TOT(移交－经营－移交)模式、ABS(资产证券化)模式、PPP(私人建设－政府租赁－私人经营)模式也都被世界各国城市政府所使用。当然上述各种模式实施的前提是这些项目要和普通的产业一样有投资回报率(产品必须具有排他性)。对于一些大型项目,政府也可以发行股票、债券,或者借用国际金融组织贷款、外国政府贷款或者国外商业贷款。上述市场化的融资方式克服了政府资金有限、项目使用效率不高的问题,为加快基础设施建设速度、提高管理水平和服务水平提供了新的途径,为经济社会发展带来了新的活力,为外资和国内私人资本提供了新的赢利空间。

---

① 这只是作者事后的设想,实际上上海已经花巨资建造了洋山港,宁波港是难以与洋山港竞争的,因为洋山港背靠的是上海,但洋山港风大浪高,远离大陆,投资风险也是很高的。

3. 城市基础设施的职能分工及其调整

在一个城市区域内部，每个城市都有一个合适的定位。是区域中心城市还是区域副中心，还是周边的中小城市，定位不同，对城市基础设施的要求自然不同，如果一味地贪大求全，不但浪费资金和资源，而且造成城市间基础设施的攀比、竞争，恶化投资和建设环境。

从长三角的机场建设来看，由于不必要地建设了过多的机场，已经造成了机场间恶性竞争的局面，有的机场客源不足，有的机场一建立即亏损，造成了"双输"或"多输"的局面。浙江拥有7个民航机场，除萧山机场还能正常营运外，其余机场都是在上海、南京和杭州大机场的夹缝间寻求出路。江苏有8个可起降大中型民航班机的机场，仅在长三角地区就坐落着南通兴东、常州奔牛、无锡硕放以及南京禄口4个机场，但除禄口机场外，其余普遍亏损。现在从现实的眼光看，长三角的机场资源在布局上虽有缺陷，但不是不可弥补的。一方面，应对现有机场资源进行整合和管理，再调整和加强相应的机场间的地面交通联系，实现机场间人流、物流的通畅。更重要的是，现有的机场要进行差异化定位和经营，根据各自的地理位置和经济地位等确定未来的发展走向。比如，浙江沿海的一些机场完全可以探索成为专门化的货运机场，与上海、杭州的大型机场相配套，不再与大机场恶性争夺客源。而拥有两个机场的上海，完全可以率先建成具有国际影响力的枢纽机场。在长三角构建以上海机场为枢纽的航空运输结构，形成支线机场、区域性中型枢纽机场和大型国际枢纽机场相结合的差异化经营、布局合理的机场网络群，优化市场资源配置，形成机场资源的一体化。长三角地区的理想机场定位是：上海浦东、虹桥机场为大型国际枢纽机场；南京禄口、杭州萧山机场为中型枢纽机场；南通、无锡、宁波等机场为支线机场。这样大型枢纽机场、中型枢纽机场和支线机场共同构成一个干支线空中交通网络。各个机场各自发挥优势，在竞争中合作，在合作中共赢，形成差异化经营、分工合作的良好局面。

上述分工合作局面显然对各个机场都是有利的。但问题是每个机场及其所在城市的所得并不平衡,显然支线机场和货运机场的所在城市的收益(不仅是机场的直接收益,还包括由此带来的旅游、商务、投资等收益)要远远小于干线机场和大枢纽港所在城市的收益。也许,要经过多轮城市间的博弈,要经过多年的亏损和失败,这些城市最终才能认识到,其实支线机场或二级机场才是它们最合理的定位,也是唯一能够摆脱困境、实现利益的有效途径。做大型空港是需要实力的,没有那个实力,即使勉强做了也是做不好的。相信长三角各市的政府官员最终会坐到一起就各个机场的前途和定位进行理性的协商,得出"多赢"的结论。

机场是这样,其他的基础设施如电信、邮政、公路、铁路、港口码头、污水处理、交通设施甚至公检法司等政府服务其实都有一个城市间分工、合作、定位的问题。这些问题当然不是靠上级部门的文件、行政命令或者政府部门的指示能够解决的,而只能通过相关各方间的讨价还价、互谅互让来解决。

三、城市区域基础设施的共享与合作

1. 独占还是共享:一个经济学分析

如前所述,城市区域合作的目的在于通过区域内各城市的资源配置的最优化来实现整个区域利益的最大化。在城市区域的基础设施建设、使用、经营、服务的过程中,由于重复建设而引起的资源浪费广泛存在,由于基础设施不足而引起的发展"瓶颈"同样普遍,可以说这些现象的出现都与基础设施的共享问题相联系。如果城市区域范围内基础设施都可以很好地加以共享共用,重复建设自然可以减少,基础设施不足的问题也可以部分甚至全部解决。

城市基础设施建设完成之后,比如图书馆、大型科研设备、通信网络服务、港口设施、科技及文献信息等,对城市政府来说是采用独占方式自己使用还是采用共享方式向整个城市区域甚至全国开放使用,是一个基本的选择。如果一个城市认为排他性地使用某项基础设施比共享该设施获益更大,该城市就会选择独占;反之,该城市会寻求一个有效的共享该设施的途径。假定某基础设施 i 对区域提供共享服务,在一定时间 t 内该设施的拥有者可以获得的收益 B 的期望值 $E[B]$ 和成本 C 的期望值 $E[C]$ 应满足以下条件:[①]

$$E_{it}[B(L,R,A)] \geqslant E_{it}[C(D,T)]$$

其中,L 为提供基础设施 i 所获得的直接收入;R 为提供基础设施 i 而获得的使用对方设施的权力;A 为获取的对方城市的其他资源;D 为由于设施共享后使用量增加而带来的设施的磨损、折旧及投入成本;T 为由于设施共享而引起的交易成本。上式说明,一个城市如果将它的基础设施共享可能获得直接的、间接的收益;另一方面,也要付出相应的成本,随着设施共享范围的扩大其成本也在上升,从而出现边际效益递减的现象。比如,假定上海市对周边城市开放其图书馆服务,如果开放范围扩大,人数太多所造成的负荷、路途太远所造成的交通成本都在增加。这样总存在一个点,设施共享所带来的边际收益等于边际成本,超过该点后净收益将递减。这个模型表明了基础设施并非独占就好,而开放共享也有一个范围的限制,并非范围越大越好,主要是设施拥有者对成本和收益的权衡。如果通过某种制度安排或者契约安排,改变收益函数和成本函数,则基础设施共享的范围就可能扩大。这方面有很多的工作可以做,比如签订城市基础设施资源共享、互用的协定,政

[①] 参见冯云廷:"地区性资源共享机制研究",《天津社会科学》2006 年第 3 期,第 61—66 页。

府提供有关设施的信息,发展一些中介机构等。

2.建立资源共享的城市区域综合交通体系

发达国家的发展经验充分证明,交通运输是决定城市区域发育程度、影响区域一体化发展水平和区域间合作与竞争的关键因素。我国的三大城市区域无一例外地交通比较发达,但对满足构建高度一体化的城市区域的需要来说仍相距甚远。解决问题的思路有两个,一是兴建更多的交通设施,公路、铁路、港口、机场、轻轨等;二是提高现有交通设施的利用率。由于我国城市竞争、条块分割的现实,城市区域都没有建成有效的区域综合交通体系,交通设施往往不能很好地共享,不同城市的交通之间或者同一城市陆地、水上、空中交通之间的不协调、不完备,加上交通管理水平的低下,往往使得本已十分紧张的交通设施既不能优势互补,有序竞争,合理利用,又不能有机衔接,合作共赢,充分发挥其综合效益。

我国城市区域普遍存在轨道交通不足的问题,并且现有的轨道交通也未形成一个高效的网络。在日本东京大城市区域,除新干线外其他所有的轨道交通都是联网的,城际列车可以与高密度的城市轨道交通实现无缝衔接甚至相互进入,完全是一体化的,而我国没有一个城市能做到。按照国际经验,大运量的客流需要轨道交通来承担,一条轨道线的客运能力相当于5条高速公路。在长三角的沪宁段,客运列车已经提高到每隔20分钟一列,但和日本东京城市区域高峰时段2—3分钟一列的发车密度相去甚远,我国还没有真正意义上的"城际列车"。至今我国三大城市区域都没有客运专线,这是制约城市区域综合交通体系形成的一个重要影响因素。这种以公路和汽车运输为主的交通体系不可能撑起高密度、大规模的城市区域的人流和物流。此外,交通网络的规划布局缺乏统筹协调也是一个重大问题。比如,苏锡常三市不断扩展,现在已经几乎连为一体,但三市各自建设自己的高速公路,横向、纵向高速公路都不能相互衔接。

具体来说,长三角、珠三角和京津冀都有必要以高标准、高起点建设一体化的城市区域交通运输体系。首先是要加强铁路尤其是高速客运专线的建设,实现客货分流;其次公路的建设要上一个新台阶,要有一定的超前意识(对比中国台湾地区的情况,台北－高雄间是双向10车道高速公路,高速铁路已经通车),公路、铁路间要有一个合适的比例;第三,要整合沿海和内陆的港口资源,实现资源共享,利益均沾,各个港口在功能、腹地、规模、信息、利益方面都要有明确的分工与协作关系;第四,对于航空运输线路和空港资源,合理进行国际、国内、客运、货运的功能分工,形成布局合理、资源共享、分工协作的航空网络。总之,要构建公路、铁路、水路和航空四位一体、布局合理、结构优化、优质高效的现代化的综合运输网络体系,更好地服务于整体城市区域,给城市区域要素的正常流动提供更好的、更完美的服务。要做好城市区域运输体系的建设规划,从结构、布局、资源共享、优势互补等方面与城市区域的未来发展相适应,要从被动适应城市区域发展的需要转变到主动地去引导、促进城市区域城镇体系和生产力布局上来,从单纯注重交通设施的数量变为强调交通设施的质量并向高速高效型交通运输发展。

3. 建立信息和科技资源共享服务体系

城市区域信息和科技资源共享服务体系是一项在国家信息和科技政策指导下,对信息资源进行采集、管理、利用、发布和服务的系统工程。它首先是服务于城市区域,保证各个城市信息采集、利用和科学研究的需要,其次还要服务于全国,因为它本身也是国家信息基础设施和社会公益事业的重要组成部分,是支撑区域和全国科技创新与进步的重要基础和保证,因而也是城市区域合作的重要内容。2002年6月,科技部启动了旨在促进科技进步、科技创新的"科技文献信息资源与服务平台"的建设,信息资源共享的思想成为全国的共识并被广泛地付诸实践。目前全国性的信息资源共享体系主要有:(1)中国高等教育文献保障系统(CALIS);(2)全国文化信息资源共享工程(共享工程);(3)国家科技图书文献中心(NSTL);(4)中国知网和万方数据;(5)商业性的超星图书及书生之家等。已建成的区域性的信息和科技共享体系主要有:(1)上海市文献资源共建共享协作网;(2)江苏省工程技术文献信息中心;(3)陕西省科技图书文献资源共享服务系统(SNSTL)。以上这些机构不仅采集和提供科技文献信息,而且还进行文献的加工、继承,建设特色数据库,发布各种信息产品等。

政府信息是政府在履行法定义务过程中生产、接收和使用的各种数据、资料和记录,随着计算机技术特别是网络技术的发展,信息价值及其增值潜力越来越大。在中国,政府掌握了大约80%以上的信息资源,这些信息资源是社会信息资源的一个极其重要的组成部分。政府拥有的信息包括政务信息、市场信息、服务信息、决策信息,还拥有统计、测绘、气象、基础研究、信用等各种信息,这种信息只有以低收费或者免费的方式提供给社会大众,才能真正为社会所利用,才真正实现取之于民、用之于民,才能产生社会效益和经济效益。政府上网工程是促进政府信息公开、实现信息资源共享的最佳途径,然而我国目前的政府上网离真正的网上政府还相差甚远。政府信息可以用于公共利益也可以用于商业利益,因而就出现了两种政府信息提供模式。一种模式是商业化模式,比如英国,政府把信息当做商品,通过对用户收费减少财政拨款、减少纳税人的负担;另一种模式是政府免费或基本免费提供政府信息,比如美国,鼓励信息在各种用户间的广泛使用,促进科学和技术的繁荣及其信息加工业的发展,从而增加了就业机会和税基,间接增加了政府税收。后一种模式表面上看政府损失了部分收入,然而由于信息公开导致的衍生市场价值却是巨大的。有数据显示,由政府信息衍生的市场价值,美国是欧盟的 11 倍。①

科技资源的共建共享是城市区域合作的另一个重要方面,相比较于政府信息公开和共享来讲,难度更大,目前在实践方面较为薄弱。由于科技领域文献资料不能共享,科学仪器设备不能共用,低水平的重复投入和重复建设、重复劳动不可避免,造成极大的资源浪费。这里面的问题首先是政策不到位,无法可依,其次是利益机制没有解决。这项工作由于涉及各个层次、各种所属关系的科研部门的切身利益,运作起来比较复杂。但如果各级政府充分认识到这个问题的重要性,再制定适当的激励机制,还是能够比较顺利地进行的。首先,由国家资金支持购买的大中型科技实验仪器设备应向全国所有地域的科技部门开放,提高这些宝贵的科研设备的利用率,做到物尽其用;由国家支持的科研项目所获的资料和数据也应向社会开放(当然涉及国家安全需要保密的除外)。其次,城市区域内省、市所属的科研院所的科技资料和科研设备的共享问题,可以由省政府、城市政府出面签订科技合作与资源共建共享相关协议,使科技资源共享有法可依,有法必依,成为科研机构的强制性义务。最后,要营建有利于科技资源共享的氛围,确立资源共享的战略地位,鼓励科技资源的拥有者在适当收费的前提下探索各种资源共享的方式方法,推广好的经验和做法。

---

① 参见王正兴、刘闯:"政府信息资源共享两种模式及其效益比较",《中国基础科学》2005 年第 5 期,第 36—42 页。

第六章 城市区域合作的制度保证

兄弟阋于墙则不能外御其侮。面对日益激烈的国际竞争,一味地进行城市间的内斗,势必只能削弱我国城市及城市区域的竞争力,导致在全球竞争中的失败。而要将城市竞争导向合作和多赢的轨道,将城市区域合作变成城市政府和企业的自觉的行为,则必须有制度和规则来予以保证。

第一节 城市区域治理结构

一、国外常见的城市区域治理模式

治理(governance)原指政府的管理和控制,在如今多元社会中其含义已经改变,多指通过多种集团的对话、协调、合作,达到最大程度地动员和利用资源的统治方法,是一种综合的社会管理方式,它补充了市场交换和政府自上而下调控两个方面的不足,达到最大的管理效果。在城市区域管理普遍面临政府失灵和市场失灵的困境下,寻求政府与非政府组织相结合,行政手段与市场手段相结合的方式来解决城市区域合作问题已经成为各国的共识。因此,这里要将治理的概念引入城市区域合作之中来。

西方国家的市场经济体系有百年以上的历史,已经发育得非常成熟了,像市场保护、市场分割、重复建设等问题基本上已不复存在。然而由于多数西方国家都有实行"地方自治制度"的传统和崇尚民主自由精神的选民的支持,其政党矛盾、种族矛盾、城郊矛盾、城城矛盾、市县矛盾等都非常突出。由于这些矛盾的存在,城市区域内部关系的协调尤其是涉及外部性的领域(如区域环境、交通、通信、公共服务等)的时候,其矛盾的解决就要困难得多。西方国家经过多年的探索,出现了多种城市区域的治理模式,这些模式有的比较成功,有的失败了,有的出现反复。无论如何,这些模式都可以给我国城市区域治理模式的选择提供有益的参考。

1. 松散型城市区域市政联合组织

纽约大都市区又称三州大城市区域(Tri-state Metropolitan Region),是一个综合的社会、经济区域,包括纽约州以及康涅狄格州和新泽西州的一部分,共31个县,面积为33 548平方公里。纽约大都市区至今没有形成统一的具有权威的大都市区政府,大都市区的管理主要是由一些分散的市政联合组织来完成,这些市政组织本质上都属于非政府组织的范畴。比如,1921年纽约州和新泽西州联合成立的港务局(Port Authority,PA),至今仍管理着区域内多数交通运输设施,如港口、桥梁、通勤线等。1929年成立的区域规划协会(Region Plan Association of New York,RPA)是一个私人的非营利团体,但其所作的区域规划对纽约大都市区的发展起到了重要指导作用,尤其1996年,RPA所作的第三次规划提出了著名的3E原则:经济(economy)、环境(environment)与公平(equity),以及五个战役:植被(greensward)、中心(centers)、机动性(mobility)、劳动力(workforce)、治理(governance)。在纽约大都市区发展中,针对特殊的区域性问题形成了许多的市政联合组织,如排水、供水、垃圾处理等,都有专门的市政联合组织来协调相关的问题,促进了区域的发展。

美国还有一种特殊的管理方式,即划出一定的区域范围,设立专门机构,进行区域管理,这样的区域称为特别区。特别区的范围有的与大都市区是重合的,有的则仅覆盖大都市区的一部分,甚至只是2—3个城市的组合。这样的特别区五花八门,类型繁多,如大气质量管理区、水区、学区、废弃物管理区、交通运输区、空港管理区、公园区、消防区、海岸保护区、图书馆区、体育场馆区等。大的特别区由州政府设立,小的由县政府设立,有的是民选产生。这样的特别区管理机构具有相当的权威性,其目的一是协调利益冲突,二是提高资源共享性。

2. 功能单一的城市区域协调组织

美国洛杉矶大都市区是由位于洛杉矶盆地的5个县(Ventura、Los Angeles、Orange、Riverside、San Bernardino)构成的区域,总人口1 400万。洛杉矶大都市区包含二百多个城市,各市、县差异巨大,洛杉矶市人口300万,而很多小城市人口不足1 000人,但自治权利都很大,在政治上高度分化。由于产业结构转型、服务业上升、制造业逐渐下降而导致地区发展不平衡。其种族矛盾也很突出。在这种背景下要进行强有力的区域合作是很困难的,因而洛杉矶大都市区的区域合作组织会以功能单一的半官方性质的区域协调组织为主就不足为奇了。

在洛杉矶大都市区比较有影响的有两个组织:(1)南海岸大气质量管理区(AQMD,South Coast Air Quality Management District)。AQMD负责大都市区的大气质量规划,包括交通拥挤控制规划和土地利用规划,由于受到联邦政府和州政府的支持因而可以直接介入地方政府的基本决策。其成员为12名,由县、市选举和州长、州参议院任命。(2)南加州政府联合会(SCAG,Southern California Association of Governments)。SCAG成员共70人,由各县、市选举的代表组成,主要职责是交通运输规划和土地利用规划。最初SCAG只是一个咨询机构,但逐渐获得了一定的决策权。1970年美国颁布了《联邦清洁空气法》(Federal Clean Air Act),使得类似AQMD这样的区域组织获得了发放排污许可证和对污染企业罚款的权力。达不到《联邦清洁空气法》规定的污染物排放标准的城市会被罚款,而且会减少联邦政府的资助。这大大地加强了 AQMD 在洛杉矶大都市区的权威。

3. 地方政府联合组织

美国、加拿大城市区域内部的各个市、县政府根据自愿的原则成立各种地方政府协会或其他政府间联合组织,主要负责处理城市区域内诸如土地利用、住宅、环境质量、经济发展等方面的问题。在美国这种组织的数量已接近 700 个之多,如旧金山湾区政府协会,由旧金山湾区的 9 个县和 100 个城市的政府组成。区域内各城市自愿决定是否参加大都市区政府协会。协会设有董事会,重大问题由董事会表决决定。董事会成员必须是民选官员,其职能主要是从事交通、住房、空气质量、水资源等方面的区域性规划。

4. 大都市区双层制政府管理模式

西方国家大都市区双层制政府管理模式中的大都市区政府是一种正式的制度安排,具有 4 个主要特征:(1)政治上的合法性,其成员或代表由直接选举产生;(2)具有一定程度的自治权;(3)具有范围广大的司法权;(4)具有"恰当的"地域覆盖,基本上能涵盖整个城市区域的地理范围。双层制下的大都市区政府与大都市区区域范围内的市、县政府属于平等关系而非上下级隶属关系,两者有严格的职能分工,以保证大都市区政府与市县政府的职能不会产生冲突。大都市区政府一般都是处理一些涉及区域全局的有关事务,如区域发展战略规划、基础设施网络建设经营与管理、污染物治理、公共消防和文化事业。

迈阿密城市区域是施行这种管理模式的典型例子。迈阿密大都市区包括了位于佛罗里达州南部的 3 个县以及戴德县境内的迈阿密市。由于第二次世界大战后城市急剧向农村扩展的要求与市县分治的现实之间的矛盾日益尖锐,对县、市紧密合作的要求日趋强烈。在这种背景下,1957年戴德县与迈阿密市形成了双层制的大都市区政府,其政府的职能分工如表6-1所示。大都市区政府与区内的地方政府之间是平等关系,两者的职能有明确分工。大都市区政府主要负责协调解决交通运输、公共安全、发展规划、消费者保护等各项事务,对公路、铁路、公共汽车、机场、港湾等区域性交通系统实施明确的一元化管理,而地方政府则承担了具体的公共服务工作。加拿大多伦多大都市区、美国明尼苏达大都市区和波特兰大都市区、加拿大温哥华大都市区、英国大伦敦城市区域等都采用了类似的双层制治理模式。

表6-1 迈阿密城市区域双层组织的职能分工

大都市区政府	地方政府
消费者保护	教育
消防	环境卫生
公路和交通	住宅
警察	地方规划
公共运输	地方街道
战略规划	社会服务
垃圾处理	垃圾汇集
机场、海港	
图书馆	
发展计划、住房	

资料来源:安筱鹏、韩增林著《城市区域协调发展的制度变迁与组织创新》,经济科学出版社2006年版,第212页。

5. citistates模式

citistates的概念是1993年由美国的尼尔·R.皮尔斯(Neal R. Peirce)等人提出的,是从古希腊的城邦(city-state)演化而来[①]。有人

[①] Neal R. Peirce, Curtis W. Johnson and John Stuart Hall, *CITISTATES: How Urban America Can Prosper in a Competitive World*, Washington D. C.: Seven Locks Press, 1993.

根据其含义翻译为"城市自理区域",有人按字面翻译为"现代城邦"。这一概念是对城市区域在理论和实践上的全新理解和诠释。citistates 在空间上是由中心城市、郊区及腹地组成的经济统一体;在政治上是一个行政区划与城市区域范围基本协调一致的统一体;在管理上是一个高度自治的权力载体。皮尔斯把世界历史作了这样的划分:古代的城邦时代,中世纪以后的国邦(nation-state)时代,而现在则发展到新的 citistates 时代。citistates 时代的到来与"国邦"的局限性不断发展和权力的不断缩小相伴随,最能显示国家经济权力的贸易壁垒、对外的经济自主权和对内的民族工业保护权在不断消除和瓦解,相应地国家权力的一部分已转移到各种各样的跨国经济组织,另一部分则下降到地方,其中一部分下降到各个城市区域。在国家权力衰落的同时,城市区域的权力正在逐渐增长,在国家经济和社会发展中的地位正在不断上升,这就要求其在管理范围上实现行政区与经济区的高度统一,在管理权限上实现高度自治。

citistates 是一种经济、政治、管理一体化的新模式,是城市区域内的经济、社会发展与管理相互协调的新阶段,是城市区域未来发展的新趋势。在西方国家,citistates 主要是通过城市区域内部的行政兼并来完成的,比如一个大城市与周围市县的合并(annexation),逐步实现行政管理区与城市区域实际地域的基本统一。目前正在形成的典型的 citistates 有美国的克杰森维尔大都市区、新加坡等。1990 年,意大利议会通过了新的法案,给予每一个大城市过去由各省控制的权力,包括土地使用、交通规划、环境保护、能源与用水系统的规划以及文化资源的监管等。每一个主要城市如都灵、米兰、热那亚、波伦亚、威尼斯、佛罗伦萨、罗马、那不勒斯等都被赋予了这样的权力,其管理的区域都包括一个现有的中心城市及周边的城镇和居民区,形成一个整体。当一个大的城市区域不能恰好与一个现存省份相吻合时,多出来的居民区或者自成一个新的省份,或者被归入一个邻近的省份。这一改变与原来的建制有了本质区别:原来是以历史上形成的行政疆域为界的区域,而现在则是以该城市现在的基本辐射范围为依据的区域,有明确的中心城市,而且它具有省级的权力。

二、我国城市区域治理模式的创新

1. 国外城市区域治理模式的启示

从以上对国外城市区域治理模式的分析,我们可以得到如下两点启示:

(1)城市和城市区域是一个不断发展变化着的集合体,其治理模式也应随着这种变化进行相应的变革。每个城市区域有每个城市区域的经济、社会、环境状况,并没有一个适合所有城市区域的现成的治理模式可供套用。关键是城市政府和城市区域的管理结构必须适应不断变化的实际情况,通过管理体系与模式的创新去应对这些挑战。

(2)在西方国家的城市政府体制设计中,始终存在着公共服务的统一性与政府贴近市民的矛盾。前者要求大都市区要有一个统一的治理机构,以避免造成城市间或城市与区域间的巨大的利益冲突,可以更好地发挥公共服务的规模经济效益,而相比较而言,城市政府更贴近市民、效率更高。这两方面的权衡导致西方国家的城市区域治理经常出现大的反复,造成严重后果。比如美国在 20 世纪七八十年代公共选择理论盛极一时,该理论强调政府间的竞争可以提高效率,降低成本,因而反对大都市区政府的存在和地方政府合并的合理性,造成美国地方政府大量繁殖,到 1992 年美国 282 个大都市区竟然出现了 33 000 多个地方政府,使美国成为全球政府单位最多的国家,这是一个重要的历史教训。同时期英国出现同样的潮流,大都市区政府被撤销造成多头管理、区域矛盾与冲突不断的严重后果。直到 20 世纪 90 年代英国和美国才逐渐恢复大都市区政府的运行。因此,在城市区域范围内实现积极、有效的、协调的规划与管理,和维护单个城市的利益及保持城市经济活力之间将永远存在着冲突。所以问题的关键不是二中取一,而是如何在两者之间寻求一个适当的平衡。

2. 我国城市区域治理模式变革的基本思路

(1) 城市区域治理模式的多元化

我国有众多的城市区域,每个城市区域的经济与社会发展水平、人口、环境、资源条件都有很大的不同,其主导产业、基础设施、政治文化基础更是大不相同。这就决定了没有一个适合于中国所有城市区域的治理模式,国外的模式也不可能完全照搬过来,也就是说中国城市区域的治理模式必然是多元化的。诚如奥克森所说,"没有一种组织模式能有效处理大都市区复杂的动态情况。围绕那些跨辖区的问题而组成各种利益共同体是经常的事情,需要建立多种不同规模的组织,以实现规模效益,培育自治精神;区域问题的解决应该建立在现行政治制度安排的基础上"[1]。因此大都市区治理研究"不应去寻求一种唯一正确的组织模式,而应关注各种可能的治理模式以及治理是如何通过地方公共经济结构来和绩效发生关系的"[2]。其实美国是这样,中国亦然。

举例来说。我国单一型城市区域的中心城市一般是一个地级市,由于我国实行的是"市管县"的行政体制,这种体制的优势在于一方面腹地资源和要素便于向中心城市积聚,中心城市的发展空间得到保证;另一方面,也能够充分发挥中心城市的辐射作用,带动周围地区共同发展。比较来看,美国一个单一型城市区域往往有数十个甚至百余个地

---

[1] [美] 罗纳德·J. 奥克森著,万鹏飞译:《治理地方公共经济》,北京大学出版社 2005年版,第 18—19 页。

[2] 同上书,第 161—162 页。

方政府在进行竞争,我国的"市管县"进行区域治理则方便得多,这也是我国在行政体制上的优越性之一。但是具体分析,也有多种情况,如有的中心城市本身经济实力不强,但管辖的区域却很大,属于"小马拉大车";而有的中心城市经济实力很强,却只管辖很小的区域,发展空间不足,属于"大马拉小车"。对于前者,可以采用调整行政区的办法,将中心城市辐射不到的县划到邻近的中心城市管辖,或者由省直接管辖①;对于后者,可以将邻近的县划转过来。总之,针对不同的情况采取不同的手段。当然对于复合型城市区域情况就更加复杂。

(2) 协调与协商机制是区域治理的主要形式

我国的区域经济体系本质上是以行政区域为单元来配置资源、组织生产和调控经济的,然而现实的情况是任何一个城市行政区都不可能具备完备的资源结构和使得各产业都能够实现规模经济的市场空间。当城市经济发展到一定程度,行政区划对经济的进一步发展形成较大的约束的时候,调整行政区划的呼声就会增强。比如在京津冀城市区域,京津合并、将河北廊坊市(包括三河市)并入北京或天津的声音一直很强,在长三角城市区域将长三角合并成立大上海市等呼声也此起彼伏。然而行政区作为行政管理的实际地域空间是在较长的历史时期中由于政治、经济、文化、地理等多种因素而形成的,行政区的存在更多地是由于统治和管理的需要而不仅仅是经济的需要,具有相对的稳定性。相反经济区的范围必然根据经济发展的情况而不断变动。如果由于经济区的变动而不断变更行政区,会造成巨大的经济、社会和政治

---

① 最近两年学界和政界对于"省直管县"的呼声颇高,理由是:一,"市管县"体制造成市侵占县的利益;二,减少行政层级。忽视中心城市的作用,以为"省直管县"就可以强县,是一种误导。"市管县"体制与城市区域统一管理的客观要求相一致,无论从理论上还是实践上都是有效率的。市县矛盾特别是如何调动县的积极性,应通过重新划分市县的财权和事权来解决。"省直管县"适用于两种情况:一是中心城市辐射不到的县;二是县域经济太强甚至超过市。

成本,成本之大可能根本就是得不偿失甚至超出社会的承受能力。因此行政区划调整在条件合适、成本可控时是可行的(比如"市县改区"),但试图通过大规模行政区划调整来促进城市区域合作的思路是难以成功的。通过不同行政区之间的协商、协调来进行合作仍应是城市区域合作的主要形式和途径。

同一城市区域内不同城市之间存在着共同的利益空间,这是城市之间得以通过协商、协调,实现经济联动和互利共赢的坚实基础。在城市区域内不同等级的城市政府、不同地域空间上的企业和市民社会,构成了相互联系、利益交错的复杂的多元主体。城市区域合作强调的是这些利益主体之间的合作和协同,是建立在区域成员相互信任的基础上,本着互利共赢的精神,协调和协商共同关心的问题,找出各方都能接受的解决方案,这是合作得以顺利进行的必由之路。在城市区域合作中,常见到的现象是,一个城市依靠自己在经济上的、政治上的抑或是区位上的优势,试图独占合作的收益而让其他城市承担合作的成本,这是导致城市合作失败的重要原因。实际上,从一定意义上说,城市合作的过程就是讨价还价的过程,有关各方通过协商、谈判和协调,来谋取区域利益的最大化,为保证合作成功,每一个城市都将在这一过程中让渡自己的部分权力、牺牲部分的经济利益而得到合作的红利,只有城市的利大于失,这个城市才有动力参与合作的进程。如果一个城市在区域合作中失大于得,则相关城市应考虑予以一定的补偿。这样才能保证合作能够持续、稳定地进行并得以成功。因此,从这个角度讲,无论合作的组织形式如何,是构建权威的城市区域政府组织还是建立松散的政府联盟还是其他什么形式,都要通过相关各方的充分协商一致,建立利益共享、风险共担、成本分摊、资源共用、受害补偿的机制,才能达成有效的、可持续的合作。

(3)上级政府和中央政府的适当调控与引导

我国是单一制国家,地方人民政府既是上级人民政府和国务院的下级行政机关,又是本级人民代表大会及其常务委员会的执行机关。地方行政机关只能在本行政区域内行使职权,跨区域的事务都属于上级人民政府和国务院的职权范围。所以地方政府并不能以单方面的形式来处理边界纠纷和跨区域事务,而必须通过相互之间平等、自愿基础上的协商来完成。在我国目前区域协商、协调机制尚未建立起来的情况下,由上一级政府或是中央政府直接出面进行协调,往往起到很好的效果。比如,在长三角的江阴、靖江两市联合开发江阴市靖江工业园区的合作项目中,江苏省政府及各级领导班子除了在政策上加以推动和扶持外,还决定该园区产出后的财政收入除上缴中央财政任务外,上缴省、无锡、泰州市的财政收入部分全部留在园区,封闭运行,用于园区的滚动开发。江苏省政府的强力参与和扶持,对于启动初期的园区发展来说,起到极大的推动作用。在这个例子中,江阴和靖江分属于无锡市和泰州市,两地联合兴办开发区显然受到行政管理体制的制约,如果没有江苏省委、省政府的支持是不能完成的。

对于跨省(含直辖市、自治区)城市区域协调与合作显然就需要中央政府的参与、引导才能完成。中央政府要积极推动城市区域协调发展,促进城市区域组织体系的建设,规范地方政府的竞争行为,尤其在跨省城市区域合作中应发挥引导甚至是主导作用,特别是负有制定经济和社会发展政策、指导经济体制改革的国家发展与改革委员会应在促进城市区域合作方面发挥更大的作用。2004年11月起,发改委组织研究和编写长江三角洲地区和京津冀地区区域发展规划,其中《长江三角洲地区区域规划》在2006年完成,《京津冀地区区域规划》在2007年完成。这是中央政府通过区域规划实现跨省级行政区经济协调与合作、调控和管理区域经济的重要尝试,为以后其他经济区的区域规划积累了经验。国家发改委在区域规划编制过程中对各地区共同关心、单个省市又难以解决的问题进行了系统的论证和研究,突出了规划的协调功能,使各地方在一些重大问题上能够达成共识,并作出相应的制度安排,避免了以往规划编制中避实就虚、绕开矛盾走的做法。

(4)城市区域治理的法律体系建设

要建立城市区域治理的组织体系,必须要有相应的法律、法规体系支持。从国外的经验来看,大都市区政府、城市政府联盟或者功能单一的区域协调组织等都建立在相应的法律体系基础上,这些组织的人员构成、职能、经费来源、权力和责任都在相关法律中有严格的界定,这是城市区域治理得以成功的有效保证。

另一方面,城市区域内各省市间在立法上展开合作,减少甚至避免法律上的冲突和经济贸易壁垒的形成也是区域治理的一个很重要的内容。美国为了解决州际法律冲突采取了一系列有效措施:①起草州际模范法,供各州起草法律时参考。目前已经完成了包括《美国统一商法典》和《美国各州标准行政程序法》在内的170多个模范法案。②法律重述。组织专家整理各州法律,提炼出一般性规则并编纂成法律条文,提出各州不同法律的解决法案,供各州立法和司法参考。③州际协定。州际协定发端于各州之间为了解决水资源分配、航海权、基础设施共用等问题而签订的协议,如今已经扩大到自然资源保护、刑事管辖权、公用事业管制、税收和审计、城市区域规划和管理等多个方面,甚至联邦政府也开始作为成员方加入州际协定。美国的这三种做法对于我国省际或城际立法合作提供了很好的借鉴。尤其是美国在城市区域立法合作中注意发挥民间组织的积极作用,通过政府和民间的共同努力实现区域立法协调和法制的统一。这是我国在区域立法合作中应加以借鉴和推广的。

3. 我国城市区域治理的主要模式

(1)行政协议

政府间行政协议模式是我国城市区域合作的重要形式。在我国长江三角洲城市区域，最重要的区域合作组织是每两年一次的长江三角洲城市经济协调会(市长联席会)，主要处理综合性的区域问题；除此之外，还有长三角各城市职能部门的行政首长联席会议，如旅游局局长联席会议、统计局局长联席会议、信息合作联席会议、技术监督局局长联席会议等，主要处理各自专业领域的问题。上述联席会议的成果就是各种行政协议(包括宣言、意向、协议等)，如《长江三角洲旅游城市合作宣言》、《关于以筹办"世博会"为契机，加快长江三角洲城市联动发展的意见》、《关于开展人事争议仲裁业务协助和工作交流的协议》、《浙苏沪中小企业合作与发展协议书》、《长江三角洲使用农产品标准化(合作)的协议》、《沪苏浙共同推进长三角区域创新体系建设协议书》、《长江三角洲地区消费者权益保护合作协议》、《关于三地国外智力资源共享的协议》等，成为城市区域合作的重要基础。行政协议的内容主要是4个方面：①区域内能源、教育、人才、信息网络的共建共享；②区域内交通、通信设施的协同规划与建设；③区域内公共政策、投资政策、市场制度的公开化和平等化；④区域内公共环境、污染的联合整治。

行政协议是一种持续性和稳定性的制度化合作模式。首先，行政协议是有关各方政府主动、自愿协商的结果，因而能够有效协调各方的利益关系；其次，协议一旦签订便对缔约各方构成硬约束和强制力，各方必须严格遵守。虽然行政协议并非是经过正常的立法程序而形成的正式法律，但同样是一种长期的制度化安排，具有稳定性和可持续性。它是长江三角洲地区政府摆脱命令主义，体现改革开放以来所确立的市场、民主和法制观念而实现的机制创新和突破，并且已经成为各地城市区域合作的典范。① 我国其他城市区域也普遍采用了行政协议的方式,单是泛珠江三角洲地区就签订了四十多个协议。

行政协议的执行有两种方式。一是协议各方各自履行;二是设置专门机构负责协议的履行。具体来说,在长江三角洲地区有两种机构:①行政首长联席会议。多数联席会议都设有办公室或秘书处,负责协议执行中的信息沟通和行动协调。②独立管理机构。协议各方共同组建独立的管理机构,并隶属于缔约各方共同的上级机关,全权负责协议的履行。我国目前在行政协议的履行中普遍缺少仲裁机构,行政协议中也缺少相关的纠纷解决机制,这是亟须解决的一个问题。另外,政府行政协议的法律地位问题并没有相关的法律予以确定,这是我国的行政协议与美国州际协议很大的一个不同点,也是今后需要重点予以解决的。然而制定诸如行政协议法这样的法律不是地方政府能够完成的,而必须由中央政府来构筑和提供。

(2)项目合作

项目合作也是城市区域治理的重要模式。城际基础设施建设和管理、城市区域环境综合整治、城市区域的教育与人才培训、科研与信息化建设、产业园区建设等都需要城市间的合作才能完成,项目合作是其中重要的一个方面。具体来讲,有两种方式:①中央政府与地方政府合作项目。可以是中央政府起协调作用、地方政府为主的项目,也可以是由中央政府立项和投资、由地方政府负责具体实施的项目。城市区域的大型基础设施如大型铁路、高速公路、石油和天然气管网、信息化设施建设等基本以中央政府投资为主、地方政府配合建设,西气东输、西电东送、"三北"防护林建设、京津风沙源治理、西部地区退耕还林还草

---

① 参见叶必丰:"行政协议:政府间合作的重要手段",载于莫建备等:《大整合·大突破:长江三角洲区域协调发展研究》,上海人民出版社 2005 年版,第 100—112 页。

工程、国务院为协调东北老工业基地振兴而专门设立的100个重大项目等都是采取这种模式。而城际产业合作项目、环境污染治理项目、基础设施项目有很多是以中央政府直接领导、以地方政府为主进行的,如环境污染治理中的"三河"(淮河、海河、辽河)、"三湖"(太湖、巢湖、滇池)、"两区"(二氧化硫控制区、酸雨控制区)和"一海"(渤海)的污染防治项目基本采用此种模式。②地方政府间的合作项目。地方政府间的合作项目是主要的合作模式,在基础设施建设与管理、环境治理、产业合作等多方面都取得了重大突破,如太湖流域水环境治理项目、长三角地区近海海域环境综合整治与生态修复工程、"皖电东送"项目等都属于此种模式,北京市与河北省合作建设和开发京唐港和曹妃甸港、双方合作治理冀北生态环境、首钢搬迁等是此方面合作的典范。

(3) 城市区域合作组织的建设

建立适合我国城市区域发展现状的有效率的城市区域合作组织是城市区域合作得以成功的关键要素之一,也是我国城市区域合作中难度最大的问题之一。我国目前采用较多且行之有效的城市区域合作组织是各市市长出席的市长联席会议或各市职能部门局长出席的局长联席会议,对于跨省的城市区域还有相关各省(含直辖市、自治区)常务副省(市)长联席会议等。这种区域合作组织有的称为"城市经济协调会",有的称做"高峰论坛"或者"城市峰会",或笼统地称为"都市联盟"。这种都市联盟是省市政府间的一种协调组织,其基本原则是"自主参与、集体协商、懂得妥协、共同承诺",因而本质上属于非政府组织性质。虽然都市联盟在我国的城市区域合作中发挥着重要的作用,但其局限性也很明显。第一,没有相关的法律以明确其法律地位,因而其达成的行政协议缺乏权威性;第二,其达成的协议是否被执行完全依赖于相关各方的自觉和默契,缺乏有效的监督和制裁机制;第三,由于缺乏相应的行政权力,因而难以对区域合作中一些牵涉各方重大利益的问题作出决定和促使各方执行相关决议。类似都市联盟这样松散的政府间协调组织基本上适应了局限于一省范围内的复合型城市区域，像武汉城市区域、成都城市区域、辽中南城市区域、山东半岛城市区域等，因为大多数的跨城市行政区的协调职能都可以由省政府来完成，省政府可以成立专门机构或直接授权省发改委来进行相关工作。所以问题的关键在于跨省的大城市区域应成立何种区域合作组织、如何进行治理。

对于跨省城市区域合作组织应采取何种方式，提出的方案很多，[①]争议也很大。从国内的实践来看，当跨省的复合型城市区域逐步走向成熟、城市间联系日益密切且矛盾已日益突出时，仅仅依靠松散型的政府联盟或者非政府组织，已经无法进行有效协调。从国外的实践来看，成立类似大都市区政府那样拥有行政和资源调配权力的双层制政府机构是最有效率的一种对大都市区进行管理和协调的方法，即使是像AQMD那样的非政府组织也通过联邦法律获得了土地规划权、发放排污许可证权力和对污染企业罚款的权力而具有相当的权威。因此，尽管目前国内还没有一个拥有行政权力和法律地位的跨省的城市区域政府，并且还有很多的法律上和现实中的障碍需要解决，然而建立城市区域政府作为一个方向是可行的。这里提出以下四点：

①建立城市区域政府应遵循"先易后难，循序渐进"的原则。在条件合适时，可先建立为解决单一问题而设立的专门性城市区域政府组织，比如：成立京津冀水资源管理委员会，全权负责区域内水资源分配、交易与水环境保护工作，原各市水务局和环保局涉及跨行政区相应业务的权限划归该委员会管理；设立长江三角洲环境保护委员会，全权负责区域内排污权分配、排污许可证发放、跨行政区污染事件及环境纠纷

[①] 2003年全国"两会"上，对长江三角洲城市协调机构，有代表提出了三种方案：一是由国务院批准设立"长江三角洲经济特别行政区"；二是由国家成立"长江三角洲经济管理局"；三是成立一个超省级的综合性机构来整体协调长江三角洲的发展。

处理、跨区域污染治理项目安排等项业务；设立长江三角洲港口建设委员会，负责规划区域港口布局和协调；由国家发改委牵头成立京津冀、长江三角洲区域规划委员会，专司城市区域的发展规划。在条件成熟时，在功能单一的城市区域组织基础上再构建综合性的城市区域合作组织，如成立京津冀城市区域政府或长江三角洲大都市区政府。组建这样的城市区域政府涉及地方政府的权力和利益的重新整合，原本就是极其困难的事情，因此应采取先易后难、循序渐进的原则，从单一职能的城市区域政府组织做起，逐步向综合性过渡，从城市区域发展中最迫切需要解决的问题入手逐步扩展其职能，以降低制度变迁的成本。

②城市区域政府组织与地方政府间并非上下级关系而是平等关系，两者有明确的职能分工和权责界限，一般应通过法律予以确定。城市区域政府只负责跨越行政区界限的公共服务，而原行政区范围内的事务仍由省市政府管理。

③这种跨省市城市区域政府组织应获得法律上的认可与授权，其职责、权利和义务、责任等都由相关法律予以确认。全国人大通过相关法律，赋予城市区域政府一定的权威和手段。这一点是国外普遍采用的做法而恰是国内所忽略的。

④城市区域政府应拥有对跨省事务的事权、财权、裁量权、惩罚权和审批权、监督权，这些权力可以来源于中央政府的授权，也可来自全国人大立法授权。美国联邦政府就采用了将环保经费拨给区域政府组织，再由区域政府组织负责分配给各个地方政府的方法，这就保证了区域政府组织的权威性。这些经验值得借鉴。另外，可设立区域发展基金，使城市区域政府组织具有解决区域性问题的能力和手段。在人员组成上应吸纳各利益相关方的代表参加，中央政府牵头，保证其作出的决策能反映各方的利益诉求。

第二节 城市区域合作的制度创新

制度经济学把制度看成是一个包含了习俗、惯例、法律、组织和机构等含义在内的概念。"制度在这里被定义为由人制定的规则。它们抑制着人际交往中可能出现的任意行为和机会主义行为。制度为一个共同体所共有,并总是依靠某种惩罚而得以贯彻。没有惩罚的制度是无用的。只有运用惩罚,才能使个人的行为变得较可预见。带有惩罚的制度创立起一定程度的秩序,将人类的行为导入合理预期的轨道。如果各种相关的规则是彼此协调的,它们就会促进人与人之间的可靠合作,这样它们就能很好地利用劳动分工的优越性和人类的创造性。"[①]舒尔茨区分了作为市场基础的四种制度形式:一是用于降低交易成本的制度,如货币、期货市场等;二是用于生产要素所有者之间分配经营风险的制度,如合同、契约、公司、保险等;三是用于提供职能组织和个人收入流之间相互联系的制度,如各种财产权利;四是确立公共产品和服务的生产和分配框架的组织机构的制度,如公路、机场、学校等。[②]

一、平衡城际利益关系,促进产业分工与合作

城市区域的分工与合作,是企业或者政府根据自己的利益理性选择的结果。要促使城市间形成合理的分工和合作关系,就必须要解决城市间产业分工、合作而可能产生的利益关系,使产业分工能够形成一

[①] 培顿·杨:《个人策略与社会结构——制度的深化理论》,上海三联书店、上海人民出版社 2004 年版,第 32 页。

[②] 参见舒尔茨:"制度与人的经济价值的不断提高",载于《财产权利与制度变迁——产权学派与新制度学派译文集》,上海三联书店、上海人民出版社 2004 年版,第 251—265 页。

种"多赢"的格局。这种城际利益关系的平衡,要靠制度来予以完成和得以保证。

1. 城际产业分工中的利益关系

从亚当·斯密到李嘉图再到现代的多个区域产业分工理论都在试图说明产业分工可以增进区域的利益。按照现代分工理论,只要城市之间按照比较优势的原则进行产业分工,必然会形成更大的市场,从而实现规模经济,最终每个参与分工的城市经济利益都会增长,追求经济利益的城市之间必然能实现专业化分工合作。然而现实却不是这样。原因就在于这些理论并没有说明参与分工的各方从产业分工中所得到的利益的多寡比例。

两区域两产品分工模型[①]有助于说明这一点:假定 A、B 两城市均有生产 X 与 Y 两种产品的能力,且 $C_{AX}<C_{BX}$,$C_{AY}<C_{BY}$,其中,C_{AX} 为 A 城市生产单位 X 产品的成本,其他符号意义类推。比较而言,A 城市相对发达而 B 城市相对落后。依据比较利益理论,若 $\dfrac{C_{AY}}{C_{AX}}<\dfrac{C_{BY}}{C_{BX}}$,则说明 A 城市生产 Y 产品的机会成本小于 B 城市,则 A 城市专门生产 Y 而 B 城市专门生产 X 符合比较利益原则。假定 Y 与 X 的实际交换率为 $1:R$,若要保证 A、B 两城市在分工中均能不同程度获利,则 R 有一个严格的值域,即 $\dfrac{C_{BY}}{C_{BX}}>R>\dfrac{C_{AY}}{C_{AX}}$,若 $R\geqslant\dfrac{C_{BY}}{C_{BX}}$,则 B 城市获利益非正;若 $R\leqslant\dfrac{C_{AY}}{C_{AX}}$,则 A 城市所获利益非正。若要使两城市单位产品贸易所获利益均等,必须使 $R^{*}=\dfrac{\dfrac{C_{AY}}{C_{AX}}+\dfrac{C_{BY}}{C_{BX}}}{2}$。事实上,即使 R 在值域范围内取

[①] 参见张可云:"区域分工与区域贸易保护的理论分析",《理论研究》2000 年第 5 期,第 7—12 页。

值,可取之值也是无穷多的,取 R^* 的可能性是相当小的,这意味着区域分工所增加的利益在城市间平均分配的概率是无穷小的。通常两个城市的发展水平和资源禀赋状况决定了 R 的取值,如果两城市的发展水平差异越大,分工的结果 R 可能会大于 R^* 越多,对发达的 A 城市愈有利。如果两城市发展水平差异不大,分工的结果 R 则较接近 R^*,分工后增进的利益在 A、B 城市间较为平均地分配。因此,分工带来的利益并不是均等地在参与分工的城市之间进行分配,每个城市从分工中得到的利益多少与分工品的比价有关,而比价往往有利于发达地区,落后地区往往在产业分工中获取的利益较少,而城市之间平均分配分工利益的概率是极小的。正因为在城际产业分工中存在这种不公平的利益关系,才导致了很多城市间难以形成有效的产业分工,也导致了城市间恶性竞争局面的形成。各城市都选择发展高利润行业,则必然造成这些行业的过剩和过度竞争。

2. 城际产业转移与产业分工中的税收收益

城市区域中城市之间产业合作模式多种多样。其中区域中心城市与其他城市之间的合作较典型的有珠三角的"前店后厂"模式和长三角的"总部—制造基地"模式。所谓的"前店后厂"模式即企业将生产工厂设在珠三角地区而将承接订单、销售、研发等工序设在香港,以充分利用香港信息灵通、融资方便、商业发达的特点。在浦东开发的过程中,大量的江浙企业为了充分利用上海的窗口作用和人才优势,纷纷将企业总部和研发部门搬到上海,而将生产基地留在当地。而大量的外资企业与台资企业也纷纷采用这一模式,将总部设在上海将生产基地设在上海周围的苏州、嘉兴等城市,以降低企业的商务成本。

按照我国税法有关规定,分公司不具备独立法人资格,其法律责任由总公司承担。但是,按照国家税务总局《加强汇总纳税各成员企业征收管理暂行办法》的规定,汇缴成员企业和单位按照有关规定计算出应纳税所得额，由其总机构或规定的纳税人汇总缴纳企业所得税。在"总部—制造基地"的模式下，核算期内制造基地只承担部分税收预缴义务，年度终了由总部汇算清缴。汇缴企业（即总部）的纳税地点是其机构所在地。这一规定使税收利益的贡献地与税收的收益地相分离，显得非常不合理，尤其是不利于城市区域内产业的转移与分工合作局面的形成，容易损害分公司所在城市的税收利益。举例来说，在上海浦东开发开放以后，江浙两省有大量的企业将总部迁到上海，仅温州市近几年就有五百余家企业将总部迁往上海，而将制造基地留在原地。按照这种企业所得税管理办法，这些企业的所得税都要改在上海缴纳，实际上造成企业原所在地的经济和税收资源不断向上海聚集，企业原所在地的税收利益难以保障。有些企业原本就是当地的重要税源，一旦迁移就会动摇当地的财力基础。这样的税收政策势必造成富的地方更富，穷的地方更穷，加重区域发展不平衡问题。如果上述纳税政策不作调整，必然使得城市政府千方百计阻挠企业的外迁，不仅影响城市间的产业分工与经济合作，而且影响各地政府对产业结构调整、产业布局和产业分工的认同，阻碍城市区域合作和一体化的进程。

对于像母子公司制的企业分立形式在纳税关系上则相对简单。事实上，更多的跨国企业和大型企业集团采取的是这一形式而且比重不断增加。这种形势下，由于子公司具有独立法人地位，除在其所在纳税区域缴纳各种税赋外，相当一部分税后利润是以"利润分配"的形式回流其股东权益方即总部，而总部则以"投资收益"或"资本利得"形式获取权益收入，这部分投资收益成为总部的主要利润来源，也构成了总部税收贡献的重要内容。[①] 税法中对于母子公司制企业企业所得税缴纳办法的规定基本上是公平的，照顾到了母公司所在地和子公司所在地

---

① 参见赵弘：《总部经济》第二版，中国经济出版社2005年版，第50—51页。

的基本利益,能够得到母公司和子公司所在地城市政府的认可和支持,对税制本身的异议是比较少的。然而,在实际操作中有关这方面的争端仍然很多,甚至很激烈。比如,"十一五"期间,首都钢铁公司由北京迁往河北曹妃甸,围绕首钢迁移之后的税收如何划分、缴到何处等问题,北京市与河北省之间有过激烈的争论和讨价还价,需要在税法的基础上双方坐下来谈。确实,不同城市之间的产业转移和分工合作涉及的利益关系是非常棘手的。在一个城市区域内部,产业根据比较利益原则在不同城市间进行转移是再平常不过的事情,如果每一个项目都漫天要价,都需要政府官员坐到那里谈上几年的话,显然是不可想象的。因此完善国家的税法,使之有利于城市间的产业合作,有利于资本的转移和流动,平衡各方面的利益关系,是非常必要的。

3. 影响城际利益关系的税制与纳税规定

从城市区域合作的角度看,我国目前的税制与税制的执行存在着如下问题:一是城市政府的财权与事权不对称。由于分税制的制定主要是维护中央的财权,对市、县政府合理的收入缺乏合理的分析与预测,使得地方税的收入规模较小。而随着我国城市政府在发展城市经济中的作用日益提高,城市政府的事权却逐步扩大,需要的资金越来越多。中央在财力上的集权与事权上的下放,使地方政府事权和财权不配套,迫使各城市政府不得不寻找其他的收入来源,比如土地收益就成为各城市进行基础设施建设的主要财源。二是城市政府通过减免税、财政返还等各种优惠措施吸引投资,从而力图扩大税基,弥补因减税而造成的财政收入减少。由于我国税法对于减免税有严格的规定,因此,城市政府往往寻求制度外税收优惠竞争。比如,有的城市擅自设立经济开发区、高新技术开发区等,对区内企业实行减征、免税等措施;有的城市擅自放宽政策审批标准,扩大税收优惠适用对象,有的批准延迟纳税等;有的城市提供各种形式的财政补贴(返还),低价出让土地,实行低营业税率等。三是总部汇总纳税政策侵害了制造业基地所在城市的利益。如前所述,这种税制造成分公司所在地的税源流失。对于母子公司的情况,子公司所在地也往往在税收分成的谈判中处于不利地位。四是按照现行税制,第三产业的税收中地税的比例高,而第二产业的税收则国税的比例高,而现实中只有经济发达的城市才拥有发达的第三产业,这样的结果是愈发达的城市财政实力愈强,落后的城市财政实力愈弱,富的城市愈富,穷的城市愈穷。

4. 城际利益关系协调的制度创新

(1)平衡中央与地方、地方与地方的税收关系

为了克服以上问题,首先就需要完善现行分税制财政体制,适当降低中央税收,适当提高地方税收,使得地方政府的财权与事权相统一;第二,适当对现行的各种政策措施加以鉴别,剔除现有税收优惠政策中的恶性特征,对违反国家政策法令的税收竞争措施加以清理,逐步规范地方政府的行为,最终减少恶性的税收竞争行为的发生,将各种政府行为都归纳到制度框架中进行规范管理,走上适度竞争、合作发展的道路;第三,从严把握总、分支机构汇总纳税的比例,将跨区域组建的总、分支机构对有关地区的企业所得税利益的影响最小化,从而也可减少总、分机构之间利用转让定价、区域税收优惠政策差异、虚增成本费用、转移利润等方式进行偷税、避税,实现不同地区企业之间税收的相对公平。

(2)实现内外资企业的税率并轨,维护市场公平竞争

首先需要注意的问题是内外资企业的税收不平等问题。内资企业统一税率在33%左右,外资企业税率在24%和15%。外资企业还可以享受"两免三减半"和行业特殊减半优惠政策,外商再投资还可以享受退还部分或者全部已缴税款的政策,这是内资企业无法比拟的。其次,外资企业和内资企业的税前扣除标准也不一样,如内资企业实行计

税工资,外资企业实行全额扣除。所以外资企业的综合实际税负为11%左右,而内资企业综合税负在20%—24%。由于外资企业在资金、技术、管理等方面存在的优势,城市政府在吸引外资方较为积极,而对于吸引内资基本上比较消极。对内资企业的这种不公平待遇,降低了内资企业的赢利能力,阻碍了内资企业的市场开拓、产品研发、技术创新和人力资本的提升,大大影响了内资企业的发展能力,阻碍了民族产业的发展。同时导致税制复杂化,假外资、假合资现象泛滥,地方和国家税收流失,城市财政受损。各个城市对外资企业的税收优惠,也加剧了各个城市之间经济发展的不平衡。因此,统一内外资企业所得税税率、规范并统一内外资企业各项税收减免及其他优惠措施,已成为当务之急。我国的企业所得税制度应该由过去的区域性优惠体系向更符合国际惯例的产业优惠体系转变,"以产业优惠为主,以地方优惠为辅"应该成为税收政策的改革方向,这样区域经济才能适应经济转型的要求,优化引资结构,把利用外资由追求数量向追求质量方向转变。同时,我国的税收体系也应由不规范的对外资优惠政策体系向统一规范的政策体系转变。这种税收政策上的调整将使得一些城市的外资企业尤其是劳动密集型企业可能失去优势而被迫扩大企业区位选择范围,从而向其他成本更低的地区转移,而国内企业由于税收的降低导致成本降低、利润提高,从而能够与外资在同一起跑线上进行竞争,形成更加复杂的区域竞争与合作的格局。

(3) 以规则约束城市税收竞争、促进城市分工合作

城市间在招商引资竞争中出现的偏离正常轨道的税收优惠、地价优惠等现象,必须通过制定有效的制度规则加以约束,使其被限制在一个合理、有序的范围之内。国家通过税法等法律对税收、地价等竞争方法与竞争途径作出限定,中央政府应承担起责任来,制定出公开、公正、公平的竞争规则,明确界定过度税收优惠的判断标准与惩罚措施、方

式。当然,如果城市政府的税收和地价竞争不违反有关法律精神,并通过合法的程序决定,就应该予以认可。

现行分税制实质上是以授权为主、分权为辅的财政管理体制。改革的方向应使各级地方政府都能有自己的主体税种和收入来源,以减少政府间不规范税收竞争的产生,同时也应该给地方政府一定的开征、停征、调整税率和减免税的自主权。应建立一种公平、合理、科学的补偿机制,加强对不发达地区的扶持力度,以缓解地方利益冲突,促进区域分工合作,实现共同繁荣。

城市政府转变其税收、地价优惠等低水平竞争的方式。税收只是影响企业投资的一个因素,而良好的投资环境可能是影响企业投资的更为重要的因素。优质的公共产品、高效的公共服务、发达的生产者服务业、良好的生活环境、政策的透明性和公开度等都是投资环境的重要方面,所以对于城市政府来说,要换一种思路,不断改善城市的投资环境,有广阔的市场、众多的人才和劳动力,外资和内资企业自会纷至沓来、水到渠成。

二、改革户籍制度、人事制度和社会保险制度,促进人力资源流动

1. 户籍制度与人事制度改革的必要性

城市区域合作的最终目的是要实现资源的最优配置,而生产要素的自由流动是市场经济条件下资源有效配置的必要条件,这是微观经济学早已证明的结论,因为只有这样,生产要素才能够被配置到边际生产力最高的领域或地区中去。在生产要素中最为重要的当然是人,是劳动者,只有给予劳动者迁徙的自由,才能够使他们人尽其才,在他们最能够发挥才能的岗位发挥其最大的能量,创造最大的效益,同时获取最大的收入。唯其如此,才能够形成城市与城市、城市与区域之间良好互动的局面。人的自由流动是城市化、城市区域化的必然要求,是城市

区域合作与发展的必要基础,从个人的角度讲,也是个人实现其全面发展的必需的条件。

阻碍人力资源自由流动的最大障碍是户籍制度和人事制度。户籍管理是国际通行的人口管理制度,各国政府都很重视。但在国外,户籍登记只是对人的出生、居住、职业、婚姻等基本信息进行的管理,不仅不存在不同社会成员之间的不平等,而且人们极力避免因身份不同而遭受不平等待遇。而我国的户籍管理除了执行人口的信息登记职能外,还与就业、医疗、住房、教育等多项社会福利待遇密切相关。在我国严格的户籍制度下,"农民"、"市民"等称谓不仅代表了职业,而且是身份、地位、待遇的象征。户籍制度是计划经济的产物,经过三十年的改革开放,与户籍相关的各项不平等待遇在逐渐消失,比如购物,过去的票证管理取消了,现在农民和市民都已经没有任何限制了;随着住房制度改革,农民也和市民一样可以在城里买房。但是在很多方面,比如农民工子女的教育问题、医疗保险问题、最低生活保障问题、养老金等社会保障问题,差别还是很大的。这是阻碍农民向城里流动的极为重要的影响因素。城际之间的人才流动也有很多障碍,最为重要的是人事制度。由于人事制度改革滞后于中国市场化建设的进程,使得人才的正常流动难以进行,尤其是事业单位。有的人在本单位并不被重用,但提出调动却会遭到刁难;有的人已经到新单位工作多年,但档案还在老单位里拿不出来;有的单位更是以高额罚款相要挟。还存在相反情况,就是公司员工频繁地跳槽,一有不顺心,就一走了之,就业时签订的劳动合同成了一纸空文。这种现象使得没有哪个公司愿意下大力气搞员工培训。这两方面对于人力资本的提高及人力资源的使用效率来讲都是不利的。

反对户籍制度改革的声音主要是两个。一是担心大量农民进城导致就业困难、交通拥堵、社会治安等各种"城市病"的蔓延;二是担心我国不健全的城市社会保障体系难以容纳大量农民进城所带来的压力。实际上,"城市病"的问题只是一个伪问题,因为农民不进城,就意味着留在农村,那么同样可能造成农村贫困、失学、文盲半文盲、生态恶化、大量劳动力过剩、宗族和流氓恶势力干扰等"农村病","城市病"和"农村病"还难以判定哪个危害更大。

2. 社会保险制度的问题与改革

表面上看,户籍制度只是将全国人口划分成为农村人口和非农人口,但这一划分本身并不具有限制人口流动与迁移的作用。我国最近几年在多个城市开展过放开户籍管理的试验,但实际效果不大,并没有出现大量农民申请城市户口的现象。实际上,户籍制度只是一个壳,重要的是隐藏在这个壳中的"核",即与其配套的教育、住房、就业、医疗、养老保障等一系列制度安排。正是这些与户籍紧密联系的制度安排在隐蔽地阻滞着城乡间、城市间的人口流动。其中,教育问题主要涉及的是农民工子女的受教育问题,农民工所在城市不愿负担农民工子女上学的费用而希望将责任推给农民工户籍所在地,而户籍所在地则因为农民工实际在为城市工作而不愿负担相关经费,这一问题随着从中央到地方各级政府的努力、社会舆论的呼吁以及城市闲置教育资源的增加而逐步得到解决。住房问题也因为城市住房商品化的实施而逐步得以解决。最难以解决的是社会保险制度问题。

社会保险既包括养老保险、医疗保险、失业保险、工伤保险等社会保险,又包括社会救助、社会福利、优抚安置等内容。社会保险具有应对社会风险、保障公民基本生活以及维护社会安全的重大功能。人们的生、老、病、死无不与社会保险制度直接相关。社会保险制度存在的主要问题表现在以下几个方面:①对于外来从业人员的社会保险问题,大多数城市都选择将其加入当地的职工基本养老保险,但如果职工辞职或者转移到外地,则只允许转移个人账户的养老金而社会统筹部分则无偿地留在了当地。每个城市在办理社会保险关系转出时都比较积极,而办理转入时则设置了非常苛刻的条件。由于社会保险关系在转移过程中接续的困难,许多人不得不选择退保,退保时社会统筹部分是拿不到的。②社保基金无论是养老基金还是医疗基金,一般都由个人账户和统筹基金组成,统筹基金部分如果转移显然涉及地方利益,尤其是养老基金如果由标准低的地区转入标准高的地区会导致被保险人受益而转入地利益受损,反之,由保险待遇高的地区转移到待遇低的地区也会导致被保险人利益受损。鉴于此,各地都有一些限制性措施,比如有的城市规定,只有具有本地户籍的人才能够享受本地的基本养老金;而有的城市更甚,规定必须要在本地参加基本养老保险缴满15年保险费,才能享受本地待遇;较为宽松的,也要求本地7年缴费时间。③对于养老金的支付责任问题,迁入地和迁出地常常有争议,有的地方干脆不承认外地的"视同交费年限",侵害了劳动者的权益。

  针对以上问题,我国的社会保险制度必须进行改革,只有社会保险制度到位了,户籍制度和人事制度的改革才能见到成效。首先,社会保险关系转移的问题与社保统筹的层次有关。如果实行全国统筹就不会有上述问题。因此,逐步提高社会统筹的层次是缓解社会保险关系转移问题的一个途径。考虑到中国目前经济发展水平较低、各地财力差别较大的实际情况,全面建立比较健全的社会保障体系不可能一蹴而就。经济发达的城市区域可先走一步,比如在珠三角、长三角就可以由县统筹提升为市统筹,条件成熟时再提升至省统筹,最后实现整个城市区域的统筹。其次,在城市区域内逐渐统一各个地区的社会保险险种和缴费金额。虽然城市区域内各城市的经济发展水平也有差别,但差别一般并不很大,因此是有条件做到这一点的。比如在长三角地区大多数城市都是将外来从业人员纳入现行的城镇职工基本养老保险制度,但上海市则是将外来从业人员单独设立一个综合保险。上海市的做法是一种创新,如果能在长三角推广,可以极大地提高社会保险携带的方便性。但目前江浙沪社会保险的极大差别却给社会保险随劳动力携带带来极大的不便。第三,城市区域内各城市间应首先建立社会保险权益的结算机制。比如京津冀10城市、长三角16城市或者珠三角9城市完全可以坐下来协调解决城市区域内各地区间劳动力转移所引起的社会保险权益的结算问题,以达成充分考虑各方利益、各方都能满意的合情、合理的协议。第四,中央政府应在各省市间社会保险制度一体化建设中发挥作用。一方面,中央财政应在帮助落后地区建立基本的社会保险体系方面起到推动作用。在实行分税制后中央财政实力大增,一般国税收入都比地税收入高出很多,中央财政有这个实力,本着财权与事权相统一的原则,中央财政也有这个义务。另一方面,社会保险制度改革的最终走向必然是建立一个全国统一的社会保障体系,以最终形成全国统一的劳动力市场。因而在现阶段中央政府应就社会保险制度的未来发展方向进行研究,提出指导性意见,供各个城市及城市区域参考。第五,目前在城市中不同所有制企业人员社会保险参保的比例有很大差别,国有企事业单位远高于民营企业。城乡之间差别更大,广大农村还刚刚开始。社会保险制度承担着保障人民基本权益和维护社会公平的职责,也是城市区域合作的应有之义,因此,应该本着立足当前、着眼长远、由易到难、分步推进的原则,逐步扩大覆盖范围,实现城乡统筹。

第七章　城市区域合作的文化基础

城市竞争与合作,既是一个经济问题,也是一个文化问题。文化无处不在、如影随形,影响着人们的生活和经济决策。要形成城市间有序竞争、合作共赢的良好局面,离不开一种与之相适应的文化氛围。为此,需认清西方片面强调"丛林规则"的竞争文化的负面影响,弘扬倡导"和合"的中华优秀传统文化。要重建区域文化认同,以此推动城市区域合作与发展。

第一节　弘扬中国传统文化,建设和谐城市区域

一、文化及其经济影响

文化,从广义来说,指人类社会历史实践过程中所创造的物质财富和精神财富的总合。从狭义来讲,指社会的意识形态以及与之相适应的制度和组织结构。文化是一种历史现象,每一社会都有与其相适应的文化,并随着社会物质生产的发展而发展。作为意识形态的文化,是一定社会的政治和经济的反映,又影响和作用于一定社会的政治和经济。[①]（注:本书所说的文化主要指狭义的文化）。在社会、经济、政治等领域,文化无时不在,无处不有,如影随形,不管人们是有意识还是无

---

① 参见《辞海》缩印本,上海辞书出版社1980年版,第1533页。

意识、经意或者不经意,文化总是在影响着人们的生活、企业的决策和政府的行为。如果经济是"体"的话,那么文化便是"灵魂",只有经济与文化相结合才能形成一个经济文化的有机统一体。就我国省、市级的政府官员的文化和知识水平来讲,都知道城市合作的重要性,也知道城市合理的分工与合作能带来区域利益的增进,然而当他们动手制定、实施城市区域合作的协议、政策和规划时,却并非都能保持与合作相同的方向。原因何在?除了对自身利益的考量之外,"竞争文化"也是一个重要的因素。

在西方文化中,人们崇尚个人主义,提倡个人奋斗,优胜劣汰、弱肉强食、适者生存的丛林规则被认为是天经地义之事,社会达尔文主义被当做市场经济的必然要求。在西方,人们只尊重强者,只承认胜利者,"胜利者不受责难"。弱者最多得到怜悯,但绝得不到同情,要得到尊重,你就必须是强者,至少设法让别人认为你是强者。在这样一种文化氛围中,西方人对内逐渐建立起了一套竞争规则,人们在这种竞争环境中被迫不断地进行着财富和资本的积累、科技的发明和技术的改进,为了竞争可以不择手段,对外则通过军事力量来维持和扩张其国外市场和资源的供给,当自由贸易不能给他们带来他们所要求的经济利益时,他们甚至不惜采取不道德的经济手段直至军事手段来解决问题(比如,当年大英帝国对中国发动的鸦片战争)。反过来,我们考察东亚各国的经济起飞过程时,情况则完全不同。考察一下东亚20世纪60年代以来新近崛起的国家和地区,比如日本和亚洲四小龙(韩国、新加坡和中国香港、中国台湾),再考察一下80年代以来开始崛起的中国大陆,作为后起的国家和地区,它们不可能像西方国家当年所做的那样,依靠军事手段来攫取所需的经济和政治资源。它们的资源及地理条件不同,政治制度各异,经济政策也有很大差别,如果要找出这些国家和地区经济起飞背后共同的原因的话,那么它们共同属于一个儒家文化圈可能是一个最有说服力的解释。是儒家文化的熏陶,造就了这些国家和地区一种协调、和谐的人际关系,营造了一种平和的、宽松的文化氛围,塑造了积极的、进取的个人品格,从而推动形成了一种有别于西方的内聚力很强的管理企业和经济的方法和手段,从而推动了经济的持续增长。

二、儒家的义利观及其现代意义

以儒家文化为代表的中国传统文化,是祖先留给现代中国人的宝贵的精神财富,是维系海内外中国人的桥梁,是中国人生存智慧的反映。中国人能够创建灿烂的古代文化,在悠悠五千年文明史中,科技领先,经济繁荣,自有其内在的逻辑,传统文化自然是功不可没。虽然在近代史上,面对由西方强大的军事和科技实力所带来的西方文化的强势冲击,中国传统文化遭遇了前所未有的危机,然而与此同时,在中国港澳台地区和新加坡等地,经过改造的传统文化(又称为新儒家)焕发出勃勃生机,这也促使我国大陆地区重新审视传统文化的价值及其现代意义。

首先,作为中国传统文化主流的儒家文化并不反对人们逐利,认为追求自己利益是人的正当要求。孔子说:"富与贵,是人之所欲也,不以其道得之,不处也;贫与贱,是人之所恶也,不以其道去之,不去也。君子去仁,恶乎成名?"(《论语·里仁》),又说:"富而可求也,虽执鞭之士,吾亦为之。如不可求,从吾所好。"[①](《论语·述而》)。儒家是积极入世的哲学,其对个人逐利行为的肯定与市场经济的基本要求相一致。但儒家认为"君子爱财,取之有道",个人追求自己的经济利益,必须通过正当的方法和渠道,不能发不义之财,"不义而富且贵,于我如浮云"。

---

① 意思是:财富如果能够合理地求得,即使替人执鞭的低贱差役,我也愿意去做。财富如果不能正当地求得,那我还是做我所喜欢的事吧。

这种义利观对现代社会和现代市场经济的建设具有现实意义。

良好的市场经济体系的有效运行需要正式的制度规则即法制,也需要非正式的规则,即与市场经济相适应的道德体系及价值体系。法律、法规等正式规则对市场经济中人们的行为构成硬约束,而道德体系和价值体系则对人们的行为构成了软约束。法制固然重要,但法律条文不可能涵盖现实生产、交易、生活等各项活动的方方面面,而道德观的重要性则在于它给人们的各种活动提供了一条道德底线,它可以对法律的盲区起补充作用,同时道德体系和价值体系也对人们提出了更高的要求。比如法律并不要求富人回馈社会、捐献或者做一些慈善事业,但如果能通过道德建设形成一种富人应该回馈社会的文化氛围,则有利于缓解由于贫富悬殊而导致的社会矛盾,有利于和谐社会的创建。因此市场经济是法制经济也是道德经济。有人认为市场经济中,人们之间只有赤裸裸的金钱关系和你死我活、尔虞我诈的争夺,只要建设好法制就行了。这种看法是片面的、有害的。实际上,伦理道德仍然是社会、经济生活重要的调节剂与抑制剂,儒家"取财有道"、"见利思义"、"以义制利"、"民无信不立"等道德观对于今天市场经济道德体系的建立仍具有重要意义,是反对商业欺诈和见利忘义的道德自律武器。儒家看到了正义与牟利、明道与计功之间的矛盾,反对人们背离道义、不择手段地去牟利、求功,提倡把国家利益、社会利益放在第一位、个人利益放在第二位,重视提高道德修养等,应当成为今天建设市场经济道德体系的基本的道德准则,对企业来讲是这样,对城市来讲亦如此。

三、"和合"文化与和谐城市关系的建立

"和合"文化是儒家文化的重要组成部分。孔子说"君子和而不同,小人同而不和",以后"和而不同"就成为儒家重要的处世原则。"和而不同"就是既承认不同群体的利益差异,又要寻求不同利益群体之间的

和谐关系,亦即在差异中寻求统一。和谐以共生共长,不同以相辅相成。这里最为重要的,是要承认差别,有差别就可能产生利益冲突,而利益冲突要通过"各正其位、各得其所"寻求共同点、寻求和谐而加以解决,最终而达"和合"的境界。多种颜色才能组成美丽的图案,多个音符才能组成美妙的音乐,"和"与"不同"构成一个矛盾的统一体。古人云:"和实生物,同则不继",讲的就是这个意思。

儒家的中庸之道与"和而不同"的观念有异曲同工之妙。中庸包含尚中与尚和两个方面。尚中,强调的是不偏执,不走极端;庸即"和",强调和谐、调和,或者中和、恰到好处。中庸与一味强调"同"的调和主义并不是一回事,有人把两者混同起来而对中庸之道大加挞伐至少是一种误解。一般来说,调和主义就是无视矛盾双方的差异和对立的绝对性,并力图泯灭这种对立,追求无差别的同一。中庸虽然主张和,但却不是人们所谓的调和主义。因为中庸主张和,是以承认对立并保持对立为前提的,和是对立的结合,不是对立的泯灭。和之为和,正因为其中充满着对立,是对立按照一定秩序互相调谐的结果。同则不然,同是排斥差异,要求融解差异的。[1]儒学的基本精神是中和,这种精神代表了中国文化的特色,在处理各种关系和事务上积累了许多成功经验,并凝结为一种中国的生存智慧和民族精神的高度体现。

这种"和合"思想,并不是儒家所独有。儒家主张的"仁",佛家追求的"善",道家强调的"合",其基本价值取向都是"和",先秦的诸子百家都有类似的思想。比如墨家,同样认为"和合"是处理个人、家庭、国家、社会关系的基本原则。墨子认为,之所以出现社会不和谐与动乱,根本原因在于人们都从"自爱"的角度考虑问题而不能"爱人",墨子说:"夫爱人者,人必从而爱之;利人者,人必从而利之;恶人者,人必从而恶之;

---

[1] 参见庞朴:"'中庸'评议",《中国社会科学》1980年创刊号。

害人者,人必从而害之。此何难之有焉。"换言之,你对别人怎样,别人也会对你怎样,从古至今,概莫能外。因此,墨子提出:"欲天下之治,而恶其乱,当兼相爱,交相利。此圣王之法,天下之治道也,不可不务为也。"(《墨子·兼爱中》)兼相爱,即人人和睦相处,整个社会充满和谐;交相利,则是指人们之间通过合作,相互进行商品交换从而产生利益的情况。在墨子看来,国与国之间、人与人之间如果是"交相恶",以怨报怨、以暴易暴,结果只能是生灵涂炭、动乱不已。只有"交相利",才是达到理想社会的根本途径。现代经济学已经证明,交换的结果是带来双方效用的提高。由于交换,人们会产生比较成本的概念,会更多地生产比较成本低的产品,去交换比较成本高的产品,从而形成了分工。通过分工与专业化生产,生产规模扩大,生产成本降低,因而增进了人类的福利。可以说,现代经济学的结论与墨家的学说是完全一致的。

传统文化为我们处理人与人之间、企业与企业之间、人与企业之间、城市与城市之间、城市政府与城市政府之间竞争与合作的关系,提供了基本的思路。在现实中,很多情况下,人们都把维护本人或者本人所在的群体的利益作为考虑问题的基本出发点,这一点并不算错。但是对"竞争"文化滥用的结果是,无论在经济、社会还是政治领域,都是"斗争"哲学占据了上风。在博弈论里面已经证明,面对"囚徒困境",如果一个囚徒采取不合作态度的话,另一个囚徒必然会以牙还牙、以其人之道还治其人之身,也会采取不合作态度。因为如果是一个合作、另一个不合作,合作的一方必然要吃大亏。而实际上双方都不合作恰恰导致了对双方来讲都是最为糟糕的一个结果。以此来考虑城市竞争的情况,我们假定城市区域中的某一城市为了招商引资而径自降低了土地价格,将每亩20万元降到了5万元,那么其余几个城市势必会针锋相对地降低地价,也把地价降到5万元一亩。结果这些城市都没得到好处,由于地价趋同,外商的投资地选择和地价无关,利益被外商所得。

我们看到,"斗争"的结果没有赢者,然而处于这样一个环境中,每个城市又被迫选择"斗争"。再看我国产品的出口情况,从彩电到纺织品,从汽车到小商品,为了争夺有限的国际市场,大家争相降价,结果是大家都没有赢利或很少赢利,大家都没有积累,失去了进行技术创新的资金基础,最终还是被其他的国家给打败。按照博弈论,经过多次博弈,"囚徒"会意识到只有合作才能打破困境,从而由不合作走向合作。然而,现实中的城市或者企业不可能有很多次这样的博弈机会,可能有过一两次就被淘汰出局了。这种局面的解决有两条途径,一是第三方的强势介入,比如由政府或行业协会出面,制定出竞争的规则,大家按照规则行事,即从制度的角度来解决问题;二从文化的角度着手,形成一个大家共同遵守竞争规则、通过协商争取共同利益的文化氛围,谁破坏了这个规则,谁就会为社会所唾弃,全民共讨之,全民共弃之,它就失去了立足社会的道德基础。孔子曰:"放于利而行,多怨。"(《论语·里仁》)意思是,只依照个人利益去做事,必定招来很多的怨恨。孔子的名言放到这里是再合适不过了。

在发展社会主义市场经济过程中,必然产生利益主体的多元化,那么多元化的利益主体如何处理相互之间的关系呢?在涉及个人利益与集体利益、局部利益与整体利益这样的矛盾关系时,又该如何处理呢?中国传统文化还是给我们提供了有益的启示。从方法论上,与西方的个人主义文化不同,中国文化注重整体思维,要求人们在不损害整体利益的基础上来追求个人利益。途径就是"和",即合作。简言之,就是有序竞争、共赢共存。在人与人之间、家族与家族之间甚至国家与国家之间,儒家主张"和为贵",在商业活动中主张"和气生财"、"和商有道",在家庭中强调"家和万事兴",在制定重大战略时强调"天时地利人和",人和又比天时、地利更重要。这些都说明了"和合"是中国传统文化的核心价值,是古人以"和"来化解"争"的不良方面的一种重要思维,它为人类提供了以对话、沟通、协调的理性方式来代替对抗、误解和冲突的方式。在西方文化中，以个人利益为驱动的竞争的理念被普遍接受，物竞天择、适者生存、自然淘汰的社会达尔文主义思想，对于充分焕发和提取个体的智慧和力量，充分激发个人的潜能，对于经济的发展和财富的积累，无疑是非常有效的。然而这样一种文化在中国长驱直入，占据了主导地位，在激发了中国经济的活力、促进了经济的增长的同时，也带来了"囚徒困境"和竞争焦虑症，人们难以合作，精神紧张，尽管收入增加了但是幸福感并没有同步增加。这时，需要"和合"文化来缓释竞争的压力，钝化竞争的锋芒，放松紧张的社会氛围，使得由竞争带来的紧张的人际关系和城际关系得到协调。由此化解国与国、城市区域与城市区域、城市与城市、企业与企业、个人与个人之间的矛盾和冲突。无论是企业还是城市，不争就不会有进步，不可因贵和而弃争，同样不和也会招致损失，亦不能重争而弃和。因此，和争互补、和争相济、和争共存才是解决之道。简言之，就是以和的生成性来补益争的损耗性，以和的规范性来调节争的失序性，以和谐的心态来淡化争的紧张与异化。

儒家文化中的很多思想与市场经济之间表面上看是矛盾的，实际上在一定的条件下完全可以与市场经济形成一种互补优化的关系，从而规范和促进现代市场经济更加高效、更加健康地发展。儒家的贵和思想与市场竞争表面上看是对立、矛盾的，但在日本经济中的灵活运用，却表现出极强的生命力。比如，在和文化的熏陶下，日本人创造性地发明了公司资本主义，在企业实行了终身雇佣制、年资工资制、企业工会制这"三件神器"，职工与企业结成了利益共同体，盈则同享，亏则同当，职工以公司为荣，以公司为家。这些做法极大地克服了资本主义企业冷酷无情、职工前途得不到保障的弊端。从日本的城市区域来讲，如东京城市区域，城市间形成了完整的分工合作体系，城市间虽有竞争,然而合作是主流,竞而有序,争而无伤,从而使日本的城市区域在全球经济中表现出强大的竞争力。反观我国,有些企业打破"大锅饭"的同时却走向了另一个极端,实行冷酷的西方式管理,对职工有利时用之不利时弃之,职工也以不断地跳槽作为回应。这样的企业连稳定的职工队伍都没有,又怎么能够创新呢?有些企业间的竞争也是非常残酷,把价格压到极限,恨不得把竞争对手统统搞垮,结果企业没有赢利,没有积累,无力创新,从而也失去竞争力。具体到城市区域,城市间的竞争也是如火如荼,你上马钢铁,我也要上钢铁,你上石化,我也上石化,总之是只要是有利可图的产业,一切当仁不让,结果是城市间产业同构,分工不明,利润下降。企业上了很多,但有规模和实力的不多,整个城市区域的产量不小,在全球经济中的竞争力却不强。日本、新加坡、中国台湾等地的经验表明,中国传统文化尤其是"和合"文化中积淀着中华民族优良的精神品质和卓越智慧,是我们完善社会主义市场经济体系、推动城市分工与合作的丰富的精神资源。我们需要从传统文化中汲取营养和智慧,以应对目前我国经济中出现的困难局面。

当然,在弘扬祖国优秀的传统文化的时候,也应看到传统文化的主体毕竟是农业时代的产物,其中某些消极的东西是应当克服的。比如,为达到和的目的,古人往往在选择具体策略时,态度比较消极,忍让、妥协过多,竞争意识不足,甚至选择退避的态度。孔子就说过"君子无争"、"君子衿而不争"的话,《荀子》也说:"争则乱,乱则穷。"这种态度放到商品经济不发达、物资极不丰富的农业经济时代,还是合适的,放到现在国际竞争如此激烈的市场经济时代肯定是不行的。再有,中国传统的合作往往是按照亲缘和地缘的亲近程度来决定合作的深度和广度,这样合作的规模和范围必然受到很大的限制,这也是华人企业很难做大的一个文化上的因素。如何克服这些问题还需要进一步探索。

第二节　重建区域文化认同，促进城市区域合作

一、区域文化认同的概念及其影响

我国地域辽阔，人口众多，由于各地自然地理条件、经济、历史、生活方式、军事等各方面的差别，在各个地域上都形成了自己特有的民族心理、生活方式、价值取向、情感认知及为人处世的方式，形成了有别于其他地域的行为习惯、思维方式和看待事物的角度，我们称其为区域文化。如果将中国文化看做是根文化的话，各个区域文化则是它的枝文化。人们早已经注意到这种区域文化的差别。譬如，在哲学思想上，有"南老北孔"之说；在思维和性格上，有北人厚重、南人机灵之说；在生活方式上，则有"南米北面、南甜北咸、南船北马、南经北政、南拳北腿、南骗北抢"之说。明代王士性在《广志绎》中详细描述了中国各地不同特色的文化，对饮食文化有如下描述："海南人食鱼虾，北人厌其腥；塞北人食乳酪，南人厌其膻；河北食胡葱蒜韭，江南畏其辛辣，而深不自觉。此皆水土积习，不能强同。"中国的各个区域文化共同参与了中国文化的建构，它们是中国文化统一的精神特质下不同的表现形式，既共同建构了中国文化的辉煌，又分担了它的风风雨雨。

如果我们考察并对比一下世界各国或者各地区经济发展的历史状况，我们就会看到，相同的经济制度与发展模式在不同区域文化背景中可能会产生极为不同的结果。非洲的尼日利亚实行的是与欧洲相同的资本主义经济制度和政治上的民主制度，然而经济发展的结果却差之千里。南美洲的巴西、阿根廷等国实行了西方经济学家主要是芝加哥学派开出的自由主义的药方，却都没得到想要的结果。观察我国内部的不同城市区域就会发现，但凡区域文化发达的地区往往也是城市区域经济发展较快、合作得较好的地区。比如，长三角有

吴越文化,珠三角有岭南文化,京津冀有燕赵文化和京派文化,胶东半岛有齐文化,川渝有巴蜀文化,湖北有楚文化,河南有中原文化。从另一个方面看,不同的区域文化还造成我国不同地域间巨大的发展差异。

认同(identity)一词在本源上是指同一性,指在三段论中两个或多个元素之间可以彼此替换而不改变其真值的一种关系;心理学中则将之理解为一种心理机制,一个人据此有意或无意地将另一个人或群体的特征归属于自己。其次,认同也是一个识别象征体系,用于界定自我的特征以示与他者的不同。特定的文化认同,成为个人或集体界定自我、区别他者、加强彼此的同一感以凝聚成拥有共同文化内涵的群体的标志。一个人可以从属于不同的社会共同体,小到家庭,大到国家,因而文化认同也是复合型的,族群、地域、阶层、宗教、阶级等都可以成为文化认同的载体。人们对一个较小单位认同的同时并不妨碍对较大的单位认同,比如一个人可以宣称他是上海人,并不妨碍他宣称自己是长三角人或者中国人。

区域文化认同对城市区域合作可能产生很大影响。据有关专家估计,从全球范围来看,大约只有30%的经济合作失败是由于在技术、财务或者战略方面出现问题,与之相对,大约有70%的失败是由于跨文化沟通方面的问题造成的。[①] 塞缪尔·亨廷顿对区域合作的经验研究表明,欧盟在一体化道路上走得最远,能够建立起区域共同市场和经济政治联盟,就是因为欧盟区域内以基督教文化和新教伦理文化为基础的文化认同和人文基础;而多元文化的区域组织如南亚区域合作联盟等几乎都在区域合作的道路上步履蹒跚,就因为其缺少文化的认同基

[①] 参见王成银:"解析文化差异在现代经济合作中的影响",《工业技术经济》2004年第6期,第38—39页。

础。正是历史沉淀下来的文化认同,才使欧洲从低层次的自由贸易区逐步发展到更高层次的机制协调并上升到货币联盟。① 从欧盟内部的例子也可以看出一些端倪。丹麦首都哥本哈根市与瑞典南部的马尔莫市在地理位置和文化传统上更为接近(注:马尔莫地区原属于丹麦,1657—1660年为瑞典并吞),由于欧洲经济一体化和政治趋同的大趋势,使得丹麦和瑞典的官方边界逐渐消隐,结果马尔莫地区与哥本哈根而不是与本国的斯德哥尔摩形成了一个经济合作区。反过来,不能取得文化上的认同感也可能导致区域合作的失败。土耳其在1988年即已提出加入当时的欧共体,至今未能如愿,一个不言自明的原因是欧洲人无法认同信仰不同宗教的土耳其人为其同类。土耳其人要如愿成为欧洲人,就要获得欧洲人的文化认同,要跨越文化的、心理的、历史的障碍。2005年5月29日法国公民投票对《欧盟宪法条约》说不,6月1日荷兰更以63%的反对票否决了该宪法,显示两国人民还没有形成对于欧盟政治统一进程的认同。这说明欧洲人虽然在宗教上和基本的价值观上能够找到基本的共同点,然而欧洲各国人民对于本国民族文化或者区域文化的认同可能会超过对于统一的欧洲文化的认同,各国民族文化和区域文化的差异性加上有关就业机会等非文化的因素,完全可能成为欧洲进一步实现一体化的障碍。因此早期欧洲一体化的设计者法国人让·莫内(Jean Monnet)早在20世纪70年代就已预见到将来欧洲一体化进程中可能遇到的问题,于是有如下的名言:"如果我们可以重新开始的话(注:指欧洲一体化),让我们从文化开始吧。"②

---

① 参见[美]塞缪尔·亨廷顿著,周琪等译:《文明的冲突与世界秩序的重建》,新华出版社2002年版,第171—173页。

② 参见王昱:"论当代欧洲一体化进程中的文化认同问题兼评欧盟的文化政策及其意向",《国际观察》2000年第6期,第49—54页。

二、以区域文化认同促进城市区域合作与发展

城市区域合作,从经济目标来讲,无非是要形成完善的市场体系、合理的城市体系及城市间有效的产业分工体系,从城市政府的角度来说,无非是城市间共同合作来解决一些单靠一个城市无法解决的问题,如环境问题和交通、通信问题。但是,城市区域合作都是由人来完成的,而现实中的人并非纯粹的理性经济人,他还是一个社会人或者说是文化人。其决策受到制度的制约和文化的影响也是很大的,有时甚至超过对于经济因素的考虑。比如,香港与广东山水相连,具有相似的区域文化认同,因而在改革开放之初,便有大批香港人携带自己的资金、技术回到珠三角地区投资创业,前店后厂,粤港合作进行得轰轰烈烈,极大地促进了珠三角地区的城市化并最终促成了珠三角城市区域的形成。这种现象并不能仅仅用国内的劳动力成本低来解释,因为东南亚一些国家劳动力成本更低,而在中国各大区域的相互比较中珠三角无论在自然资源还是在劳动力的成本和质量上均不占优势,而唯一的解释就是粤港双方文化上的一致性以及双方人民基于亲缘与地缘关系的一种文化上的认同感。就京津冀城市区域而言,北京作为数百年中国政治中心而形成的京派文化与主要是津冀地区草根阶层精神特质的反映的燕赵文化的显著差别,使得三地之间难以取得文化上的认同感,城市区域合作难以取得进展。一个明显的现象是,北京与津冀之间尽管地理上非常接近,但北京流向上海的资金远远高于流向津冀的资金。可见,区域合作中,无论是中观层次的城市合作,还是微观层次的企业合作,都受到区域文化认同的巨大影响。人们对区域文化的认同感可以促进城市区域合作,反之,如果一种区域文化无法取得区域内人民的认同,城市区域的经济合作必定受到阻碍。

同质的区域文化比异质文化更能促进区域形成共同信念、价值观、

道德伦理以及共同的生活习俗,因为它有助于个人、企业家、政府之间的交流与合作,尤其是企业家之间以及政府间的合作,减少交易成本。事实上,城市区域合作的模式、进程、性质和特征都受到区域文化的极大制约。城市区域合作的成功离不开深厚的文化基础、广阔的文化背景和较大领域内的区域文化认同。区域文化认同是城市区域合作得以成功的内在逻辑与基本动力。这主要表现在三个方面。(1)区域文化认同有助于降低合作的风险与交易成本。首先,当一个区域内形成一套为大多数人所认同的行为准则和道德标准时,将会降低人们相互沟通、理解的难度,增强合作一方对于另一方的信任感和对于交易成功的信心,降低签订契约的成本。其次,由于合作双方都有相同的价值观和道德观,双方都能够对合作所面临的风险进行一个合理的科学的评估,并将这种评估在契约(或协议)中反映出来,实际上降低了合作可能面临的风险。(2)区域文化认同促进城市区域的要素流动。对于资金、技术等资源的流动来讲,投资者对于区域文化的认同感会使投资者减少对于要素流动的顾虑因而愿意在区域内投资。投资者本能地寻找自己熟悉的文明与生活方式,饮食、语言、习俗、宗教、价值观等等,这是沉淀在血液中的东西,是投资者在选择投资地时不可不考虑的重要因素。对于人力资源来讲,区域文化认同也有助于人才和劳动力的流动,因为它导致人们在区域内能够获得一种近似于家乡的亲近感,因而这是人们在择业时的一个重要考虑。比如长三角城市区域具有一种"务实、开放、宽容和个人主义"的大致相同的区域文化传统,上海浦东一开放,便有大量浙商进入,或者举厂迁移,或者在上海设立总部,前店后厂进行生产,而上海的技术和资金、人才也在向浙江流动。相反地,我们看到,尽管珠三角的农民工的收入比西部要高,但大量西部农民工还是宁愿留在本市或省工作,珠三角的民工荒多年未解决。跨文化的经济合作,譬如投资行为,往往会由于双方文化上的差别而难以进行沟通和了解,并且由于这种文化差别,一方很难理解另一方的一些行动,从而形成对于要素自由流动的看不见的障碍。江苏省昆山市虽然是一个县级市,但是台商在那里投资踊跃,年投资几十亿美元,台资企业成为昆山经济的重要支撑。除却政策上的原因,一个不可忽视的因素就是文化认同感。就如昆山市台商联谊会会长所言,那里的环境和文化使台商觉得与在家乡没有什么两样,这就是文化认同的魅力所在。[①] (3)区域文化认同提升城市区域的凝聚力。当一个区域形成一种为大多数人所认同的优良文化时,实际上等于营造了一个和谐、积极的社会规范,从而形成整体的凝聚力。这种凝聚力的形成可以激发人们的进取精神,提高生产效率,有助于形成良好的社会风气。

三、区域文化认同的现代重建

山因势而变,水因时而变,人因思而变。区域文化认同本身是其自身在历史过程中演变的产物,它因人的创造而发展,因不同文化的碰撞而融合,因时代的变化而变革,因科技的进步而演进,因而区域文化认同本身就是吐故纳新、与时俱进的。以长三角文化为例。长三角地区在战国时代属吴越之地,"吴越二邦,同气共俗",崇尚勇武,多斗将战士、侠客兵家,他们"好相攻击"、"轻死易发",被中原人认为是南方荆蛮之地,这种文化被称为吴越文化。到六朝以后,大量北人南迁,江浙地区大规模开发,这一带风景秀丽,人民生活稳定、富足,文化上也发生明显转变,"家家礼乐,人人诗书",人们由尚武转为尚文,由勇武转为温文儒雅,灵活、纤巧、文雅、开放、刚柔相济。这一时期江浙地区的文化被称为江南文化。江南文化中商人地位的提高、市民文化的发达、人们追

[①] 参见宋言奇、马乙玉:"以文化认同促进长江三角洲经济合作",《南阳师范学院学报(社会科学版)》2004年第10期,第45—48页。

求新奇和偏离正统是其重要特色,以苏州为中心的吴文化还具有崇尚闲情、求适宜、讲适意、不激不随、外柔内刚、精巧雅致等特点。上海开埠后,逐渐以上海为中心形成了重视工商、弘扬人性、敬业、精致、不过激和讲求适意的近代长三角区域文化,也被称为海派文化。① 也有人将海派文化总结为:对西方文化的吸收、对中国传统文化的"开新"、文化的市民化。②

建设适应社会主义市场经济需要并能够促进城市区域经济合作的新形势下的区域文化认同是城市区域建设与合作得以成功的重要保证。而区域文化认同的重建离不开先进思想的指导。从历史来看,江南文化的最终形成与明代大哲学家王阳明先生有很大关系。王阳明主张"破心中之贼"重于"破山中贼",即强调了中国人应当人人都成为道德自律的自由个人,人人要自己能做大英雄,"满街都是圣人"。王阳明的学说在江浙一带的商人和手工业者中间大受欢迎,成为江浙浓厚的商业文化的理论基础。温州文化作为江南文化的一个分支,其形成则与一千六百多年前永嘉文化有关,永嘉文化主张"功利并举"、"农商并重",即功名和利益同等、农业和商业并重,这种"事功"的文化传统成为温州文化重视商业经营、重视个人奋斗的文化基础。可见区域文化认同的形成与思想上的解放、新思想和新理念的提出并发扬光大很有关系。今天我们要实现区域文化认同的现代重建,同样离不开思想的解放和先进思想的引导。

区域文化认同的现代重建简单地说就是要实现区域文化的现代化。不同区域有不同的区域文化,它们既有反映其区域文化特点的特

---

① 参见熊月之:"长江三角洲地区经济一体化的历史和文化基础",载于上海证大研究所:《长江边的中国:大上海国际都市圈建设与国家发展战略》,学林出版社2003年版,第395—432页。

② 参见同上书,第372—394页。

殊性,又有反映现代文化和区域合作要求的共性,区域文化即是这种特殊性与共性的统一。这种共性我们概括为:文化的包容性和开放性、新型的市民文化、竞争文化与合作文化的平衡。

首先,现代区域文化一定要具有文化的包容性和开放性,即对世界不同地域、不同人群的不同文化要素兼容并蓄,取其精华,弃其糟粕,让世界上一切适合我的先进文化为我所用。只有区域文化具有了这种包容性和开放性,它才具有了对于外来人才、投资者或者移民的亲和力、吸引力。有的时候具有相同文化背景的人不能相互理解,而不同文化背景的人却能够彼此理解和尊重,这其中的重要差别就在于文化是否具有包容性。当然这种文化包容性和开放性并不是简单的"拿来主义",不能脱离民族文化的根基,也不意味着民族文化的消退。中国传统文化具有很强的包容性和开放性,儒家、道家、墨家、法家等本土文化都能和谐共生、取长补短,而佛家文化作为一种外来文化是中国主动历尽万难"西天取经"而引入中国并在中国生根发芽、发展壮大的。当前我国各城市区域都面临着西方强势文化的强烈冲击,中国传统文化中也确实存在着众多不适应现代市场经济要求的成分,如何保留传统文化中主流的有益的成分、吸收西方文化及其他区域文化中合理的、有益的成分,抛弃中国文化和西方文化中消极的成分是摆在我们面前的重大课题。

其次,区域文化认同的现代重建需要建设现代新型的市民文化。一个现代城市或者城市区域,当然要拥有先进的基础设施和发达的工商业,但是其是否拥有现代意义上的市民社会和市民文化具有同样重要的意义。像上海、北京、香港这样主要由移民组成的城市,必须要摆脱传统社会的政治和伦理结构,逐步消除古代等级社会的文化专制主义,重建新型的市民阶层的文化形态,为真正的市民文化的形成与发展准备好现实土壤。我国正处于城市化发展的中期,在这一快速发展的城市化过程中,大批的农民进入城市,大量的乡镇变成城市,有很多的城市虽然盖起了鳞次栉比的高楼大厦,建起了现代化的工厂,但就其文化来讲还只是乡村文化的延伸,其基本的文化精神和人际交往准则仍处在农业社会阶段。经济的市场化、社会的多元化、文化的世俗化,这些巨大的变革对于刚刚实现从农民转化到市民身份的人们来讲,是一个巨大的冲击。他们必须迅速适应新的市民生活,实现从传统的亲情伦理向市民的契约原则的转变,实现从自给自足、小富即安向追求独立的个人价值的转变,实现从亲缘地缘的互帮互助向社会的以人为本基础上的人文关怀的转变。在当前城市社会中不同国家、不同民族、不同历史文化传统、不同文化背景和制度背景的人们聚集在一起,不同的文化相互激荡,以何种方式实现上述转变是一个重大的挑战。

最后,要实现城市区域竞争文化与合作文化的平衡。竞争文化是西方文化的主流,也是市场经济得以有效运行的文化基础和经济活力得以保持的有效保证。但合作文化的缺失使得不少城市只顾自己利益不计整体利益,甚至发展到为达目的不惜以邻为壑,直至导致整个城市区域竞争规则失灵,破坏了城市区域正常的竞争与合作秩序。为改变这种局面,必须重建城市区域合作的文化氛围,将合作文化的建设作为城市发展中的大事来抓。要切实改变过去那种小国寡民、自给自足、自我循环的城市发展理念,努力构建政府间的合作沟通与协作关系,鼓励企业间的异域兼并、转移与积聚,形成鼓励市场相互开放、产业相互整合的舆论氛围。试想,北京如果抛开京津冀、上海抛开长三角或者香港如果抛开珠三角来考虑自己的发展思路,必然只是一个大而全、自我消化、自我循环的思维定式,无法获得自己需要的发展空间,反过来如果区域内其他城市不与区域中心城市接轨,不与其他城市合作,它也无法获得发展所需的资金、技术和人才等资源。城市区域合作既是一个利益问题,也是一个政策和制度问题,同时也是一个文化问题。设若不能形成一个城市合作的文化氛围，各个城市都只是从个人利益角度来决定合作问题，很多区域性问题将无法解决，城市区域合作也无法从利益考量转变为城市政府自觉自愿的行动。因此，面临城市区域快速发展的局面，要从舆论上、从行动上达成"一荣俱荣、一损俱损"的共识，要形成在竞争与合作中追求利益"双赢"的新的发展理念，结成城市区域有效竞争、合作发展的"命运共同体"。

第八章 京津冀城市区域合作的实证研究

京津冀城市区域是中国三大城市区域中发展最不完善的一个。因此本章力图通过实证研究,对京津冀城市区域的产业分工现状、问题及合作方向进行分析,对京津冀城市区域存在的地区差异过大、生态环境恶化等问题作出判断并提出相应的对策。

第一节 京津冀城市区域的产业分工

一、京津冀城市区域发展现状与潜力

1.京津冀城市区域的现状

长三角、珠三角和京津冀是我国城市化程度最高、经济实力最强、科技最发达、技术水平最高、人口最密集、城市区域发育最成熟的三个城市区域。2005年这三个城市区域以占全国15%左右的人口,创造了占全国35.7%的GDP、75%的出口总值,实际利用外资占全国的78%。这些数据充分说明了它们在中国经济中的地位和对国家经济的支撑作用。然而,这三个城市区域的发展并不平衡,珠三角起步最早,发展最为成熟;长三角利用政策优势、人才优势和区位优势后来居上;而京津冀城市区域才刚刚起步,目前落在珠三角和长三角的后面,人均GDP只是长三角的60%,地均GDP为长三角的29%,出口是长三角的24.5%,人均收入是长三角的62%,实际利用外资是长三角的34%。

表 8-1 2005 年京津冀城市区域主要经济指标

	GDP（亿元）	第一产业（亿元）	第二产业（亿元）	第三产业（亿元）	人口（万人）	人均GDP（元）	固定资产投资（亿元）	社会消费品零售总额（亿元）	进出口总值（亿美元）	出口总值（亿美元）	实际利用外资（亿美元）
北京	6 886	98	2 027	4 762	1 538	44 772	2 827	2 903	1 255	309	35.3
天津	3 698	112	2 051	1 534	1 043	35 455	1 495	1 190	533	274	36.5
石家庄	1 787	248	866	673	961	18 595	929	666	44.2	37.2	4.4
廊坊	621	101	336	184	396	15 682	342	178	11.2	5.9	2.64
保定	1 072	196	523	353	1 073	9 991	560	385	13.8	11.0	1.3
唐山	2 028	236	1 162	630	726	27 934	636	469	26.5	12.0	5.04
秦皇岛	491	51	190	250	228	21 535	165	147	26.7	18.4	2.36
张家口	416	67	186	163	418	9 952	168	146	3.3	2.0	0.45
承德	360	66	184	11	337	10 682	189	118	2.3	1.1	1.1
沧州	1 131	135	604	392	684	16 535	355	250	8.2	6.29	1.44
京津冀合计	18 490	1 310	8 129	8 952	7 404	24 973	7 666	6 452	1 924	676.9	90.53
河北8市合计	7 906	1 100	4 051	2 656	4 823	16 392	3 344	2 359	136.2	93.9	18.73

资料来源：河北 8 市进出口数据引自中国河北商务网，其余数据引自《河北经济年鉴 2006》、《北京统计年鉴 2006》、《天津统计年鉴 2006》。

京津冀城市区域襟连渤海,地接"三北",处于东北亚的核心部位。按照国家发改委的京津冀经济区概念,京津冀经济区包括了北京市、天津市及河北8市(即8+2,见表8-1),土地面积18.5万平方公里,2005年人口7 400万,GDP达到1.85万亿元,人均GDP为2.5万元左右。京津冀城市区域的地理位置及交通条件优越,海港有京唐港、塘沽港、黄骅港和正在建设的曹妃甸港,空港有北京、天津及石家庄、秦皇岛机场,铁路有京广、京九、京沪、京山、京包、京承、石德、石太、神黄等干线,高速公路更是四通八达。加上腹地广阔,资源丰富,科技力量强,发展程度高,基础设施好,自然优势多等,使得人们寄望于京津冀成为继珠江三角洲、长江三角洲之后第三个中国经济成长的发动机。20世纪80年代初,京津冀经济发展水平并不逊于长三角和珠三角,但由于区域内商业观念落后、政府职能转换较慢、区域合作迟迟不能突破等原因,京津冀落后了。京津冀山水相连,文化一体,经济互补,但由于缺乏合作,各自为政,种种矛盾和利益冲突使得京津冀区域被割成了三个"片断"。因此,京津冀的区域合作与协调发展是三地经济发展的客观需要和必然趋势,京津冀发展中的种种问题比如总体发展水平不高、区域经济发展水平差异过大、生态环境恶化等问题,都需要在城市合作与区域协调发展中予以解决。

2. 京津冀城市区域发展潜力分析

虽然京津冀城市区域的发展现状不尽如人意,尤其是城市合作一直没有取得重大突破,但其发展潜力不容小觑。主要表现在以下几点:

(1)京津冀城市区域的核心城市北京有巨大的凝聚力和辐射力,一旦条件成熟将释放出巨大的能量,带动京津冀区域的迅猛发展。首先,北京的服务业在全国遥遥领先,金融业和信息产业发达,产业结构中第三产业产值达到了70%以上,已经达到发达国家先进城市的水平。其次,北京拥有众多的高等院校和科研院所,加上企业的研发机构,科技实力雄厚,科研成果和技术成果众多。2006年全市研究与发展(R&D)经费支出380亿元,拥有科技人员34万人,年专利批准量为1万项,签订技术合同3.8万项,技术合同成交总额达到489.6亿元。第三,北京作为中国的首都,是中国的政治、文化中心,是连接东北、华北、西北和华南、华东的交通枢纽,是众多国有大型金融机构和大型国企的总部所在地,也是众多的跨国公司地区总部和金融机构的所在地。目前北京对区域的辐射作用并没有充分发挥出来,而这正是今后要加以研究和改进的。

(2)京津冀城市区域拥有丰富的自然资源,是区域发展的重要基础。京津冀范围内煤炭、石油、天然气、铁矿、金、有色金属、非金属矿产资源丰富,又临近资源大省陕西和内蒙古,保证了区域发展的能源与资源供应。尤其是在长三角和珠三角已经无地可用的情况下,京津冀却有大量不适宜耕种的盐碱地和沿海滩涂可供开发,比如天津滨海新区有1199平方公里土地、河北曹妃甸有150平方公里土地、河北沧州有1800平方公里土地,且全部临海、临港,这些宝贵的土地资源保证了未来数十年城市区域经济的充足发展空间。

(3)京津冀城市区域已经形成了很强的工业基础。北京的高科技产业发达,2006年,产值在600亿元以上,服务业更为发达,产值超过3600亿元;天津的工业尤其是现代制造业发达,工业增加值在2000亿元以上;河北的钢铁、煤炭、医药、化工、机械工业发达,尤其是钢产量已经达到9000万吨以上,多年居全国第一。

(4)京津冀城市区域有很好的交通和区位优势。京津冀处于环渤海区域的中间地带,在河北和天津640公里的海岸线上从南到北有黄骅港、天津港、京唐港、曹妃甸港、秦皇岛港。首都机场、天津机场连接世界各地,石家庄、秦皇岛机场连接中国多数大城市,铁路、高速公路四通八达,这种海陆空交错的交通网构成了京津冀的强大优势。

二、京津冀城市区域的产业分工现状

1. 产业结构

由表 8-1 可知,2005 年京津冀城市区域总体上属于"二三一"型产业结构,但区域内各城市存在很大差异。在 10 个城市中除北京市和秦皇岛市(旅游业及相关服务业发达)是"三二一"型产业结构,其余城市都属于"二三一"型产业结构,就连天津市的第三产业占比也只有 41.5%(近年有下降趋势)。具体来说,保定、承德、张家口、廊坊的第一产业具有相对优势,比重都在 16% 以上,北京、天津的第一产业只占 1.4%—3.0%,其余城市都在 10%—13%。除秦皇岛外,河北其他城市的第三产业产值都不到 38%,而第二产业则处于 44%—57% 之间,显示了第二产业在天津及河北城市中的优势地位。从人均 GDP 来看,明显分为三个层次,北京、天津超过 3.5 万元,石家庄、廊坊、唐山、沧州为 1.5 万元—2.8 万元,张家口、承德、保定属于第三层次,在 1 万元左右。这也反映出北京市已经跨过工业化阶段的门槛进入了后工业化阶段(即信息化、知识化阶段),而天津、唐山、石家庄、秦皇岛、廊坊、保定正处于工业化中期的工业上升阶段,而张家口、承德、保定地区还处于工业化初级阶段。

2. 工业行业的空间结构

2005 年京津冀 38 个工业行业的区位商见表 8-2。北京市食品、饮料、印刷、石化、黑色金属冶炼及压延加工、医药、专用设备制造、汽车、电子与通信设备制造、仪器仪表及办公用机械制造、燃气等行业区位商大于 1,属于在全国具有专业化优势的行业,特别是电子与通信设备、电脑、仪器仪表、印刷、燃气行业的区位商都大于 2,显示其在全国的显著优势。天津的石油和天然气开采、非金属矿采选、医药、黑色金属冶炼及压延加工、金属制品、汽车、电子与通信设备、燃气生产及材料回收等部门具有专业化优势。对河北省来讲,黑色金属矿采选、食品、皮革与

表 8-2　2005 年京津冀工业行业的区位商

行业	北京	天津	河北	行业	北京	天津	河北
煤炭开采和洗选业	0.39	0.01	0.93	医药制造业	1.43	1.21	0.97
石油和天然气开采业	0.04	3.38	0.74	化学纤维制造业	0.14	0.08	0.59
黑色金属矿采选业	0.59	0.00	6.07	橡胶制品业	0.27	0.75	0.91
有色金属矿采选业	0.00	0.12	0.14	塑料制品业	0.45	0.99	0.86
非金属矿采选业	0.09	1.00	0.96	非金属矿物制品业	0.76	0.43	1.17
农副食品加工业	0.35	0.36	0.85	黑色金属冶炼及压延加工业	1.75	1.17	3.45
食品制造业	1.77	0.83	1.02	有色金属冶炼及压延加工业	0.15	0.37	0.39
饮料制造业	1.38	0.83	0.94	金属制品业	0.66	1.10	1.14
烟草制造业	0.25	0.10	0.36	通用设备制造业	0.84	0.82	0.64
纺织业	0.24	0.26	0.74	专用设备制造业	1.60	0.90	0.70
纺织服装、鞋、帽制造业	0.71	0.73	0.42	交通运输设备制造业	1.64	1.42	0.54
皮革、羽绒制品业	0.06	0.23	1.51	电气机械及器材制造业	0.78	0.64	0.46
木材加工及竹、藤、棕、草制品业	0.12	0.33	0.88	通信、电脑及其他电子设备制造业	2.10	2.28	0.10
家具制造业	0.69	0.96	0.56	仪器仪表及办公用机械制造业	2.81	0.72	0.25
造纸及纸制品业	0.44	0.51	0.87	工艺品及其他制造业	0.64	0.40	0.35
印刷业和记录媒介的复制	2.71	0.44	0.65	废弃资源和材料回收加工业	0.54	1.15	0.18
文教体育用品制造业	0.48	0.71	0.15	电力、热力的生产和供应业	1.49	0.62	1.39
石油加工、炼焦及核燃料加工业	1.71	0.68	1.37	燃气生产和供应业	5.54	1.32	0.95
化学原料及化学制品制造业	0.64	0.84	0.74	水的生产和供应业	1.44	0.77	0.55

资料来源：据《中国统计年鉴 2006》、《北京统计年鉴 2006》、《天津统计年鉴 2006》及《河北经济年鉴 2006》相关数据整理计算。

羽绒制品、石化、非金属矿物制品、黑色金属冶炼及压延加工、金属制品、电力等行业在全国范围内具有专业化优势。

从2002年到2006年的数据分析，北京市工业行业中高技术制造业和现代制造业增长迅速，如通信设备、计算机和其他电子设备、交通运输设备、通用设备和专用设备制造、医药行业增长都很快，而黑色金属冶炼及压延加工业、化学原料及化学制品制造业增长很慢，石油化工和炼焦等则呈现负增长，轿车、计算机、程控交换机、手机等技术密集型和资本密集型产品是北京的拳头产品。天津市经过多年发展形成了电子信息、汽车、石化、冶金、生物技术与现代医药、新能源及环保等六大优势产业，这六大产业的增加值占全市工业总产值的71.6%，对全市工业增长的贡献率达到78.6%。天津市工业生产的优势产品和增长较快的产品是石油、钢铁、手机、轿车、植物油、中成药、干电池，增速都在20%以上，其他的产品如无缝钢管、服装、集成电路的增长率在10%以上，而发电、水泥、布、微波炉则增长迟缓，都在7%以下(2005年)。河北省的工业主导行业有七个，分别是钢铁、装备制造、石油化工、食品、医药、建材、纺织服装，它们的工业增加值占全行业工业增加值的78.4%，对工业生产增长的贡献率为86.0%(2005年)。煤炭、钢铁、汽车、变压器、自动化仪表及系统等能源、原材料和部分高附加值产品是河北增长最快的行业。

总体上讲，京津冀已经形成了一个初步的产业分工体系。北京以发展第三产业为主，天津和河北各市的第二产业和第三产业同时发展但以第二产业为主。从工业来讲，北京主要发展现代制造业和高新技术产业，传统的钢铁、石化、炼焦产业逐步萎缩；天津重点发展高新技术产业和现代制造业、石化冶金、能源、环保等产业。河北工业以依托资源优势的煤炭、钢铁、建材、纺织、医药、化工为主，有部分现代制造业，如保定的变压器、汽车，总体上比较落后。

3. 京津的产业分工问题

人们常对京津之间缺乏有效、合理的产业分工和大搞重复建设颇多指责。然而这个问题还是应客观地、历史地进行认真分析,不能简单地下结论。新中国成立以后出于对迅速实现工业化和解决首都就业问题的考虑,北京走上了大力发展重工业的道路,尤其是上了一些污染大、资源消耗大、电力消耗大的不适宜在首都发展的工业项目,首都北京不仅承担了政治中心、文化中心的职责,而且还要建设成为全国的经济中心,使得首都职能过多、不堪重负。天津曾经是中国北方的经济中心,由于经济中心向北京转移其经济地位日渐衰落,这种局面一直维持到20世纪90年代末。这是计划经济时期留下的一个历史问题。但客观地说,北京市从20世纪90年代末开始已经逐步向外转移其传统产业,2006年又下决心把最大的工业企业首钢搬到河北曹妃甸,作出这个决定是需要巨大的政治勇气的。北京在调整产业结构方面的成绩更加突出,其第三产业已经达到70%,相比于上海的50%,可见北京在产业结构升级方面取得的成绩有多大。如今虽然北京和天津都在发展高新技术产业和现代制造业,都在发展生物制药和电子通信产业,但依此认定是重复建设,并不客观公正。首先,这些企业要么是三资企业,要么是民营企业,真正的国企极少,它们有在市场竞争中独立决策的权力。也就是说,这是市场选择的结果,不是政府的特意安排。其次,天津和北京产业的错位发展还是不错的,比如说,两市都发展汽车业,但北京的伊兰特和奔驰,与天津的夏利、皇冠、花冠或锐志无论在排量、配置、价格上都不在一个档次,从而属于不同的客户群,处于不同的细分市场,其实并不存在激烈竞争的问题,况且同行业一定程度的竞争也是市场竞争所必需的。有资料显示,天津经济技术开发区(TEDA)的出口导向非常明显,工业总产值中50%出口,高新技术产品中70%出口,相比较来说,北京经济技术开发区(BDA)则以国内市场为主,产品倾向于进口替代,技术含量较高,出口在27%左右(2004年),比如GE生产的医用CT机已经占到中国市场装机量的一半。第三,京津两市确实有一些产品是同质的、竞争性的,如手机,但无论是北京的诺基亚、东信、首信,还是天津的摩托罗拉和三星,都是面向全球市场的,且多数是国际大品牌,所以是否重复建设并不重要,重要的是企业对全球市场和自身竞争力的判断。这些企业如果能坐到一起,就企业发展中的协调和合作制订一个行动计划,比如可以共用一些零配件供应商、共建物流渠道,甚至互相交换技术等,最终实现资源共享、利益均沾,却是可行的,只要是对双方都有利就行。第四,两市的第三产业差别更大。比如在TEDA,主要是批发、零售和餐饮业,而BDA则主要是专业技术服务,因为大量的高科技企业和留学生创业企业进入BDA,建立孵化器,承接国内外企业的研发外包。至于金融业和生产者服务业,两市完全可以独立平行发展,因为北京是全球城市,它要为全球企业提供服务,而天津的定位是北方经济中心,服务的对象主要在环渤海尤其是本市和河北。

三、京津冀城市区域产业分工与合作的政策选择

1. 京津发挥优势,共同发展

北京是中国的政治、文化中心,同时也是事实上的科技中心、教育中心和国际国内交往中心,是京津冀的生产者服务中心、金融中心、会展中心和高新技术产业中心,是全国的资讯中心,还是众多跨国公司和跨国金融机构的所在地。天津临近北京,是环渤海地区的中心,是海上进入首都的交通要道,历来是拱卫京畿的要地和门户,已成为北方货物进出口最大的集散港,尤其是中央决定加快滨海新区开发开放之后,天津迎来了重大的发展机遇,建成北方经济中心并非遥不可及。北京是京津冀区域中心城市,天津是区域的副中心,所以京津二市能否处理好彼此的产业空间关系、分工与协作关系、利益关系关乎京津冀合作的成

败。从空间关系来讲,过去北京发展的主导方向是西北,天津发展的主导方向是东南,南辕而北辙,背道而驰,两市只有愈行愈远。其实如果两者的空间关系处理得好,对双方都有益。比如北京机场通向世界五大洲,业务繁忙,人流密集,根本不能满足需要,天津机场却冷冷清清,人气不足;天津港水深岸阔,容量惊人,北京却苦于没有出海口。两市如共用机场和港口设施,双方都可分享合作的红利。如果京津之间最终能够形成一条沿京津130公里的发展轴,再以这个轴带动冀北和冀中南这个面,则京津冀满盘皆活。京津关系中另一个重要的方面是产业的分工与合作问题,在市场机制作用下,这个问题相对要容易许多,北京正在淡化经济中心的提法,并且很多产业也在向外转移,主要的问题是处理好基础设施的共建、共享问题,基础设施通畅了,要素自然会按照市场法则在京津间流动。

  我国城市区域空间发展模式中,"双核型"可能是一种普遍现象。京津冀的北京和天津、山东半岛的济南和青岛、辽中南的沈阳和大连、浙北的杭州和宁波等都是如此。国外如日本的东京和横滨、欧洲的鹿特丹和杜伊斯堡、韩国的首尔和仁川也是这种情况。这种"中心城市+港口城市"模式的优势在于中心城市位于区域的几何中心,有利于对区域的带动作用,而港口城市有利于对外交往和国际贸易,其弱点在于,如若中心城市和港口城市不能很好协调,上述优势就无法发挥出来。因此,北京和天津联手打造京津发展轴,以这个发展轴为基础形成京津联合的双核心城市区域结构,再以这个发展轴带动秦皇岛—唐山—天津—沧州沿海发展带和北京—保定—石家庄山前发展带,[①]这样一轴两带的成功运作,则京津冀城市区域的合作与发展前景无限。

---

① 河北省的空间发展战略不断调整,起初是两环(即环京津、环渤海)发展战略,后来又提出"一线两厢"(一线是邯郸—邢台—石家庄—保定—廊坊—唐山—秦皇岛,两厢是张家口、承德、沧州、衡水),2006年又提出了建设沿海经济强省战略。

2.河北8市应积极创造条件,吸引京津的产业转移

北京是世界上严重缺水的大城市之一,人均水资源量不足300立方米,是全国人均的1/8,世界人均的1/30,远远低于国际公认的人均1000立方米的下限,属重度缺水地区。天津更严重,人均水资源占有量仅160立方米,近年又多次发生水荒,主要通过引滦、引黄解决。据分析,天津2010年需水将达到51亿立方米,而可供水量将只有37亿立方米。即使南水北调工程完工,也难以从根本上改变京津缺水的局面。由于水资源短缺,污染物自净能力下降,因而环境压力也很大。加上人口过多、土地紧张、交通拥堵等问题,京津的一些产业特别是传统产业的外迁不可避免。河北虽然也面临水资源紧张等问题,但相对于京津来说,问题要小得多,且有条件予以解决,比如水资源可以通过节水灌溉、中水回用、海水利用等予以解决,土地方面,沿海地区有大量滩涂可供发展工业,人力资源充足,交通压力很小。因此,河北8市积极创造条件,吸引京津的产业转移,对于实现河北的产业升级和工业发展,具有现实的条件和机遇,是完全可行的。京冀之间的城市合作与产业转移效果显著,如河北省张家口市在"十五"期间一共引进省外技术1 135项,引进市外资金114亿元,其中,引进北京项目就占省外项目的45%,引进北京资金占省外到位资金的50%;河北省廊坊市仅"十五"期间就从北京引进资金191亿元,引进技术一千五百多项,引进人才11 533名,分别占到全市引进省外资金、技术、人才总数的60%、52%和43%。"十五"期间,北京第一机床厂铸造车间迁移到高碑店市,北京内燃机总厂铸造车间迁移到泊头市,北京白菊公司洗衣机生产基地迁移到霸州市,北京的印刷包装业和家具制造业等迁移到廊坊市的三河市和香河县。应该说,河北在利用京津产业转移方面的优势得天独厚,也取得了一些实际效果,但这些成绩和京冀合作的潜力相比,相差甚远。河北省与京津存在着一个经济梯度,按照梯度转移理论,这种梯

度的存在有助于京津产业向河北城市的转移,但是这种转移也需要一定的配套条件。比如在河北城市中能否就近找到相应的上下游产品配套企业,对于新迁入的企业有没有相关的制度支持,政府办事的效率如何,企业能否得到相关的金融、会计、法律和进出口贸易服务,是否符合河北的产业政策,有否相关专业的技术人才和技术工人,生活条件如何等等。这些条件不满足,京津准备迁移的企业就有顾虑,所以河北各市还要努力地改善投资环境,构筑与京津间产业衔接的"缓坡",使京津企业能够平稳着陆。

3. 建立京津冀区域共同市场

尽管中央提出建立社会主义市场经济体系已经十年有余,然而全国统一的商品市场和要素市场并没有建立起来,商品、服务和资本、技术、人才的流动仍然受到种种的限制。造成这种局面主要是两个原因:一是历史原因。比如城乡户籍制度及与此相关联的社会福利制度、农村土地制度、教育制度、就业制度和劳动保障制度等,造成乡村劳动力向城市流动的困难,虽然中央已经制定了一系列的政策措施解决农民工的种种困难,但距离城乡劳动力自由流动的终极目标还相差很远。二是我国激烈的地方政府竞争造成的行政区市场分隔。比如公路收费制度,一个个的收费站极大地影响了公路的利用效率;教育制度(比如高考录取制度)和人事制度造成的地区差别极大地限制了人才的流动;政府干预造成产业转移的困难等。在目前的情况下,奢望很快建成全国统一的大市场是不切实际的。而最为现实的选择是先建立区域共同市场,再逐步扩大范围,最终建成全国大市场。

对于京津冀来说,建立区域共同市场至关重要,具体来说,就是要实现商品、服务和要素资源的自由流动,使人尽其才、物尽其用、货尽其流,各种资源都配置到能创造最大价值的领域,从而实现区域的最大利益。结合京津冀的具体情况,有3件事情要做:

(1)建立京津冀首长定期协调机制。可以是北京市市长、天津市市长与河北省省长(或8市市长)的定期协调会,解决涉及三省市的一些区域问题,如环境问题、基础设施建设与收费中的各种问题、产业分工问题等等,同时要制定区域经济协调的制度、政策和措施,制定区域发展规划,签订政府间合作协议等。

(2)要通过政府协议实现在税费体制、投融资体制、市场准入、环保标准、技术标准、安全标准等各方面透明、公正、公开、一致的市场管理体系。要为人才流动、资金流动、企业动迁、土地利用等制定比较一致的、可行的、有效的制度体系。

(3)要建立生产要素自由流动的市场体系。比如可以首先建立产权交易市场、技术交易市场、房地产交易市场等。要实现机场、港口和口岸的跨区合作。

目前,京津冀城市区域内部人才流动频繁,资金、技术交易活跃,但并没有达到与其紧密的地缘、人缘关系相一致的程度,潜力还非常大。京津冀还要携手解决区域共同市场建设中出现的各种问题,才能将这些潜力挖掘出来,使其成为区域合作的强大推动力。

第二节　京津冀城市区域的地区收入差异

一、双 S 曲线模型所表达的必然性规律

京津冀城市区域的地区收入差别问题是一个备受关注和争议的问题。有的学者认为这是区域发展中正常的经济现象,可以随着区域经济的发展自然解决,而有的学者认为区域差别已经太大,到了政府必须采取措施予以解决的时候了。这个问题不仅是一个经济问题,而且是

涉及政治公正、社会公平的重要问题。这里引用双 S 曲线模型[①]予以分析和探讨。

1. 倒 U 形理论及双 S 曲线分析模型

1965 年,威廉森通过对 24 个国家经济增长的资料进行横向分析和以时间为序的纵向分析,提出了区域经济差距的倒 U 形曲线理论,[②]指出区域差距总是先扩大而后到一定程度就会缩小,最终趋于一致。倒 U 形理论得到众多实证研究成果的支持。

S 曲线原理可见于国内外大多数城市经济学和经济地理学著作。城市的发展和整个区域的城市化都经历一个由缓慢到快速再到缓慢发展的过程。这是普遍规律,不是个别现象。在图 8-1 中,S_1 表示了先发地区城市化或经济发展水平的 S 形曲线,S_2 表示了后发地区城市化或经济发展水平的 S 形曲线。可以直观地看出,在 M 点之前,先发地

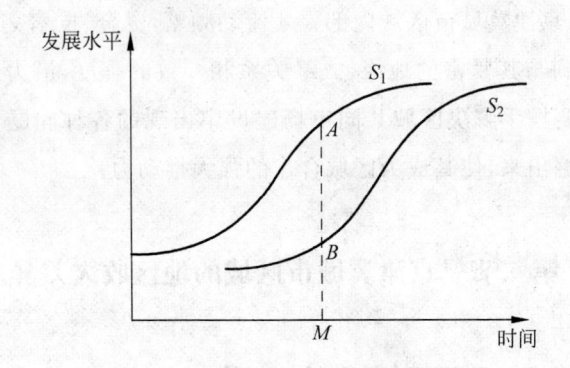

图 8-1 双 S 曲线及相关差距曲线模型

---

① 该方法由饶会林提出,参见饶会林等:"双 S 曲线模型:对倒 U 型理论的发展和完善",《北京师范大学学报(社会科学版)》2005 年第 3 期,第 123—129 页。

② J. G. Williamson, "Regional Inequality and the Process of National Development: A Description of the Patterns," *Economic Development and Cultural Change*, 1965, No. 1, pp. 3-45.

区和后发地区的差距由小到大,呈逐渐扩大的趋势;而在 M 点之后,这种差距转而由大到小,呈逐渐缩小的趋势。显然线段 AB 为 S_1 和 S_2 之间距离的最大值,即这时的区域差距最大。这是对倒 U 形理论的进一步说明,并把它建立在科学基础之上。只要我们承认 S 形曲线是区域增长的普遍规律,就不能不承认双 S 曲线所反映的倒 U 形发展规律。

3. 基于双 S 曲线模型的区域差距分析方法

S 形曲线的具体形式可以通过对区域发展水平的回归得出,因此双 S 曲线模型提供了一个分析区域差距的行之有效的方法。令 S 表示区域发展水平,它是时间的函数:

$$S_1 = f_1(x) \tag{8.1}$$

$$S_2 = f_2(x) \tag{8.2}$$

假定两区域的绝对差距为 L,那么:

$$L = S_1 - S_2 = f_1(x) - f_2(x) \tag{8.3}$$

L 方程就是倒 U 形曲线方程,通过它可以清楚地了解差距由扩大到缩小的全过程。M 点是 L 的极大值点,需满足一阶条件 $\dfrac{dL}{dx} = 0$。

两区域的增长速度可以由下式求出:

$$b_1 = \frac{ds_1}{dx} = f_1(x) \tag{8.4}$$

$$b_2 = \frac{ds_2}{dx} = f_2(x) \tag{8.5}$$

比较两区域的增长速度,还会发现二者都具有由速度递增到速度递减的规律性,而且后发区域的增长速度(b_2)还会有由慢于先发区域到快于先发区域的转变过程。这个过程可以用 λ 方程表示如下:

$$\lambda = \frac{b_2}{b_1} = \frac{f_2(x)}{f_1(x)} \tag{8.6}$$

λ 的演变过程是一个由小于 1 到大于 1 的过程。

与此相应,两区域的绝对差距虽然是一个由扩大到缩小的过程,但是它们的相对差距却一直是缩小的。如果用环比指数 LI 表示,则有:

$$LI = \frac{L_n}{L_{n-1}} = \frac{(S_1 - S_2)_n}{(S_1 - S_2)_{n-1}} = \frac{[f_1(x) - f_2(x)]_n}{[f_1(x) - f_2(x)]_{n-1}} \quad (8.7)$$

LI 的轨迹一般由大于 1 转变为小于 1。

图 8-2 为 S_1、S_2、L、λ、LI 五条曲线的一般模型。

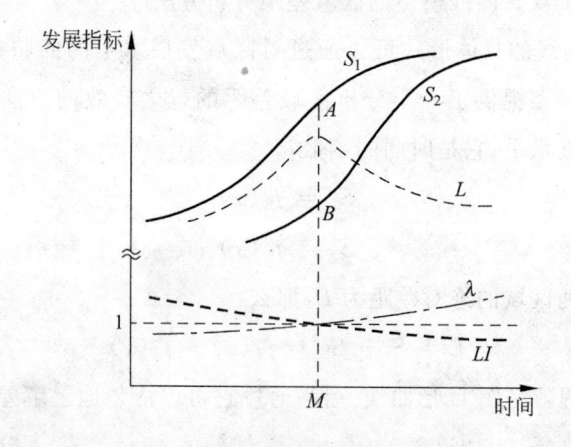

图 8-2 双 S 曲线及相关差距曲线模型

二、北京市与张家口市收入差距的分析

北京市与周边城市之间的收入差距问题一直为学界和政界所关注。冀北的张家口和承德两市一直是京津冀最为贫穷的两个地区。北京市与周边地区之间的收入差距到底是发展过程中正常的经济现象,还是受许多非经济因素的影响已经偏离了正常的轨道,必须要通过政府的干预才能予以解决。这是影响经济决策的一个大问题。这里我们选张家口市作为北京周边城市的代表,采用双 S 曲线方法来检验一下北京与张家口市的地区差别情况。从 1994 年到 2004 年北京市和张家

口市(含辖县)各年度人均 GDP 数据见表 8-3。据此计算的两区域绝对差距 L、环比指数 LI、增长率 b_1 和 b_2 以及 λ 参数都附于表中。

表 8-3　北京市与张家口市(含辖县)人均 GDP 与相关差距指标

年份	1994	1995	1996	1997	1998	1999	2000	2001	2002	2003	2004
S_1(元)	10 240	12 690	14 254	16 609	19 118	2 1397	24 122	26 998	30 840	34 892	41 099
S_2(元)	2 900	3 662	4 411	4 937	5 162	5 173	5 423	5 742	6 190	7 102	8 889
L(元)	7 340	9 028	9 843	11 672	13 956	16 224	18 699	21 256	24 650	27 790	32 210
LI	—	1.230	1.090	1.186	1.196	1.163	1.153	1.137	1.160	1.127	1.159
b_1	—	1.239	1.123	1.165	1.151	1.119	1.127	1.119	1.142	1.131	1.178
b_2	—	1.262	1.205	1.119	1.046	1.002	1.048	1.059	1.078	1.147	1.252
λ	—	1.019	1.072	0.961	0.908	0.895	0.930	0.946	0.944	1.014	1.063

资料来源:北京市各年度人均 GDP 数据引自《北京市统计年鉴 2006》,张家口市人均 GDP 数据根据各年度《中国城市统计年鉴》计算得出。表中 S_1、S_2 分别为北京市和张家口市人均 GDP,L 为两区域绝对差距,LI 为环比指数,b_1、b_2 为两区域增长速度,λ 为 $\frac{b_2}{b_1}$。

为便于观察和对比,将北京和张家口地区人均 GDP 数据做成图 8-3,将环比指数 LI 和发展速度比 λ 做成图 8-4。

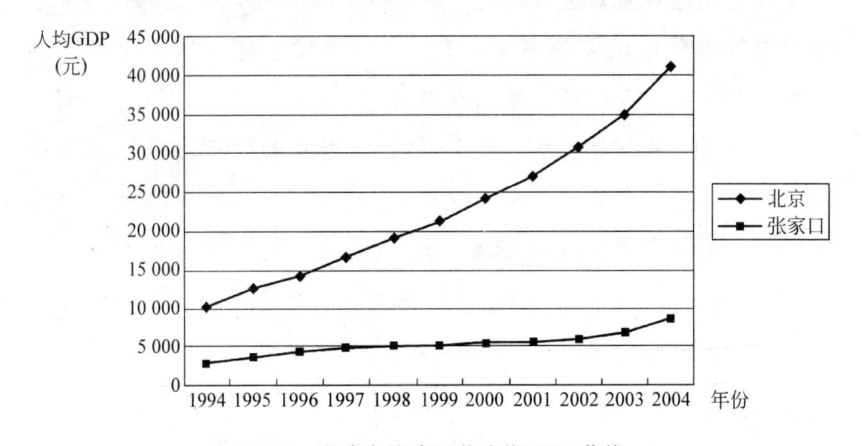

图 8-3　北京与张家口的人均 GDP 曲线

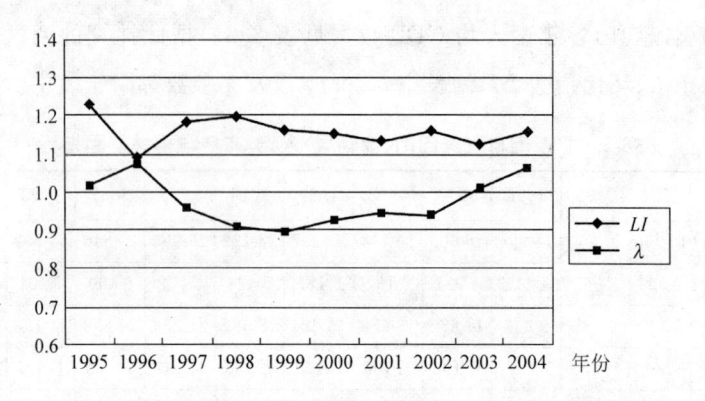

图 8-4　北京与张家口的发展速度比 λ 与差距环比指数 LI

在正常的情况下,先发地区和后发地区的人均 GDP 都应是不断增长的,北京和张家口地区也如此。但是我们看到,北京地区的人均 GDP 从 1994 年到 2004 年都是不断上升的且上升速度很快,但张家口地区的人均 GDP 在 2003 年之前虽然有所上升但上升的速度很慢,2003 年、2004 年才开始加速。

对差距绝对值 L 进行检验的困难在于难于确定 M 点的位置。根据世界其他地区的实际资料,M 点大约在发达地区城市化率达到 74%—76%而不发达地区城市化率达到 34%—36%的时候。[①] 而在 2000 年北京市的城市化率已经达到 77%,说明正常情况下,M 点应该在 2000 年之前。[②] 对照图 8-4,按照正常情况,两区域的相对差距及环比指数应是一直缩小的,而后发区域与先发区域的增长速度比 λ 应是一直上升的,这一点京、张两地 1998 年之后的数据虽然有波动,但基本符合规律。理论上讲,M 点的 LI 和 λ 都等于 1,但实际情况是 λ 在

[①]　参见饶会林:《城市经济学》下册,东北财经大学出版社 1999 年版,第 722 页。
[②]　由于统计口径的变化,特别是户籍人口改常住人口、非农人口改市辖区人口,2000年之后的城市化率统计数据与之前的数据不可比。

2003年达到1,而LI一直到2004年还没降到1,并且又出现了反常的上升趋势,显示两地相对差距又出现了上升的趋势。

从以上分析,可以总结四点结论:(1)北京市人均GDP的增长基本符合S形曲线前期和中前期的规律,但张家口市增长过于迟缓;(2)两地收入差距是不断拉大的,且有继续加大的趋势,还没有出现差距变小的迹象;(3)两地相对差距(LI)总体在缩小,但最近两年却出现了反常的增大现象;(4)两地增长速度比虽然在上升但在时间上较晚(λ在2003年才增加到1)。因此,京张地区的收入差距已经超出了经济正常运行的范围,需要采取措施予以解决。

三、环京津贫困带的形成及解决途径

张家口市的贫困化现象并不是个案。实际上在北京和天津的周围,环绕着32个贫困县(约1 065万人口)、3 798个贫困村,其中有272.6万贫困人口(个人收入低于每年825元)。这32个贫困县全部位于河北省境内,面积8.3万平方公里,分布在冀北的张家口和承德地区的燕山山脉与坝上草原、京广铁路以西的太行山区(保定地区)、沧州的黑龙港流域。这样的一个地域被称为"环京津贫困带"。[1] 2004年环京津贫困带31个县的县均GDP仅为京津远郊15县区的16.3%,而农民人均纯收入、人均GDP、人均地方财政收入仅分别为北京市的30.2%、16.0%、1.9%,为天津市的33.1%、18.7%、2.3%。如表8-4所示。环京津贫困带的经济发展水平甚至低于全国贫困县平均水平,是中国东部城乡差别最大的地区之一,甚至与西部地区最贫困的"三西地区"(定西、陇西、西海固)处于同一发展水平。不仅如此,从金融机构

---

[1] 环京津贫困带的概念是2005年8月17日由亚洲开发银行和河北省政府联合资助、国际国内专家联合研究共同推出的研究报告《河北省经济发展战略研究》中首次被公开提出。

的存贷差来看,环京津贫困带县均存贷差为 2.9 亿元,说明由于投资效益差,环京津贫困带的资金正通过金融渠道向外流出。

表 8-4　2004 年环京津贫困县与京津两市
经济发展水平比较　　　　　　　　（单位:元）

	农民人均纯收入	人均地方财政收入	人均 GDP
环京津贫困县	2 163	123	5 887
北京	7 172	6 402	36 833
天津	6 525	5 384	31 439

资料来源:杨连云、李宏民著"环京津贫困带的现状与发展战略研究",载景体华编《2005—2006 年:中国区域经济发展报告》,社会科学文献出版社 2006 年版,第 93 页。

改革开放初期,河北环京津地区与京津二市的远郊县基本处于同等发展水平。为什么短短三十年却产生了如此大的差距?环京津贫困带的形成有多种原因:(1)生态环境恶劣。环京津贫困带多处于半干旱和半湿润过渡气候带,分别为沙化严重的坝上高原、石化严重的燕山和太行山区、盐碱遍地的黑龙港流域,几百年来一直就是穷困地区。承德山区的森林覆盖率只有 25％,而张家口还不到 3％。(2)京津水源地保护。京津冀地区原本是缺水非常严重的地区,然而三地都不约而同地选择了发展高耗水、高污染的重工业作为主导产业。目前来说,北京 81％的用水、天津 93％的用水都来自河北。作为京津的水源地,河北为了给京津提供充足和清洁的水资源,不断提高水源保护标准,加大对这一地区资源开发和工农业生产的限制,因而不可避免地制约了该地区的经济发展。为了保证为京津供水的大型水库水源质量,流域各地区只有大规模压缩农业和工业用水,关停众多有污染的工业项目,仅承德潮白河流域先后禁止的工业项目就达八百多项,造成每年损失利税十多亿。同时,作为京津的风沙源治理区,为保护京津大气环境而实施的封山育林、退耕还林还草工程也使得环京津贫困带的农业和畜牧业蒙受了巨大的损失。①(3)基础设施条件较差。这些地区虽处京津周围,但基础设施条件并不好,交通、电力都不尽人意。如张承地区92个乡不通柏油路,433个村不通公路。京承高速、张石高速至今尚未通车,张承地区丰富的旅游资源不能发挥效益。(4)京津对河北资源的"空吸效应"。这其实是北京和天津正处于城市化中前期积聚作用大于扩散作用的必然结果。京津所拥有的相对优势使之有足够的能力吸引河北的资源和要素向京津流动,尤其是人力资源的流动造成的后果更为严重。京津周围这些贫困县甚至张家口、承德、沧州等城市市区的经济实力都很弱,没有能力吸引本地人才留在当地工作,更不用说吸引京津和外地的人才流入了。人才奇缺,又造成当地经济更加停滞不前,从而形成了恶性循环。可以说如果没有外力的介入,这个恶性循环是很难打破的。

从国际经验看,在大城市的发展过程中,在一定阶段,对周边地区的积聚效应要大于扩散效应,因而出现中心城市周边的相对贫困也算正常。美国的田纳西流域,日本的北海道地区,都曾经是贫困人口集中和生态环境破坏严重的地区。但这些国家通过采取综合性和区域性战略举措,消除了贫困,缩小了差距,最终走上了区域良性循环的道路。因此只要切实采取措施,京津周围城乡的贫困化问题是能够解决的:

(1)要通过京津冀相互合作解决困扰京津周围发展的生态环境问题。生态环境是一个全局性问题,其问题的形成及影响往往跨市跨省甚至涉及多个省份的问题。京津冀共享一个生态环境,必须要同心协力才能完成生态治理与恢复工作。

(2)加强京津向周边城镇的产业迁移,帮助发展当地经济。简单地

---

① 参见鲁达、潘海涛:"'环京津贫困带'欲变'环京津生态圈'",《中国民营科技与经济》2005年第11期,第66—67页。

谈生态环境治理是没有意义的,即使国家投入再多,如果没有当地财力的支撑是不可能完成生态环境恢复和治理工作的。生态的破坏更多是因为穷,而破坏了生态环境未来可能更穷。所以必须依靠当地产业的发展吸纳剩余劳动力、增加农民收入,然后才能步入经济与环境协调发展的轨道。反过来讲,京津周边地区发展了、富裕了,也会促进京津的发展。[①]所以对京津来讲在一定意义上也可以说,发展周边就是发展自己。

(3)政府的扶贫项目和扶贫资金,应当用于"造血"而不是"输血"。要帮助当地建立工业项目,发展经济;帮助当地发展教育,消灭文盲,提高劳动者素质,从知识上、素质上、能力上帮助他们获得谋取生计的手段;帮助当地居民建立医疗保险及保障体系,减少和避免群众因病致贫、因病返贫的发生。

(4)环京津地区要解放思想,努力实现自我发展。这些环京津县市的落后,与本地区自古就是天子脚下、长期缺少浓厚的商业文化氛围也有直接的关系。从政府来讲,缺少对于工商业的足够支持和服务意识,尤其是缺少服务意识、紧迫意识。在制度上不能创造足以吸引投资者、管理者和研究者的软环境,在基础设施上没有要素畅通无阻的硬环境。河北的区位和资源条件并不比山东、浙江差,但从改革开放以来,河北省吸引外资水平在东部地区一直居于下游(如2005年外商直接投资仅19亿美元),且始终没有重大突破,河北拥有的区位优势、资源优势和港口优势,始终不能转化为经济优势,这是特别需要思考的。因此,环京津贫困问题的解决,离不开中央和京津的支持,但最终还是要靠这些地区政府、群众自身的努力,通过创造良好的文化和制度,通过区域合

[①] 北京市市长王岐山2005年考察张(家口)承(德)地区后,提出一个重要观点:北京的发展,如果没有北京周边地区的发展,北京就是一片孤岛,它的长期、持续的发展是不可能的。

作、制度变革、政府服务以及提高本地区劳动者素质来解决。

第三节 京津冀城市区域的生态环境整治

一、京津冀城市区域生态环境现状

1. 京津冀生态环境恶化的主要现象

"兴隆不兴隆,风沙半腿深;白天起风点油灯,黑夜起风沙埋人。"这首河北省兴隆县流传的顺口溜生动地描述了冀北地区土地沙漠化的场景。冀北的张家口和承德地区是京津的水源地和天然的生态屏障,然而目前却遭受着河湖日益干涸、湿地山泉消失、水土流失加剧、水源遭受污染、土地沙化严重、草场退化难抑的严峻形势。据统计资料,在冀北地区水土流失面积就有 17 万平方公里,即使在北京市的北部山区也有 6 640 平方公里的水土流失面积,占山区面积的 62%。由于河流上游水土流失,官厅水库已经淤积泥沙 6 亿多吨,占总库容的 1/4,密云水库淤积泥沙 1 亿多立方米。土地沙漠化对于京津的威胁已经是近在咫尺。河北丰宁县小坝子乡沙漠已推进到距离北京 72 公里处。

水资源问题更加突出。由于北京、天津等大城市的快速膨胀,用水需求增加很快,而水资源供给量却不可能同步增加甚至由于连年干旱还有下降的趋势。天津已经多次出现水荒,不得已远距离从黄河调水济急。北京情况比天津要好,但也多次出现供水危机。一方面是缺水严重,另一方面是水质污染,最严重的事件是官厅水库污染事件,使得其丧失作为生活用水水源的功能,多年后才不得已恢复供水。京津冀各地都出现了过量开采地下水而导致地下水位下降、地面塌陷等现象,多数城市都有地下水漏斗形成,对地面建筑物形成严重威胁。河北省人均水资源占有量仅为全国平均值的 1/7,甚至还比不上以干旱缺水著称的中东和北非。

京津冀地区山水相连、文化相通,其自然、经济、社会联系构成了天然的纽带,其地质、地貌、气候、土壤、湿地、生物群落、河流、湖泊构成了完整的生态系统,海河、滦河、潼沱河等河流则是连结这些生态系统的动脉。从自然生态系统来讲,可以说一损俱损、一荣俱荣,一个局部地域生态的破坏,会造成整个区域生态的灾难,而一个地域生态的改善也会惠及临近地域。从这个角度来讲,京津冀城市区域生态环境的恢复和改善只有通过京、津、冀三方的共同努力才能得以完成。

2. 京津冀生态环境治理的主要矛盾

(1)生态环境的治理者与受益者的利益矛盾

京津冀共享一个生态系统,但京津由于大部位于平原地区,相对来讲生态环境治理的任务要少得多。而京津周边山地尤其是冀北张家口、承德地区位于京津的上风口和河流上游,其生态环境的恶化已经对京津产生巨大的影响。影响主要是三个方面,第一,张承地区的沙漠化成为京津沙尘暴的主要沙源;第二,张承地区是京津重要的水源地,北京 81% 的用水、天津 93% 的用水都来自冀北,冀北生态环境的恶化会导致京津来水量的减少,影响京津供水;第三,冀北环境的恶化会直接导致下游京津来水的质量,如水质污染、泥沙淤积等。

京津冀地区的水资源非常紧张,北京人均水资源占有量 285 立方米,天津人均水资源占有量只有 153 立方米,河北人均水资源量 311 立方米,都远远低于国际公认的人均 1 000 立方米下限。目前主要负责北京市供水的密云水库和官厅水库,给天津供水的潘家口水库、大黑汀水库的主要水源都来自冀北地区。比如官厅水库本为京冀共建,但河北不能分到一滴水,而且还必须无条件地保障北京用水的水源。仅引滦入津工程一项,河北每年就要向天津供水 10 亿立方米。但河北省在把自己流域内的水无偿供给京津的同时,自己还要花钱向黄河买水。

为了保证供水的数量和质量,张承地区必须不断地加大对生态环境恢复治理工作的投入。张承地区除了关停污染企业之外,还要营造水源涵养林和水土保持林,在坝上高原地区营造灌木、乔木、草相结合的防护网,加大对荒山的绿化,禁止农民放牧,实行退耕还林、退耕还草工程,进行小流域治理等。但这样一些生态项目和生态工程的实施,是需要巨大的投资的,尤其很多项目根本无法得到利益上的回报。张承地区都是京津冀最贫困的地区,河北省财政实力也很低,以这样的财力去进行如此大规模的生态建设,是难以维持的。但是在政策和制度层面,京津并没有给张承地区以直接的补偿。当然这样的局面都是计划经济时期利用行政调控和行政命令方式无条件跨区域调水政策的延续,但这样的局面如继续延续,对张承地区而言是生态治理难以为继,对京津而言是失去了长远的可持续发展的基础。目前北京市常以临时协议或对口支援、生态项目支持等方式,对河北提供一些临时性资金援助,但无法从根本上解决问题。

(2)经济发展与生态治理之间的矛盾

京津冀生态恶化地区面临着经济发展与生态治理的突出矛盾。"国家要生态,地方要财政,人民要吃饭",这句话充分描绘了张承地区经济发展与生态治理之间的矛盾状况。青山绿水、天蓝地美,是所有人的愿望,但是当它和人们的吃饭问题发生矛盾的时候,人们会毫不犹豫地选择"吃饭","靠山吃山、靠水吃水"成为人们理性的选择。张承地区由于不断地提高环保标准而关停了很多污染大、耗水多的工业项目,蒙受了巨大的经济损失,仅关闭宣化造纸厂一项每年损失利税5 000万元,使三千多名职工下岗。赤城县[①]1996年一年因环保原因不能上马的矿业项目21个、加工工业项目30个,影响该县产值3.4亿元。生态用水与生活、生产用水产生矛盾。坝上地区大面积减少水浇地,农民重

---

① 赤城县是国家级贫困县,张艺谋的著名电影《一个都不能少》就拍摄于此。

新过上了靠天吃饭的日子。张承地区本来经济就比较落后,资金、技术、人才都奇缺,现在高污染、高耗水的工业项目不能上,高科技项目上不了,农业上又不能大量使用农药、化肥等有可能污染水源的东西,结果必然是相对贫困的产生,这样生态致贫的例子在全国是很罕见的。由于张承地区处于这样一种贫困状态,良好的生态环境是无法维持的,所以我们看到,一方面,政府在建设"三北"防护林、绿化荒山、退耕还林还草等方面投入大量资金;但另一方面效果却并不显著,甚至张承地区的生态环境还在继续恶化。尽管采取了一系列措施,但永定河水系与官厅水库、潮白河水系与密云水库、滦河水系和潘家口水库、拒马河水系与白洋淀都出现了污染加剧、水源不足的现象。

经济发展与生态治理之间的矛盾并非不可调和,无法解决。可能的思路有:①发展生态农业、林果业、食品加工业和节水农业。京津地区是一个巨大的农产品销售市场,仅北京市 2005 年在吃的方面消费额就有 749 亿元。冀北地区临近京津,具有地理优势,只要产品适应市场需要,哪怕占领首都 2% 的市场,就代表了 15 亿元的产值。②加强教育和培训工作。教育搞好了,人的素质提高了,有的人可以走出去闯天下,减轻了人口压力,一部分人在当地获得发展,带动当地致富;农民培训搞好了,农民或拥有一技之长出去打工,或留下来搞好农业生产,都是利在当代、功在千秋的好事。③发展旅游业。张承地区旅游资源非常丰富,仅坝上草原就是一个尚未开发的"富矿",有很好的发展前景。④发展其他污染小、耗水少的工业和服务业项目。比如怀来的"长城"葡萄酒生产就搞得不错。但显然,这些方面都是要投入的,没有持续的资金投入,仅靠当地农民的积累或当地的财力,是无法完成这些工作的。

(3) 产业结构与资源环境禀赋的矛盾

一方面是京津冀地区脆弱的生态环境,另一方面是高耗水、高污染的重化工业占优势的产业结构。在河北,钢铁工业是重要的支柱产业,总产量全国第一,建材、化工等产业也占有重要地位;在北京钢铁和石油化工业也占有重要地位,仅首钢每年就耗水5 000万吨,排放可吸入颗粒物1.8万吨,燕山石化、焦化厂、发电厂、建材厂等也是耗水大户;天津的钢铁、石化、建材、发电产业也占据重要经济地位。这样的产业结构继续发展的结果加剧了生态环境恶化的趋势,如果不加以调整,将构成对可持续发展的严重约束。

二、京津冀城市区域生态补偿机制的建立

1. 协议补偿

从理论上来讲,对自然资源和生态环境的管理存在两种改进方式:(1)帕累托改进,即没有任何一方的境况变坏,而能使至少一方的境况变好。(2)卡尔多—希克斯改进。资源配置的改变使一方受益,另一方受损,但总的收益是增加的,因而可以通过受益人对于受损者的补偿达到双方满意的结果。京津冀城市区域的生态补偿问题无法实现帕累托改进,但完全可以按照卡尔多—希克斯改进的思路,通过受益者对付出代价、作出贡献的地区的补偿,达到生态改善的目的。

生态补偿的原则至少应包括:(1)谁保护,谁受益。进行生态环境治理和保护的一方,应该得到相应的经济补偿,使其有动力和能力继续从事这项事业。(2)谁受益,谁付费。比如上游保护水源,修建水利工程,使得下游受益,下游的水资源使用者就有责任支付一定的经济补偿。

生态补偿目前采用的有两种方式。一是资金补偿。即受益方给予治理方一定的资金补偿,一般由相关的城市政府负责相关事宜。这种方式治理方具有一定的灵活性,但资金容易被挪作他用,尤其是被用做消费资金。二是项目补偿。即受益方和治理方通过签署协议,确定相

关的生态合作项目,由受益方出资金,治理方负责实施。这是目前京冀之间常用的一种方式。

近年京冀之间在生态补偿方面取得了较大的进展。2001年5月,国务院正式批复实施《21世纪初(2001—2005年)首都水资源可持续利用规划》,提出"稳定官厅、改善密云",涉及京冀晋两省一市,总投资221.47亿元。工程任务涉及水污染防治、工农业节水、水土流失治理、京承水资源保护生态农业经济区建设、水质监测等五大类项目。规划中投资河北省的资金约40亿元,最后实际只到位40%左右,但还是对相关区域的生态恢复和治理起到了很大作用。2006年双方商定,北京今后每年安排2 000万元帮助河北省张家口、承德地区治理密云水库和官厅水库上游地区的水环境。2007年春季起,京冀商定,为保证密云水库、官厅水库的水量水质,河北省承德市滦平、丰宁,张家口市赤城三县二百多个行政村的农民将不再在潮河流域种植水稻,共涉及稻田10万亩,北京市每亩补贴农民损失450元,这个项目每年可为北京节水1亿吨。据测算,南水北调的水到达北京团结湖的成本是每吨3元。对照一下就知道,这是一个"双赢"的协议。①

2. 确认水权,建立水权交易机制

水资源问题是京津冀城市区域生态环境方面涉及各方利益的核心问题,这个问题不解决,生态环境问题就无法解决。如前所述,我国在浙江省已经发生了多起水权交易的案例,东阳—义乌水权交易造成了全国性影响。在水利部的主持下,我国成功地确认了黄河流域各省间的水权,不但减少了黄河流域的水权纠纷,而且达到了节约用水的目的,并保证了生态用水,黄河自此再没有发生过断流的现象。我国在南

---

① 参见胡印斌:"河北三县水田退稻还旱,缓解北京用水压力",《燕赵都市报》2007年2月2日。

水北调工程中实行的把各省市投入股份作为水权重要依据的办法,迄今沿线省份没有提出异议。试想,如果我国南水北调工程全部由国家投资,中央政府用行政命令来进行调配,那么必然出现各省都来竞争用水指标的现象,那么中央政府无论如何分配用水指标都会被认为不公平,这就是经济学上公共品必然出现的"搭便车"现象。

京津冀城市区域的水资源问题是非常复杂的。首先,作为计划经济时期统一免费调拨水资源政策的延续,京津一直是在免费使用冀北地区的水资源的,京津也一直认为是理所当然的;其次,我国对于流域水资源上下游之间如何分配并没有一个具体的可以参考的规则,成功的案例并不多;最后京津特殊的政治地位也造成了河北省无法取得与其谈判时的平等地位,河北省本身也从来都是以"服务京津"为宗旨,不计得失。利用市场机制来争取自身的利益是河北省难以跨出的一步,但成功地利用市场机制将能减少未来的很多纠纷。

建立京津冀水权制度的关键是初始水权的确认。[①] 其确认步骤一般是:(1)以流域为单位,估算出流域水资源量;(2)估算出一定水资源保障程度下可开发利用的水资源量;(3)通过流域各地区(一般以城市政府为代表)之间的谈判,确定各自的初始水权。鉴于京津冀的特殊地位,应以水利部来主持相关谈判。

水资源的初始产权(指使用权,所有权归国家)确定以后,即可进行交易。比如承德的水多了,可以卖给天津一部分。如果价格高的话,承德也可以发展节水灌溉甚至节省生活用水以换取收入。反过来,天津也可以将节约出的水权出让给河北(如唐山)以换取收入。水权交易的困难在于无法形成一个竞争性的市场,因而无法形成竞争性的价格。

[①] 水利部 2005 年 1 月 11 日印发的《关于水权转让的若干意见》,提出了确定水权及水权交易的原则,虽然还需进一步细化才具可操作性,但该文件指明了处理流域水资源问题的方向。

因此，这方面要有一个价格形成的标准，关于提高水资源保障率的成本、维护生态环境的成本、第三方利益的成本等方面如何计算，水资源的价值如何核算，要有一个规范。

水权界定与交易的方法在国外被大量使用，对于优化区域内水资源配置、减少水事纠纷具有重要意义，尤其是利用了市场手段来解决问题避免了过多的行政配置资源所带来的副作用。京津冀如果能在这方面作出一些探索，将为全国其他缺水地区的水资源管理提供有效的借鉴。

第九章　全球城市区域与跨国城市区域的建设与展望

全球化强有力地影响着城市化和城市区域化的特征和进程,塑造着城市的功能,对城市区域合作提出了新的挑战,因而对城市区域的研究,也必须放到全球视野中去进行。全球城市作为全球城市体系的重要节点,是全球资本、信息、知识、技术流动的基本媒介和平台,是生产服务业的重要集中地。全球城市和全球城市区域代表着国家进行全球竞争,建设全球城市和全球城市区域是世界各国重要的城市建设目标。跨国城市区域是国内城市区域跨越国界的有效延伸,是国际城市合作的一个重要领域。本章还对我国周边最有前景的跨国城市区域——环黄海城市区域的相关问题进行了研究。

第一节　全球城市与全球城市区域

一、全球城市的基本内涵

1. 全球经济网络的形成

20世纪80年代以来,经济全球化与信息化日益成为推动世界经济发展的两大动力。经济全球化是指生产要素和经济资源在全球范围内流动以实现资源最优配置的过程,它直接导致了世界市场的形成、跨国投资的增加、金融市场的扩大、贸易和生产活动的全球布局等;信息化则加速了知识、技术、资金等要素的全球流动速度。这两大动力不断相互交织与融合,促使全球经济出现了网络化趋势,由于资源在全球范围内的重新配置,生产分工在全球范围内重新调整,各国、各地区经济联系日益密切,最终导致全球经济网络的形成。

城市作为网络化的全球经济系统的重要节点,代表所在国家或地区参与全球经济分工与合作,起到与其经济系统相适应的作用,这样众多规模不同、作用不同的城市构成全球城市体系。城市间要素的加速流动使得全球的城市间联系更加紧密,城市间的经济、文化和政治的联系也愈加密切,城市间的经济网络开始主宰全球经济命脉。人们不得不认真审视不同城市在全球经济网络中的地位和作用。人们发现,有少数城市在空间权力上超越国家范围,在全球经济中起着举足轻重的指挥和控制作用,这类城市被称为全球城市。[①] 正是全球城市,在全球经济、社会的转变中起着基础性和控制性作用,占据了全球城市体系金字塔的最顶端,是全球经济的指挥和决策中心。因此,不论是从全球战略角度出发,还是从国家战略甚或是地区发展战略来讲,全球城市的建设与发展都是十分重要的。特别是对于像中国这样的后起发展中国家,加强对全球城市和全球城市区域的研究更为重要。

2. 全球城市理论的提出

早在 1915 年帕特里克·格迪斯(Patrick Geddes)就提出了世界城市的概念,当时是指在世界商业活动中占有一定地位的城市,其实就是指商业繁荣的大城市。霍尔对世界城市作了经典解释,专指那些对全世界或大多数国家产生重要经济、政治、文化影响的国际第一流大城市。他通过分析跨国公司(MNC)总部在发达国家中的作用,来确定全

[①] 全球城市(global city)是萨森(S. Sassen)的提法,弗里德曼(J. Friedmann)称世界城市(world city),含义稍有差别。本书对此不加区分,统称为全球城市。

球城市在世界经济体系中的主导地位。[1] 弗里德曼在 1986 年提出全球城市假设,[2]并于 1995 年提出全球城市等级层次理论,[3]基本上,他把全球城市作为资本控制中心来看待。弗里德曼提出了 6 个全球城市的分析指标:主要金融中心;跨国公司总部所在地;国际化组织;商业服务部门的高速增长;重要的制造业中心;主要交通枢纽和人口规模。萨森[4]则强调从生产者服务业(producer service)的国际化、集中度和强度来定义全球城市,强调全球城市应作为世界发达的金融和商务中心,其所说的生产者服务业指的是金融、法律、会计、开发、设计、广告、批发、储运、通信、情报服务等为生产者提供服务的行业。萨森所说的全球城市和弗里德曼所称的世界城市作为"指挥和控制中心"的初始想法是有所不同的。按照萨森教授的观点,全球城市的本质是为全球资本提供服务的地方而不是它的具体管理。按照诺克斯(Paul L. Knox)的观点,"世界城市是跨国公司总部的聚集地,是商业服务、国际金融、国际机构、长途通信和信息处理的中心。它们也是彼此依赖、错综联系的金融和文化势力的根据地和控制中心,这些势力支持维护着全球性的工业体系"。在另外一个定义中,他称世界城市是"卓越的商业创新和公司管理中心,无可争议的引导潮流的中心,消费者的熔炉,物质文化的温床"。[5]

---

[1] P. Hall, *The World Cities*, London: Heinemann, 1966.

[2] J. Friedmann, "The World City Hypothesis," *Development and Change*, 1986, No. 1, pp. 69-84.

[3] J. Friedmann, "Where We Stand: a Decade of World City Research," in P. L. Knox and P. J. Taylor eds., *World Cities in a World System*, Cambridge: Cambridge University Press, 1995, pp. 21-47.

[4] S. Sassen, *The Global City: New York, London, Tokyo*, Princeton: Princeton University Press, 1991, pp. 1-9.

[5] P. L. Knox, "World Cities in a World-System," in Paul L. Knox and Peter J. Taylor eds., *World Cities in a World System*, Cambridge: Cambridge University Press, 1995, pp. 6-7.

3. 流量、存量与全球城市

一个城市是否具有全球城市的功能,关键在于其融入世界经济网络体系的程度。因此,判断一个城市是否是全球城市,重点在于考察其在城市间的连通性。卡斯蒂尔斯把信息经济归纳为由"流的空间"(space of flow)组成的网络型社会,而全球的城市网络就是其中的网络之一。信息经济的流具有瞬时通达的特点,可以越过国家间的壁垒,促进以现代通信手段为基础的世界资本市场交易。如何获得信息空间的进入权和对信息空间主要节点的控制权,就是在国际资本积累博弈中取得最终胜利并取得全球城市地位的关键所在。全球城市就是"那些在全球网络中将高等级服务业的生产和消费中心与它们的辅助性社会连接起来的地方","全球城市产生于公司网络活动的关系以及以知识综合体和经济反射为基础的城市之间的联系之中","城市不是依靠它所拥有的东西而是通过它所流经的东西来获得和积累财富、控制和权力"。[①] 也就是说,全球城市的产生与发展是通过其流量(例如信息、知识、货币和文化等流动),而不是它们的存量凝结(例如城市形态和功能)来实现的。

全球化通过越来越广泛的联系,拓展了城市空间要素流量的范围;信息化则通过提高各种要素流动的速度与效率,增大了城市空间流量的容量。从这个角度来说,全球城市的本质特征在于流量而不是存量。一个城市可能规模并不是很大,但具有很强的资本服务功能,有着较广泛的全球性联系,一样可以被归入全球城市。美国的迈阿密就是这样的一个城市。尽管迈阿密不是非常大,但它在世界经济网络中扮演着某种专门的职能,是连接中美洲和全球经济的重要门户,因而也被很多作者列入全球城市之列。但是一般来说,若没有相当规模的空间存量,

---

[①] M. Castells, *The Rise of the Network Society*, Oxford: Blackwell, 1996, p. 380.

就很难有较大的空间流量。所以,如果说全球城市绝大多数都是超大城市,也是可以的。因此,要界定全球城市就要从空间存量与空间流量两个方面结合起来分析。从流量的角度来看,全球城市是世界范围内巨量的各种要素流动的交换中心与计算中心;从存量的角度看,全球城市本身又是一个物质的、动态的、庞杂的并具备强大的生产服务功能的集合体。

4. 全球城市理论对城市竞争理论的挑战

全球城市理论的提出,对于传统的城市竞争理论也提出了挑战。因为我们看到,全球经济已经结成了一个网络,一个城市只有融入这个网络,才能在世界范围内找到自己的位置。也就是说,一个城市要想融入世界城市网络,就必须在时空上进行拓展,与世界其他城市建立联系和流动,使城市成为"流的空间",这样就必然要突破传统的行政地域限制,实现资金、技术、知识、劳动、信息等各种要素的自由流动。从这个角度看,整个城市网络都不过是一个交换网和计算网,而每个城市则是一个交换节点或者计算节点,世界城市则是这个网络的交换中心和计算中心,而不是传统意义上最具经济竞争力的上层结构。[1] 很显然,这些不同的计算中心和网络中心之间,首要的并不是竞争而是合作与协作分工。从微观的角度讲,大型跨国公司往往将它们的总部设在全球城市,将它们的地区总部或代表处设在低一层级的区域性全球城市,而把它们的企业设在这些全球城市能够辐射到的区域(即全球城市区域)内其他城市之中。跨国服务性公司同样是在全球范围内提供服务,在全球各大城市遍设子公司或分部,从而形成全球性服务网络。这些跨国公司和服务性公司加上相关的上下游企业共同构成一个企业网络。

---

[1] A. Amin, "Spatialities of Globalization,"in National University of Singapore: Global Conference on Economic Geography, 2000, p. 18.

这个企业网络中的每个企业都有着明确的分工,每个企业都成了跨国公司整个生产或营销链条中的一环,都只参与产品制造或服务的一道工序或者环节,任何一个环节出现问题,都有可能导致整个链条断裂,因而企业之间、城市之间必须相互合作以保证整个生产体系和服务体系的有效运行,保证多出产品、出好产品。

二、全球城市区域的基本特征

1. 全球城市区域与经济增长中心的迁移

全球城市区域(Global Metropolitan Region 或 Global City-Region)是由经济全球化与信息化所带来的一种新的地域现象,它是在信息化和全球化高度发展的前提下,以经济联系为基础,由全球城市及其腹地内经济实力较为雄厚的二级大中城市扩展联合而形成的一种独特的空间现象。全球城市的主要特色之一即在于其与腹地的联系,货物、服务、人口和信息、技术都可自由流通,并且随着全球城市的不断发展,其与腹地的界限将日渐模糊,代之而起的是一体化和经济繁荣的"城市－区域"整体。

近代世界城市发展的历史表明,全球城市的形成和发展与城市区域的发展、世界经济增长中心的迁移有着内在的联系和规律性。19世纪中叶,世界经济增长中心在英国,从伦敦到利物浦的英格兰中部地带出现了城市区域的雏形,全球城市伦敦出现。19世纪末20世纪初,随着世界经济增长中心向美国转移,在美国东北部沿波士顿至巴尔的摩一线又出现了规模巨大的城市带,纽约崛起为全球城市。20世纪六七十年代,世界经济向亚太地区转移,日本经济崛起中也产生了东海岸城市带,东京成为全球城市。从这个角度来说,伴随着中国经济的长期高速增长,香港、上海、北京成为全球城市,珠三角、长三角、京津冀成为全球城市区域是21世纪必然要发生的事。

2. 全球城市区域范围的界定

全球城市与腹地区域构成了一个整体，全球城市处于这一区域的中心，往往是区域的经济中心和金融中心，通常也是萨森所说的生产者服务中心或者弗里德曼所说的管理中心。要确定城市区域的范围却成为一个难题，比如曼谷，它的腹地是整个国家；香港的直接腹地是珠三角，然而长三角、京津冀、辽中南、山东半岛甚至整个中国东部都受到香港经济的强烈辐射，在这些地域的外商直接投资中港资都占据第一位，香港对于中国经济、社会、文化发展的影响远比我们想象的要大。新加坡的直接腹地包括马来西亚的柔佛(Johor)和印度尼西亚的里奥岛(island of Riau)，但在某种意义上，这个充满活力的城市国家(city-state)对整个东南亚的跨国城市区域发挥着金融中心的作用。

对于全球城市区域的界定，国际上并没有提出一套普遍适用的指标体系。姚士谋等根据我国的具体情况，提出全球城市的形成、发展应根植于一个经济发达的工业化、城市化区域，这个区域基本上要满足如下 5 个条件[①]：(1)地域空间经济实力雄厚，一般都是国内经济最发达的地区，人均 GDP 超过 3 万元(折合 4000 美元左右)，形成了以第二、第三产业为主导的产业结构，信息产业、高新技术产业比重日益上升；(2)城市化地区人口规模超过 5 000 万人，城镇人口比重约在 60%—75%，人口密度在 250—450 人/平方公里；(3)具有世界级港口城市的地位，港口吞吐量超过 1 亿吨以上，国际空运业发达，具有重要的门户和枢纽的功能；(4)具有 2 个以上的超大型城市(人口规模大于 250 万人)作为区域空间的核心，形成大中小城市等级规模合理结合的城市体系，城市之间有大片农田和森林相间，城市生态环境向着优美方面发

---

① 参见姚士谋等："国际城市——香港与上海的发展态势比较"，《科技导报》2003 年第 12 期，第 58—61 页。

展;(5)科技人才与创新技术不断集聚,信息产业的网络系统愈来愈发达,起着这方面的龙头作用。

3. 全球城市与外围城市的关系

一个传统的观点是,由于经济全球化和信息化的发展,将使得生产和管理、技术研发及信息加工等活动趋于分散化,然而迄今为止,这种情况并没有发生。聚集经济和规模经济仍然在主导着城市和城市区域的经济活动及资源的空间配置。与以往不同的是,在全球城市与其腹地区域之间会出现产业结构在空间上的重新调整和重新聚集,这种聚集受到全球经济和以跨国公司为主导的国际资本的制约。全球城市成为全球金融、资本和跨国公司总部的聚集地从而也成为区域产业布局和调整的实际控制者,而其腹地其他城市则日益成为跨国公司全球产业链中的一部分。新的产业如高新技术产业在城市的亚中心或者边缘地带聚集,企业经济活动的范围不再局限于某个城市或区域,广泛的不同城市间的产业协作成为一种常态,尤其是跨城市、跨国界的生产转包及协作网络普遍形成,生产要素超越了地理空间的限制而聚集到一起。

在全球城市区域模式中,全球城市承担了与全球金融体系建立联系、承接跨国企业管理机构落户和世界资本与人才迁移的主要任务,而外围城市日益沦为全球城市的生产车间和附属部门,逐渐失去独立处理各项投资及其他事务的能力,它们只有与全球城市合作、融入全球城市的产业体系中去,才能在区域中找到自己的位置。也即是说,外围城市只有有限的自由意志和政治经济权力,它们只能在全球城市的金字塔中自己的相应位置找到自己应承担的角色。

4. 全球城市区域的兴起与国家权力的衰落

最早提出全球城市区域(Global City-Region)理论的艾伦·J.斯科特指出:"世界资本主义正进入一个以(融入并植根于全球劳动地域分工中的)强化了的区域化生产为标志的发展阶段……在这一过程中

经济协调和操控能力正在经历上到国家层面、下到区域层面的意义深远的重新布局而不受主权国家的影响。"[1]毫无疑问的是，在经济全球化和信息化的大潮中，是全球城市和全球城市区域在代表着国家进行全球竞争，一个国家在全球经济体系中的竞争力是由全球城市和全球城市区域决定而非由这个国家的整体来决定。在全球经济体系—全球城市—全球城市区域这样一个全球经济网络中，全球城市及全球城市区域的地位是不断上升的。在这里全球城市承担了区域经济与全球经济之间枢纽与桥梁的任务。

5. 关注边缘地带

全球城市的影响力当然与其自身的经济实力有直接的联系，但它与腹地区域经济能力的关系也非常密切。两者是相辅相成的关系。也就是说，全球城市影响力大，有利于腹地区域的发展，反过来腹地区域的发展也增强了全球城市的影响力。因此，城市与区域的协调发展，城市间的相互协调与合作是必不可少的。

我们看到，全球城市区域都是世界上比较富裕或者说是繁荣的地区，而在这些地区之间的往往都是相对较为贫穷、落后的地区。它们主要为全球城市区域提供原材料和廉价劳动力，几乎没有融入全球经济，弗里德曼称这些地域为受排斥的边缘地带(immiseration)。这些富裕的区域之间的边缘地带常常在研究时被忽略，而它们恰恰是应该被注意和认真加以研究的。因为如果政府不能够采取有效的措施的话，这种区域间的贫富悬殊的状况具有自我加强的趋势，结果是边缘地带的人才和原材料甚至资本向着富裕区域流动，导致边缘地区更加贫困，且难于摆脱这种局面。

---

[1] A. J. Scott, "Regional Motors of the Global Economy," *Futures*, 1996, No. 5, pp. 391-411.

三、我国建设全球城市区域的前景与对策

1. 积极有效利用跨国公司全球分工体系

在经济全球化的背景下,跨国公司在全球范围内重新配置其生产资源,以实现其扩大市场规模、实现最大利润的目的。跨国公司往往以全球城市为管理、控制、融资、服务的基础平台,将其生产环节布置在全球城市周围一定范围内的其他城市。这给我国利用全球资源、迅速实现产业结构的优化与升级、提升区域技术水平提供了机会。日本学者赤松要(Akamatsu)曾经提出著名的雁行模型(the flying-geese model),提出后发国家参与国际分工、实现产业结构高度化分为三个阶段:首先,发达国家开发出某项产品并投入生产,后发国家只能依赖进口;然后后发国家通过引进技术逐步实现国内生产,实现进口替代;最后,后发国家通过技术的消化、吸收和创新,实现规模化生产并出口。雁行模型即"进口—国内生产—出口"的模式成功地解释了20世纪70年代以来东亚国家的发展过程,即日本为"雁头",将生产和技术转移到亚洲"四小龙"(韩国、新加坡和中国台湾、中国香港),再转移到中国大陆与东盟各国。随着日本产业转移,"四小龙"都实现了工业化和制造业产业升级,而日本也顺势实现了以服务业为主的产业结构的升级。

如今中国的长三角和珠三角都在实行以吸引外商投资为主的发展策略。珠三角充分利用了国家赋予的"特殊政策,灵活措施",毗邻港澳的"搬不动"的区位优势以及廉价劳动力和土地等各种资源,积极主动地承接港澳和国际产业转移,实现了工业化的率先起飞,创造了长达25年的GDP年均增长15%以上的空前奇迹。长三角则充分发挥了强势政府的优势,通过降低土地成本和政府税收等政策形成投资洼地,充分利用了上海作为长三角龙头地位和作为全球城市联系全球经济的各项服务功能,吸引跨国资本和技术向长三角转移,短时间内在长三角地

区形成了一条以 IT 技术为代表的高新技术产业带,不仅实现了经济总量的增长而且技术也得到提升,出口迅速增加,成为中国东部重要的增长区域。可以说长三角和珠三角的发展历程成为了雁行理论的有说服力的注脚。

在 20 世纪 50 至 80 年代,国际间产业转移主要是初级产品加工和原材料为主的产业由发达国家向发展中国家的转移;而 90 年代之后,加工工业、新兴工业和先进制造业也开始转移;进入 21 世纪,金融、保险、旅游和商业咨询等生产者服务业以及资本密集型和技术密集型产业也成为跨国公司产业转移的重要领域。并且还出现一种新的趋势,即跨国公司大量相关、相同性质的企业往往选择同一地区或相邻区域集中,形成产业集群,增强了区域产业配套能力并形成产业链体系。这是我国三大城市区域利用跨国资本和技术转移来实现产业结构升级和技术换代以及进一步实现产业结构高度化和知识化、信息化的有利时机,也是北京、上海借此机会提升自己全球城市等级和国际影响力并提升自己对区域辐射力的良好契机。要充分利用这一过程中所产生的聚集效应、规模效应、知识溢出效应,尤其要把握住先进制造业、知识和服务产业以及信息产业国际转移的战略机遇,更好地融入全球经济之中。

2. 提升创新能力,把握建设全球城市区域的主动权

长三角和珠三角充分利用外资产业转移的有利时机,吸引大量跨国资本前来投资,实现了经济的腾飞(比如 2003 年广东外源型经济创造的增加值占到全省 GDP 的 45.4%),形成了这两个全球城市区域的雏形。然而,由于自身的创新能力较低,其承接国际产业转移的类型、效果都受到很大限制,民族工业并没有随着外资企业的发展而同步发展。

以珠三角为例。广东省在 1990 年所有产业出口中外商投资企业

只占24.69%,到2003年这一比例上升到60.69%。珠三角在全球分工体系中只是承担了"加工车间"的角色,"技术在外,资本在外,市场在外,生产在内"成为珠三角制造业的主要特点。现代工业是一条环环相扣的产业链,研发、设计、制造、组装、采购、库存、营销、运输等各个环节所包含的附加值是不同的,组装加工环节附加值最低。在国际纺织品采购价值链中,中国纺织品生产商只能拿到10%的利润,其余都为品牌所有者、批发商、分销商、零售商所得。2005年1—5月深圳口岸出口钟表3.73亿只,平均每只表价格不足10元。长三角的苏南地区情况也差不多,由于外资的强势进入,本地品牌日渐衰落。在苏南日益成为外来资本增值的热土的同时,江苏本地人的创新与创业动力却被抑制。苏州无疑是长三角的明星,引进外资雄踞全国之首,工业总产值仅次于上海,GDP超过深圳。但苏州的人均收入却低于长三角地区浙江省的所有城市,仅相当于人均GDP与其相当的上海的一半,苏州在许多反映居民生活水平的经济指标方面,如商品零售总额、储蓄余额、私车拥有量、人均住房面积等方面甚至比不上地处西部内陆、经济发展较迟缓的成都。造成苏州人均收入不能随人均GDP同步增长的主要原因就是苏州外资带动型的经济模式。高额的利润都被外商拿去,当地所得的只是打工工资和政府税收。例如,罗技公司是一家总部设在加州的美国公司,每年有2 000万个在苏州制造并贴着"中国制造"标签的鼠标运往美国。在美国其售价约40美元,在其价格构成中,罗技拿8美元,销售商拿15美元,零部件供应商拿14美元,而中国只能从每只鼠标中拿到3美元,其中包括工资、电力、交通和其他经常性开支。要指出的是,"跨国公司无国界"只是相对的,跨国公司在向我国转移其生产项目和技术时,其核心技术(如英特尔公司的芯片设计)都留在其国内,其关键零部件和营销渠道也都留在母国,这样即使它把大多数的工厂都搬到长三角或珠三角,也不等于我国拥有了相关产业的竞争优势,因为最核心的部分还是被人家牢牢地控制着,我们在国际分工中的低端位置反而可能被固化。

所以我们在全球城市区域建设中尤其要注意在吸引外资的同时,还应大力发展本土企业,通过民族经济的崛起来实现富民强区,如果没有民族工业的崛起,落后和贫穷的局面就可能成为枷锁,使我国的城市区域长期落后于国外而无法超越。而本土经济崛起的前提就是要有较强的自主创新能力。这里的自主创新不仅是技术创新,而且包括组织创新、制度创新、理论创新、管理创新、文化创新、方法创新和观念创新等,是一个系统工程,有的是需要政府来完成的,有的则需要企业独立自主地完成。它不仅包括原始创新,也包括对国外技术和专利的二次开发、系统集成。当然,自主创新并非是要中国的民营经济和国有经济关起门来独立经营,而是要向跨国公司学习、同跨国公司合作、同跨国公司竞争,取人之所长,补己之所短,针对跨国公司在华战略的调整,巧妙地运用成本、资源、市场优势,根据具体情况选择进攻型、加盟型、合作型等策略,以他人之技术为我所用,以自身之创新提升层次与质量,逐步形成自己有核心竞争力的产品,最后还要走出国门,"以其人之道还治其人之身",到发达国家去打天下,使长三角、珠三角、京津冀等区域成为真正的全球研发中心、管理中心和营运中心。没有这样的创新创业历程,我们就只能永远跟在别人后面,替人打工,无法成为领行者。

发展经济学常用产品循环模式来解释发达国家产业结构发展过程,现在也可以用来解释后发国家在雁行模式之后的发展过程。假定某国首先开发出某种产品,它会首先开拓国内市场,在国内市场接近饱和、利润趋于下降后就会致力于开拓国际市场,为了利用国际资源它还会向其他国家进行投资,进行本地化生产。最后,该国可能会放弃该产品的生产转向研制更高级的技术,开始新一轮的产品循环。所以,产品循环模式可简单地表述为"新产品开发-国内市场形成-出口-投资－新一轮产品开发"。这是企业产品开发和市场推广的一般道路,我们也不可能例外。我国三大城市区域都应循着"资源优势－低成本高质量的技术优势－分销渠道和品牌优势"三阶段道路,通过自主创新建立核心竞争优势。制造业要逐步从中低级的零部件供应商、成品生产商向核心技术提供商、关键零部件供应商升级,同时加强其国内外分销渠道建设,提高其运作效率,通过产品外销、跨国合作、跨国并购、跨国设厂等措施,利用全球资源建立自己的跨国产业链条,提升自己的产业竞争力。作为全球城市区域,其与外界之间的要素流动一定是双向的,只有国外跨国公司向区域内的资金、技术和人才流动,而没有本国跨国公司向国外的资本、技术和人才流动,就谈不上是真正的全球城市区域。全球城市在双向要素流动的过程中充当了一个平台,外商通过这个平台走进来,成长壮大的内资和本地品牌通过这个平台走出去。北京、上海、香港等区域中心城市不仅应该发挥其服务业优势,起到连通全球经济的平台作用,而且应该发挥其科技资源、人才、文化优势,真正成为世界创新成果产生的基地和知识、技术、文化、人才的输出地,以此带动区域的不断发展,最终成为像东京城市区域或纽约城市区域那样的全球城市区域。

3. 全球城市建设寓于全球城市区域建设之中

如果说早期的发达国家的某个城市可以凭借其先发优势和区位优势成为全球城市的话,那么在如今的发展中国家,全球城市也许并不能抛开其腹地区域而单独形成与发展,也就是说,全球城市的形成与发展必然伴随着全球城市区域的形成与发展,全球城市的崛起内生于全球城市区域的崛起之中。这是我国全球城市建设[①]中重要的然而也是被

[①] 北京明确地将目标定位为世界城市,上海的目标是国际大都市,其含义与全球城市差别并不大。

忽略的一个重要问题。

发达国家早期的重要城市都有很多大企业，这些大企业逐渐演变为跨国公司，向全球拓展其生产和销售空间，这些城市就可以顺势成为控制与管理中心及服务中心，从而成为全球城市，其腹地区域在全球城市形成中的作用不是决定性的。但在像我国这样的发展中国家，全球城市的形成主要是借助于跨国公司向我国转移其生产的价值链体系而逐渐与全球经济与信息网络相连接，全球城市充当了外部资源流入和产成品流出的平台和桥梁。在跨国公司向我国转移的价值链中，低端的或中端的部分落户于中小城市，而进行管理与控制的跨国公司总部或地区总部、主要的研发机构以及为跨国公司提供金融、法律、广告等服务的生产者服务业企业，多布局于区域中心城市，这些中心城市逐渐演化而成为全球城市，而整个区域演化为全球城市区域。作为这个演化过程的产物，"总部—加工基地"模式是最普遍的全球城市与周边城市的合作模式。从这个角度讲，全球城市的建设与全球城市区域的建设是密不可分的。我国全球城市的建设都存在两个误区。一是把全球城市的建设与全球城市区域的建设割裂开来，似乎只要达到多少的GDP和人均GDP，吸引多少跨国公司落户或者吸引多少家国外大银行，全球城市就建成了。殊不知跨国公司和国外银行之所以到某一城市落户正是看上了该城市所处区域的发展潜力。世界上没有一个拥有贫穷的区域却能够成为全球城市的城市。这种误区表现在政策上和具体行动上就出现了如下现象：与周边城市争资源、争项目、争制造业中心地位，单独制定基础设施发展规划而不考虑周边区域发展需要，片面强调GDP总量和人均GDP在建设全球城市中的重要性因而对制造业情有独钟却对生产者服务业的发展不够重视，未充分意识到服务区域、引导区域的责任等。二是特别重视吸引跨国公司总部或地区总部的进入，提供许多的优惠条件，而对本国企业走出去成为跨国公司、在全球进行生产布局、利用全球资源发展壮大自己支持力度不够。结果本应是双向的资本流动如今却成了国外跨国公司向中国投资的单向流动，中国企业要达到像国外跨国公司那样全球投资、全球采购、全球销售、全球受益还差得很远。这是上至国家、下至城市各级政府都应予以关注的问题。

我国珠三角、长三角和京津冀城市区域都已经形成了跨国公司制造业集中布局的局面，比如仅苏州高新区52平方公里的土地上，就聚集了来自三十多个国家和地区的八百多个外资项目，其中投资上亿美元的项目就有十多个，千万美元以上的项目超过188个。大量的投资项目对中心城市生产者服务业如研发、设计、技术咨询、运输仓储、广告、营销、会计、法律、审计、金融、物流等都产生极大的需求，从而刺激潜在的全球城市的服务业快速发展，反过来全球城市生产者服务业的快速发展也推动区域范围内生产制造业的快速发展并与国际经济与国际市场建立联系。全球城市作为全球经济的重要节点，可以发挥城市区域与外界联系的中介作用，即区域内的产业部门通过全球城市的服务功能而实现资金、信息、技术、产品、人才的流动，全球城市的服务功能越强，全球城市区域的经济运转就越顺畅，建设速度就越快。全球城市与周边城市的分工合作对区域产业发展有利，对全球城市本身亦有利。

第二节　跨国城市区域合作：以环黄海城市区域为例

城市区域或城市经济区本身是一个经济概念，本不应受行政区划和国界线的制约，跨国城市区域合作也是城市区域合作的应有之义。然而国界线是实实在在存在的国家间政治、经济、文化的分界线，其对跨国城市区域合作所造成的巨大影响不可小觑。迄今为止，世界上除北美、欧盟外其他国家间的城市合作乏善可陈。然而经济全球化和区域经济一体化毕竟是大势所趋,城市区域合作越过国家间的边界,建设跨国城市区域也是经济、社会发展的客观需要。跨国城市合作的优势在于:首先可以使相关国家的自然资源、人力资源和资本、技术等要素优势互补和余缺互济;其次,跨国城市合作便于相关国家城市间减少贸易摩擦和贸易壁垒,避免和减少经济运行风险;第三,跨国城市合作可以相互扩大市场,从而形成规模经济,降低成本,提高利润;第四,跨国城市合作可以提高经济的开放度和竞争性,使企业在竞争中提高科技水平和管理水平,从而提高其竞争力。环顾中国周边区域,最有可能建成跨国城市区域的地区一是环黄海地区,二是中国西南部与东盟合作区,三是中国黑龙江与俄罗斯远东地区,以环黄海地区前景最好。这里就以环黄海地区为例,来考察我国跨国城市区域建设中的一些问题,展望跨国城市区域发展的远景。

一、环黄海城市区域的概况及组织机构

随着经济全球化和世界经济一体化进程的加快,东北亚国家都提出了建设跨国城市区域的各自的版本。如日本提出了"环日本海经济区"、韩国提出了"环黄海区域合作区(Yellow Sea Regional Cooperation Zone)"[1]、俄国提出了"大海参崴自由经济区",中国也提出了"图们江三角洲自由经济区"的构想。尽管上述不同的构想都有其依据,然而多年的实践证明,环黄海地区是东北亚地区最有活力和发展前景的经济区域。这是因为,首先,环黄海地区中日韩三国经济互补性强,存在着进行经济合作的客观需要;其次,中国、韩国经济从世

---

[1] Won Bae Kim, "The Future of Coastal Development in the Yellow Sea Rim," *Journal of Northeast Asian Studies*, 1990, (winter), pp. 307-319.

界范围内看也是最有活力、迅速增长的经济,日本是世界第二大经济体,中日韩的经济合作无论规模还是层次都容易提升到一个较高的水平。

本书所说的环黄海城市区域包括中国的辽宁、河北、山东、天津,韩国的西海岸城市仁川、群山、木浦、釜山,以及日本的九州岛和四国地区的下关、北九州、福冈、长崎等城市。[①] 环黄海地区总人口在3.5亿以上,其人口、GDP和贸易量分别占世界的约4.7%、3.8%和4.0%,无论是GDP还是贸易额,都已经超过了东盟地区,其在世界经济中的重要地位不言而喻。1991年,日本北九州市和下关市率先行动,倡导成立了"东亚(环黄海)城市会议"组织,目的在于推动"环黄海经济区",会员城市包括我国的天津、大连、青岛、烟台和日本的北九州、福冈、下关,韩国的仁川、釜山、蔚山共10个城市。东亚城市会议下设"市长会议"和以商会为主的"经济人会议"。为推动环黄海城市间的实质性交流与合作,促进政府与经济界的联合,2004年"东亚城市会议"改名为"东亚经济交流推进机构",下设制造业、环境、物流、旅游四个分会,其目标为推进区域性东亚自由贸易区,创立环黄海环境示范区。"东亚(环黄海)城市会议"的成立,使得环黄海城市区域合作正式由概念讨论阶段转入实际运作阶段。随着环黄海10城市经济交流与合作的进一步深化,必然会吸引环黄海地区的其他城市加入其中,最终推动环黄海城市区域的形成。

20世纪80年代,珠江三角洲城市区域开始形成并迅速崛起,成为

[①] 韩国比峰出版社1992年出版的《东北亚经济圈》(金成勖等著)一书中,把黄渤海经济圈界定为:"中国的渤海、黄海沿岸的辽宁、河北、山东、江苏四省及北京、天津、上海三市,韩国的西海岸以及日本的北九州地区"(见该书第135页)。但上海、北京的对外经济政策取向实际上是面向全球的,江苏亦是,并与我国台湾地区经济联系更为密切,因此,本书不把上海、北京和江苏包括在环黄海区域之内。

中国经济重要的一极。20世纪90年代,长江三角洲城市区域进入高速发展期,成为中国经济增长的第二极。进入21世纪,我国经济能否保持持续稳定的增长则取决于环渤海地区能否在经济发展和区域合作以及一体化建设方面取得突破。目前,环渤海地区还只是一个地理概念,它实际上是由京津冀城市区域、辽东半岛城市区域和胶东半岛城市区域三个板块组成的一个组合体,这三大板块之间产业相对独立,经济联系并不密切,经济合作开展得也不多。所以我国今后数年的重要任务就是推动京津冀、辽东半岛和胶东半岛这三个城市区域的发展和相互间的合作关系,使其成为我国北方经济增长的"火车头",带动我国北方经济的发展。考察一下珠江三角洲城市区域崛起的过程,我们就可以发现,粤港合作尤其是港资的进入对于珠江三角洲的发展起到了关键作用。而长江三角洲城市区域的崛起则与台资大规模地向长江三角洲地区聚集和迁移有很大关系。在此我们大胆地提出,中国环渤海地区能否崛起取决于中日韩三国未来的经济合作尤其是环黄海城市合作能否成功运作。

二、环黄海城市区域的城市经济合作

1. 环黄海地区城市合作的潜力与比较优势

环黄海地区城市合作存在着极大的潜力。中国的人均GDP约1 500美元,韩国约10 000美元,而日本已经达到30 000美元。日本广岛以西的西日本地区GDP已经达到5 000亿美元以上,仅九州地区的经济总量已经可以与韩国或荷兰相当。因此日本在本地区完全可以充当技术转让者和资金提供者的角色,并且其市场巨大,在本地区共同繁荣中应当发挥更大的作用。

在欧盟各个国家之间形成了一种相对稳定的水平分工模式,如钢铁工业主要在德国、卢森堡,造船主要在英国,化学工业主要在法国和德国,化学纤维主要在法国和意大利等。而在中日韩三国则都形成了封闭的、自我完善型的工业体系,难以转化为像欧盟那样的开放的相互依赖型产业结构。这是环黄海城市合作的困难之处。然而环黄海地区各个城市各有自己的比较优势,完全可以按照比较优势法则来扩展经济技术合作。比如,北九州市在钢铁、化学和环境技术方面具有世界领先水平,福冈市则在高新技术方面具有优势。而在中国方面,环黄海的几个城市中机械、石化、冶金等传统行业都是主导产业,且设备、技术落后,亟须引入先进的技术进行改造和升级。从发展阶段来说,日本已开始步入后工业化社会,服务业逐渐在经济中居于主导地位,制造业逐渐向国外转移。韩国已处于中等收入的现代化国家行列,其产业处在由劳动密集型产业向资本、技术密集型产业转变的时期,轻纺、造船、钢铁、机械、电子、服装等劳动密集型产业因失去比较优势而向海外转移。而中国环黄海地区经济还处于起飞阶段,尤其是重化工业、制造业等处于上升时期,且我国的劳动力供应充足且素质高、成本低,矿产资源丰富,在渤海沿岸还有九百多万亩滩涂和大量的盐碱地有待开发,土地成本相对较低,对劳动密集型和资本密集型产业都有很高的需求。并且中国环黄海城市拥有一批高素质的科技队伍,研发能力很强,完全可以在高技术领域与日、韩相应的企业进行合作,共同开发国际市场。从贸易情况看,日本和韩国在机械、电子、汽车、化工等方面的产品具有相对优势,而中国可向日韩提供纺织品、食品、日用品和某些化工、医药、机电产品。

2. 我国环黄海地区城市的主要外资来源地及对外贸易

我国环黄海地区主要外资来源地的统计数据,也证明了环黄海周边地区的日本和韩国是我国环黄海地区最为重要的外商直接投资来源地。

从表9-1可以看出,美国企业对中国的直接投资分布较为平均,大约1/3强分布在包括北京、天津、青岛、大连等城市的环渤海地区,大约

1/3分布在包括上海、江苏、浙江等省市的华东地区,其余地区加起来不足1/3。日本企业对中国的直接投资有多达40%都分布于环渤海地区,33%分布于东海地区,中国其余所有地区总和才27%。相比较来讲,来自韩国企业的直接投资更为集中,66.5%都分布于环渤海地区,在东海地区及其他地区的投资都较少。与日韩企业不同,来自中国港澳台地区的直接投资最初主要在广东、福建的沿海地区,20世纪90年代末出现了台资企业向长三角地区迁移的趋势,随着长三角地区经营成本的上升,现在又出现了台资企业向环渤海地区迁移的迹象。总体上看,美国对我国的直接投资没有明显的区位偏好;而日本的直接投资侧重于环渤海地区,长三角地区次之;韩国对我国的直接投资则主要在环渤海地区。

表9-1 2002年美日韩三国对我国不同区域的直接投资 (单位:%)

	环渤海地区	东海地区	南海地区	其他地区
美国	38.5	31.0	11.0	19.5
日本	40.1	33.1	9.6	17.2
韩国	66.5	6.7	2.8	24

资料来源:Zhen Jiang et al.,"Analysis on FDI in China from Different Countries",载李立、[韩]朴世雲主编《东北亚经济合作与发展研究》,中国广播电视出版社2005年版,第134页。

从表9-2可以看出,2003年大连市外商直接投资共879个项目,日本占37.7%,韩国占19.2%,中国香港地区占13.5%,美国占11.3%。2003年大连市实际使用外资22.11亿美元,日本占33.6%,韩国15.6%,中国香港地区占19.2%,美国占9.3%。可以看出,日本和韩国是大连市除了中国香港地区和美国以外最大的外资来源地。从进出口情况来看,2003年大连市实现出口82.9亿美元,其中日资企业就占了44.6%(36.96亿美元),港资企业占5.8%,美资企业占11%,韩资企业占 6.9%;在 72.5 亿美元的总进口额中,日本占 38.8%,中国香港地区占 6.2%,美国占 3.4%,韩国占 12.7%,德国占 3.8%。在大连的日资企业从业人数达到 14.89 万人,生产总值达到 414 亿元,上缴税金 9.3 亿元,实现出口 35.5 亿元。从以上数据可以看出,日本已成为大连最为重要的外资来源地和最为重要的贸易伙伴,而韩国则是除中国香港地区和美国之外另外一个重要的外资来源地和贸易伙伴,这充分说明了环黄海经济合作的重要性和可能性。

表 9-2 大连市外商直接投资来源地分布情况

国家与地区	项目个数(个)				实际使用外资额(万美元)			
	2000	2001	2002	2003	2000	2001	2002	2003
合计	697	723	832	879	130 597	145 400	160 309	221 126
日本	185	211	269	331	38 024	53 673	70 164	74 376
中国香港	92	83	94	119	24 673	38 093	25 135	42 562
韩国	139	159	194	169	11 182	8 750	9 237	34 584
美国	115	98	103	99	22 012	19 972	19 771	20 487
其他	126	131	127	122	14 467	15 023	25 174	27 108

在我国外汇储备已经成为世界第一的情况下,外商直接投资对我国经济的重要性并没有降低,这是因为我国资本稀缺、技术稀缺和管理落后的状况并没有改变。外商直接投资不仅带来了资本,增加了出口,更重要的是通过技术和管理的外溢效应带动了国内企业的进步。外商直接投资对城市经济的拉动作用是很大的,据研究[1],外商直接投资增长 1%,从长期看可以拉动大连经济增长 0.5%,从短期看可以拉动大连经济增长 0.36%。由此可见外商直接投资对环黄海地区城市经济

---

[1] 参见张立芳、李琛琛:"外商直接投资对大连经济增长的拉动作用",《辽宁经济》2004 年第 5 期,第 24 页。

的重要作用。

青岛正在大力发展港口、海洋和旅游三大特色经济,建设家电电子、石油化工、汽车机车造船集装箱和新材料四大工业基地,大力培育物流业。在这些方面,青岛与韩国和日本都有巨大的合作潜力。两国在汽车、造船、钢铁、电子通信、计算机软硬件等方面都具有技术优势,处于世界领先水平。

三、环黄海城市区域的问题及未来发展

1. 阻碍环黄海城市区域合作的问题

环黄海城市区域由于横跨经济、文化、政治体制极为不同的三个国家,因而必然面临极大的难题。

首先,在中日、韩日之间存在着众多的历史遗留问题,日本在第二次世界大战期间侵略中国、韩国及其他亚洲国家并给这些国家造成严重苦难。其次,在中日之间有钓鱼岛问题和东海专属经济区划界的问题一直难以解决,而日韩之间又有日本所谓"竹岛"(韩国称"独岛")的归属问题,并且这种领土、领海的争端还有不断升级之势。第三,中日韩三国虽然同属于"汉文化圈",但经过长期的发展演变,三国在民族性格、生活习俗、道德伦理、价值取向、行为准则、思维方式上都有较大的差别。这种文化上的复杂性导致了三国相互交往上的困难和合作的松散性,反映在区域合作中便是缺乏向心力,摩擦较多,难以建立互信的关系。第四,日本从明治维新以来,一直实行的"脱亚入欧"战略,加上经济和军事实力在亚洲领先,因而不愿与经济实力较弱的邻国进行经济合作。20世纪80年代以后,随着日本国内生产成本的上升、日美和日欧贸易摩擦的加剧,日本开始采取以直接投资为主,以投资、援助和贸易"三位一体"的方式"回归亚洲"。但中日之间的经济合作受到两个重要因素的制约,一是日本对中国经济崛起从而动摇其在亚洲经济中

事实上的领袖地位的担忧;二是美国出于自己的利益考虑,并不希望出现一个没有美国参与的东北亚或者东亚经济合作区,因而会通过各种方式、通过对日本的影响力来阻碍东亚经济合作局面的出现。

由此来看,环黄海地区的经济合作受到很多条件的制约,必然会遇到来自经济、政治、文化等各方面的矛盾和问题。在环黄海城市区域合作中,需要采取有效的措施,正确对待并解决这些问题。

2. 促进环黄海城市区域合作的对策

(1)强化政府推动下的城市合作

由于环黄海地区的经济合作受到政治、经济和历史遗留问题的制约,使得环黄海地区的经济合作在现阶段还难以在中央政府的层次上大规模地展开,难以形成像欧洲联盟或者北美自由贸易区那样的一体化经济合作形式。在城市层次上展开紧密的经济合作,可以绕开中央政府间合作交流所必然碰到的种种难题,通过城市间相互投资,企业间合资、兼并,人力资源的相互交流,技术上、管理上相互学习,为城市合作创造良好的气氛,为最终建成一体化的环黄海城市区域创造条件。正如韩国学者在畅想环黄海城市区域时所说:"我们不是竞争对手,而是合作伙伴。"城市间日益密切的经济、社会、环境合作和城市区域一体化局面的形成反过来也有助于中、日、韩三国的人民加深相互理解和友谊,也使政府了解到狭隘的竞争观念对三个国家的负面影响以及合作带来的"三赢"的现实与长远利益。

日韩的企业与中国香港、中国台湾的企业有较大的不同。中国香港和中国台湾基本上属于企业自主型市场经济体制,比较强调自由企业制度,企业在战略决策方面享有充分的自主权。而日本和韩国则属于政府指导型市场经济体制,奉行政府的积极干预主义,日韩的大企业几乎都是受大财团控制的,而这些大财团如金融集团等大多都与政府有很深的渊源及千丝万缕的联系,因而企业的决策不仅受市场支配,而且受到政府产业政策和投资导向的强烈影响。从这个角度讲,环黄海城市区域的建设能否成功与中日韩三国中央政府和城市政府的态度有很大关系。

从日本来讲,由于日本政府对中国崛起以及将来可能取代日本在亚洲的主导地位的恐惧,因而一直对环黄海地区的经济合作抱着"超脱"的态度,并不积极倡导,但也担心失去中国这一庞大的且持续快速增长的市场,这种态度反映在政策上就是日本政府提出的"环日本海经济区",力图冲淡环黄海城市区域的影响,另一方面对于环黄海沿岸城市积极参与环黄海区域合作还是持鼓励态度的。日本西南部的北九州、福冈等市在日本本土也属于较落后的城市,也有借助于环黄海经济合作来实现经济振兴的意图,因而态度非常积极,并声称要充当中韩经济交流的中介和桥梁。北九州市设有国际东亚研究中心,福冈市设有太平洋研究中心,都以研究环黄海经济区为主要任务,这一点是我国的环黄海沿岸城市都没有达到的。韩国对环黄海区域合作一直持比较积极的态度,其原因有三:一是其急于改变过度依赖美日资本和市场的局面,并且由于与美日的贸易摩擦不断,因而积极参与环黄海区域合作并以此加强与整个中国的经济联系;二是韩国众多的劳动密集型产业继续留在国内已经失去竞争力,将这些产业转移到劳动力成本低廉、市场广阔且投资环境良好的中国环黄海地区是其实现国内产业结构升级的捷径;三是韩国经济一向以首尔及周边为中心,环黄海的西海岸一带经济不发达,为改变这种发展的地域不平衡局面,韩国政府也把西海岸地区作为今后经济发展和区域开发的重点,下大力气加强牙山、群山等城市的基础设施建设,设置经济开发区,扩大与中国的经济交流。从中国这方面来讲,青岛、大连、天津等环黄海城市都将扩大与日韩的经济合作作为发展的重要方向,努力改善投资环境,吸引日韩企业前来投资和进行贸易。可以说,在中日韩三国之中,中国环黄海城市对区域合作的积极性最高,政府的主动性最强。拿青岛市来说,早在1979年10月,青岛市就与日本下关市结为第一对友好城市,之后又与韩国大丘市建立友好城市关系,与韩国仁川、平泽建立友好合作关系。青岛市政府为了鼓励韩国企业前来投资,专门建设了"韩国一条街"、"韩国企业积聚区",并给韩国侨民在青岛生活提供诸多便利,韩国政府也对韩企到中国投资持鼓励态度,目前在青岛地区注册的韩资企业达到五千多家,在青岛的韩资企业占全部在华韩资企业数目的1/3,在青岛居住的韩国侨民达到6万余人,在韩资企业就业的工人超过12万。与青岛隔海相望的大连市也积极鼓励与日韩城市间的经济合作,辟出专门的地块设立日本工业园地、振鹏工业城和由韩国出资兴建的工业城,标志着大连市利用外资成片开发取得突破性进展。日本第一锻造、浦金钢铁,韩国现代、大宇、LG、浦项制铁等大型企业或财团落户大连经济技术开发区。大连市与日本三菱商事合资组建了大连佳菱物流中心是中国首家合资的大型配送中心,与韩国大宇共同出资兴建了大连庄河港,共建环黄海物流中心。

近邻发达的经济能够带动经济的发达,近邻落后的经济会不利于经济的繁荣。这是环黄海城市都意识到的一个结论。过去中国经济发展慢、水平低,对岸的日、韩相应地区也是各自国家中的落后地区。现在中国环黄海地区经济的强劲增长使得日本北九州地区和韩国西南部地区都从中受益,相互投资及经贸交流增强,彼此都从中看到了经济振兴、合作共赢的未来。对于环黄海地区城市政府来讲,重要的是推动环黄海城市间的教育、文化、信息交流,促进相互间的理解,搞好城市间友好关系,并在这种友好关系基础上发展实质性的可操作的经济合作。城市政府应积极推动各自城市的港口、机场等基础设施建设,简化互相间的进出港手续,减低相关的收费项目,建立信息高速公路,逐步实现城市间的信息交换和共享。

(2)积极培育区域合作窗口城市

中国境内在环黄海地区实际存在三个城市区域,一是京津冀城市区域,以北京和天津为区域中心城市;二是胶东半岛城市区域,以济南和青岛为区域中心城市;三是辽东半岛城市区域,以沈阳和大连为区域中心城市。这三个城市区域进一步发展,将会相互融合为一个城市区域即环渤海城市区域。目前来讲,三个城市区域还是相互独立的,相互间的经济联系并不强。这三个城市区域有一个共同的特点,就是都具有"双核型"的区域中心城市。天津、青岛、大连由于面向大海,与日韩两国环黄海城市遥遥相对,海上航行距离非常近,便于开展交流和贸易,而这三个城市近代以来就是中国北方重要的商业城市和通商口岸,具有浓重的商业氛围,与日韩之间联系密切,因而可作为环黄海地区的"窗口城市",这些"窗口城市"一方面可以承接日韩资本和技术的转移;另一方面,也可以将国外技术和管理经验消化吸收成为自己成熟的技术和管理之后再向河北、辽宁、山东的内陆城市转移,从而带动其他城市共同发展。因此,可以说这些"窗口城市"的成功与否对环黄海城市区域合作的发展前景影响很大。

(3)尽快建立常设性区域经济合作协调机构

早在1995年韩国举行的"环黄海国际学术会议"上,韩国学者赵鲜雄就提出,环黄海城市区域由于各成员国的政治、经济、文化背景的不同,有必要通过交流来加深相互谅解,为此需要建立一个"环黄海地区经济合作委员会",并且建立一个"泛太平洋地区合作基金"来推动共同的环境保护事业。[1] 美国著名经济地理学家约翰·弗里德曼也提出了建立"环黄海区域合作区一体化发展政府间委员会(Intergovernmental

---

[1] 参见[韩]赵鲜雄:"环黄海地区经济合作与共同繁荣",《开放导报》1996年第6期,第26—27页。

Council for the Integrated Development of the Yellow Sea Regional Cooperation Zone)"[①]建议。赵鲜雄和约翰·弗里德曼的建议是非常有道理的。环黄海经济区横跨三个国家,经济往来非常密切的城市就有十多个,仅靠每年一次的"环黄海城市会议"无法解决涉及许多领域的诸多难题,需要成立一个常设机构来及时处理涉及三方的问题,对共同的交通规划、旅游合作、环境保护、重大投资项目等提出建议。在起步阶段,可以先建立民间性质的组织机构,机构成员可以包括学界、商界人士,经过其派出城市政府的授权,对环黄海地区城市间产业结构调整及投资贸易、经济一体化的模式、途径与政策等问题进行探讨,提出建议,作为每年环黄海地区市长参加"环黄海城市会议"的决策基础。在民间组织取得经验后逐渐过渡到建设城市政府间正式的官方的协调机构,并建立环黄海区域共同基金,用于区域范围内跨境的重要基础设施建设、环境保护、农林开发等重要课题。

[①] John Friedmann, "Intercity Networks in a Globalizing Era,"in Allen J. Scott eds., *Global City-Regions: Trends, Theory, Policy*, Oxford University Press, 2001.

参考文献

一、著作

1. Allen J. Scott eds., *Global City-Regions: Trend, Theory, Policy*, Oxford University Press, 2001.
2. Gerald Benjamin, Richard P. Nathan, *Regionalism and Realism: A Study of Government in the New York Metropolitan Area*, Brooking Institution Press, 2001.
3. H. V. Savitch and Ronald K. Vogel, *Regional Politics: America in a Post-City Age*, Sage Publications, Inc., 1996.
4. Jean Gottmann, *Megalopolis: the Urbanized Northeastern Seaboard of the United States*, New York: the Twentieth Century Fund, 1961.
5. Neal R. Peirce, Curtis W. Johnson and John Stuart Hall, *Citistates-How Urban America Can Prosper in a Competitive World*, Washington D. C.: Seven Locks Press, 1993.
6. O'Sullivan Arthur, *Urban Economics* (4th Edition), The McGraw-Hill Companies, Inc., 2000.
7. Peter Hall, *The World Cities* (3rd Edition), London: Weidenfeld & Nicolson, 1984.
8. R. Simmonds, G. Hack, *Global City Region: Their Emerging Forms*, London and New York: Spon Press, 2000.
9. Richard C. Feiock, *Metropolitan Governance: Conflict, Competition, and Cooperation*, Georgetown UniversityPress, 2004.
10. T. G. Mcgee eds., *Asia-Pacific: New Geographies of the Pacific Rim*, UBC Press, 1997.
11. 安筱鹏、韩增林:《城市区域协调发展的制度变迁与组织创新》,经济科学出版社 2006 年版。

12. 陈甬军、陈爱民:《中国城市化:实证分析与对策研究》,厦门大学出版社 2002 年版。
13. 高珮义:《中外城市化比较研究》增订版,南开大学出版社 2004 年版。
14. 高汝熹、罗明义:《城市圈域经济论》,云南大学出版社 1998 年版。
15. 高汝熹、张建华:《论大上海都市圈——长江三角洲区域经济发展研究》,上海社会科学院出版社 2004 年版。
16. 顾朝林:《中国城镇体系——历史、现状、展望》,商务印书馆 1992 年版。
17. 郝寿义、安虎森:《区域经济学》,经济科学出版社 1999 年版。
18. 洪银兴等:《长江三角洲地区经济发展的模式和机制》,清华大学出版社 2003 年版。
19. 胡序威、周一星、顾朝林等:《中国沿海城镇密集地区空间集聚与扩散研究》,科学出版社 2000 年。
20. 景体华主编:《2005—2006 年:中国区域经济发展报告》,社会科学文献出版社 2006 年版。
21. 莫建备等:《大整合·大突破:长江三角洲区域协调发展研究》,上海人民出版社 2005 年版。
22. 饶会林、郭鸿懋主编:《城市经济前沿课题研究》,东北财经大学出版社 2001 年版。
23. 饶会林、王晓玲、陈安国等:《现代城市文化与文明》,高等教育出版社 2005 年版。
24. 饶会林:《城市经济学》上下册,东北财经大学出版社 1999 年版。
25. 饶会林等:《城市经济管理研究文集——为 2002 年中国城市经济学会学科建设专业委员会而作》,东北财经大学城市经济方向博士点,2002 年 10 月。
26. 饶会林主编:《中国城市管理新论》,经济科学出版社 2003 年版。
27. 上海证大研究所:《长江边的中国——大上海国际都市圈建设与国家发展战略》,学林出版社 2003 年版。
28. 盛世豪、郑燕伟:《"浙江现象"——产业集群与区域经济发展》,清华大学出版社 2004 年版。
29. 丝奇雅·沙森著,周振华译:《全球城市:纽约、伦敦、东京》,上海社会科学出版社 2005 年版。
30. 宋迎昌:《都市圈——从实践到理论的思考》,中国环境科学出版社 2003 年版。
31. 吴良镛:《京津冀地区城乡空间发展规划研究》,清华大学出版社 2002 年版。
32. 吴强:《政府行为与区域经济协调发展》,经济科学出版社 2005 年版。
33. 谢文蕙、邓卫:《城市经济学》,清华大学出版社 1996 年版。

34. 姚士谋:《中国的城市群》,中国科学技术大学出版社 1992 年版。
35. 姚为群:《全球城市的经济成因》,上海人民出版社 2003 年版。
36. 张召堂:《中国首都圈发展研究》,北京大学出版社 2005 年版。
37. 张维迎:《博弈论与信息经济学》,上海三联书店、上海人民出版社 1996 年版。
38. 朱文晖:《走向竞和——珠三角与长三角经济发展比较》,清华大学出版社 2003 年版。
39. 周振华、陈向明、黄建富主编:《世界城市——国际经验与上海发展》,上海社会科学院出版社 2004 年版。

二、论文

1. A. F. Haughwout, "Regional Fiscal Cooperation in Metropolitan Areas: An Exploration," *Journal of Policy Analysis and Management*, 1999, No. 4.
2. E. G. Goetz, Terrence Kayser, "Competition and Cooperation in Economic Development: A Study of the Twin Cities Metropolitan Area," *Economic Development Quarterly*, 1993, No. 1.
3. Emmanuel Brunet-Jailly, "Why and How Do Municipalities in Metropolitan Region Cooperate? Are Regional Institutions Necessary?" paper prepared for the meeting of the Canadian Political Science Association, 2004.
4. Geoffrey J. D. Hewings, "Creating and Expanding Trade Partnerships in the Chicago Region: Economic Interaction within the Chicago Metropolitan Region," Final Report, September 14, 1999.
5. H. V. Savitch and David Collins et al., "Ties that Bind: Central Cities, Suburbs, and the New Metropolitan Region," *Economic Development Quartly*, 1993, No. 4.
6. H. W. Yeung and K. Olds, "From The Global City to Globlising Cities: Views from a Developmental City-State in Pacific Asia," paper presented at the IRFD World Forum on Habitat-International Conference on Urbanizing World and UN Human Habitat Ⅱ, Columbia University, 2001.
7. I. Hauswirth, T. Herrschel and P. Newman, "Incentives and Disincentives to City-Regional Cooperation in the Berlin-Brandenburg Conurbation," *European Urban and Regional Studies*, 2003, No. 2.
8. James A. Visser, "Understanding Local Government Cooperation in Urban Regions: Toward a Cultural Model of Interlocal Relations," *The American*

Review of Public Administration, 2002, No. 1.
9. James Coon, "Intergovernmental Cooperation," *Local Government Technical Series*, 1998, http://www.dos.state.ny.us/lgss/pdfs/intergvt.pdf.
10. Jean Gottmann, "Megalopolis: or the Urbanization of the Northeastern Seaboard,"*Economic Geography*, Vol. 33, 1957, No. 3.
11. John Parr, "The Polycentric Urban Region: A Closer Inspection,"*Regional Studies*, 2004, No. 3.
12. M. Justman, J. F. Thisse and T. V. Ypersele, "Fiscal Competition and Regional Differentiation,"*Regional Science and Urban Economics*, 2005, No. 6.
13. M. M. Fischer and Attila Varga, "Technological Innovation and Interfirm Cooperation: An Exploratory Analysis Using Survey Data from Manufacturing Firms in the Metropolitan Region of Vienna," *International Journal of Technology Management*, 2002, No. 7-8.
14. Michael Lahr, "The Economic Case for Regional Cooperation in Greater New York City,"Properties: *The Review of the Steven L. Newman Real Estate Institute*, a special issue on *The Future of New York: An International Perspective*, Spring 2006.
15. R. E. Schuler, "Transportation and Telecommunications Networks: Planning Urban Infrastructure for 21st Century,"*Urban Studies*, 1992, No. 2.
16. S. Heeg, B. Klagge and J. Ossenbrugge, "Metropolitan Cooperation in Europe: Theoretical Issues and Perspectives for Urban Networking," *European Planning Studies*, 2003, No. 2.
17. Sukkoo Kim, "Expansion of Markets and the Geographic Distribution of Economic Activities: the Trends in U. S. Regional Manufacturing Structure, 1869-1987,"*Quarterly Journal of Economics*, 1995,No. 4.
18. T. G. Mcgee, "The Emergence of Desakota Regions in Asia: Expanding a Hypothesis,"in N. Ginsburg B. Koppel and T. G. McGee eds., *The Extended Metropolis: Settlement Transition in Asia*, Honolulu: University of Hawaii Press, 1991.
19. Vincent Ostrom, Charles M. Tiebout and Robert Warren, "The Organization of Government in Metropolitan Areas: A Theoretical Inquiry,"*The American Political Science Review*, 1961, No. 4.
20. A. M. Warnes, "London's Population Trends: Megalopolis or Metropolitan

Area," in K. Hoggart and D. R. Green eds. , *London：A New Metropolitan Geography*, Arnold, London, 1991.
21. Young Alwyn, "The Razor's Edge：Distortions and Incremental Reform in the People's Republic of China," *Quarterly Journal of Economics*, 2000, No. 4.
22. Zhou Yixing, "The Metropolitan Interlocking Regions in China：a Preliminary Hypothesis," in N. Ginsburg, B. Koppel and T. G. McGee eds. , *The Extended Metropolis：Settlement Transition in Asia*, Honolulu：University of Hawaii Press, 1991.
23. 高觉民："从地方政府的区域壁垒走向区域合作的统一市场",《经济理论研究》2005年第1期。
24. 高汝熹、罗明义："世界城市圈域经济发展态势分析",《经济问题探索》1998年第10期。
25. 高汝熹、阮红："论中国的圈域经济",《科技导报》1990年第4期。
26. 郭凤平等："城市基础设施建设项目融资的模式",《天津大学学报(社会科学版)》2006年第1期。
27. 郭鸿懋："发展区域共同市场 降低城市、区域资源配置成本",《城市》2004年第1期。
28. 郭鸿懋、邹治平："论发展我国区域共同市场",《经济体制改革》2004年第2期。
29. 河北省发展改革委宏观经济研究所课题组："解决环京津地带贫困与生态问题研究",《宏观经济研究》2004年第7期。
30. 胡向婷、张璐："地方保护主义对地区产业结构的影响——理论与实证分析",《经济研究》2005年第2期。
31. 黄璜、叶裕民："美国和加拿大都市区的划分及我国的借鉴",《现代城市研究》2004年第12期。
32. 靖学青："西方国家大都市区组织管理模式——兼论长江三角洲城市群发展协调管理机构的创建",《社会科学》2002年第12期。
33. 李文、胡澎、金英姬："环黄海经济圈形成过程中地方政府的角色——以中日韩3国12城市为例", http://www.cass.net.cn/chinese/s28_yts/wordch-en/ch-lzlhj.htm.
34. 李立、罗公利："中韩相互投资的发展前景及推进策略",载青岛科技大学城市可持续发展研究中心编：《城市与城市发展研究》,中国广播电视出版社2005

年版。

35. 卢明华等:"东京大都市圈各核心城市的职能分工及其实证研究",《地理科学》2003年第2期。
36. 刘桂环等:"京津冀北流域生态补偿机制初探",《中国人口资源与环境》2006年第4期。
37. 刘汉屏、刘锡田:"地方政府竞争:分权、公共物品与制度创新",《改革》2003年第6期。
38. 刘庆林、白洁:"日本都市圈理论及对我国的启示",《山东社会科学》2005年第12期。
39. 吕薇:"以信用信息服务体系为突破 建设区域信用体系",《中国审计》2003年第12期。
40. 罗海明等:"美国大都市区界定指标体系新进展",《国外城市规划》2005年第3期。
41. 罗小龙、沈建法:"长江三角洲城市合作模式及其理论框架分析",《地理学报》2007年第2期。
42. 饶会林等:"双S曲线模型:对倒U型理论的发展与完善",《北京师范大学学报(社会科学版)》2005年第3期。
43. 饶会林:"城市区域新说及其意义",《东北财经大学学报》1999年第1期。
44. 饶会林:"我的城市文化观",《城市》2004年第1期。
45. 史育龙、周一星:"戈特曼关于大都市带的学术思想评价",《经济地理》1996年第3期。
46. 宋迎昌:"美国大都市区管制模式及其经验借鉴——以洛杉矶、华盛顿、路易斯维尔为例",《国外规划研究》2004年第5期。
47. 王建:"美日区域经济模式的启示与中国都市圈发展战略的构想",《战略与管理》1997年第2期。
48. 王建:"九大都市圈区域经济发展模式的构想",《宏观经济管理》1996年第10期。
49. 王喜红:"环黄海地区经济一体化初探——主要障碍与对策分析",《烟台师范学院学报(哲学社会科学版)》2004年第2期。
50. 王偕勇:"对构筑长三角都市带交通网络一体化的对策和建议",《交通与运输》2004年第2期。
51. 吴良镛:"城市地区理论与中国沿海城市密集地区发展",《城市规划》2003年第2期。

52. 徐康宁、陈奇:"外商直接投资在产业集群形成中的作用",《现代经济探讨》2003年第12期。
53. 徐瑞娥:"加快中国社会信用体系建设观点综述",《经济纵横》2005年第3期。
54. 严荣:"大伦敦政府:治理世界城市的创新",《城市管理》2005年第3期。
55. 杨连云:"京津冀都市圈——正在崛起的中国经济增长第三极",《河北学刊》2005年第7期。
56. 杨培雷:"全球性城市区域形成机制初探",《外国经济与管理》2002年第4期。
57. 叶依广:"长三角政府协调:关于机制与机构的争论及对策",《现代经济探讨》2004年第7期。
58. 叶裕民:"中国城市化滞后的经济根源及对策思路",《中国人民大学学报》1999年第5期。
59. 余丹林、魏也华:"国际城市、国际城市区域以及国际化城市研究",《国外城市规划》2003年第1期。
60. 约翰·弗里德曼著,陈闽齐译:"世界城市的未来:亚太地区城市和区域政策的作用",《国外城市规划》2005年第5期。
61. 张紧跟:"当代美国大都市区治理:实践与启示",《现代城市研究》2005年第9期。
62. 张军、高远等:"中国为什么拥有了良好的基础设施?",《经济研究》2007年第3期。
63. 赵凤彬:"关于组建环黄海自由经济区问题初探",《当代亚太》1994年第1期。
64. 赵新平、周一星:"改革以来中国城市化道路及城市化理论研究述评",《中国社会科学》2002年第2期。
65. 郑连虎:"行政区经济大战·城市区域竞合·城市区域一体化——试析中国城市经营的三个阶段",《城市》2003年第1期。
66. 周黎安:"晋升博弈中政府官员的激励与合作——兼论我国地方保护主义和重复建设问题长期存在的原因",《经济研究》2004年第6期。
67. 周伟贤:"中国区域信用体系建设问题研究",《福建行政学院福建经济管理干部学院学报》2005年第2期。
68. 周一星、史育龙:"建立中国城市的实体地域概念",《地理学报》1995年第4期。
69. 周振华:"全球城市区域:我国国际大都市的生长空间",《开放导报》2006年第5期。

后 记

眼前的这份书稿是在我的博士论文的基础上修改、加工而成的。2003年，在一次城市经济学课堂讨论中，导师饶会林教授提到了一个现象，在西方很多国家的城市区域，城市之间都在讨论如何合作，而我国理论界讨论最热烈的却是城市竞争，在现实中我国城市间的竞争程度也远远大于合作。正是这次课使我萌生了进一步深入研究城市区域合作问题的愿望，我希望搞清楚城市竞争和城市合作是什么关系、为什么城市间需要合作、如何合作、如何保证合作的成功等诸多问题。从2004年开始选题，一直到2007年论文完成，整整3年的时间对我来说是一个艰难的心路历程，既饱尝了对充满诱惑的未知领域不断探索的艰辛和挫折，也感受了经历无数次思考和演绎后豁然开朗的幸福与欢乐。论文完成，一丝欣慰过后，我并没有想象中的如释重负之感。因为我知道，论文的完成只能算是我对这一重大课题的一个探索性、阶段性成果，我的学识和时间所限，论文中留下诸多的遗憾甚至错误是在所难免，只能留待未来进一步的研究去弥补和矫正了。

导师饶会林教授、张军涛教授对我论文的选题、构思和写作的整个过程都进行了耐心细致的指导，他们深邃的学术思想、严谨的治学态度和对学术研究孜孜以求的精神将成为我今后从事学术研究的重要的思想源泉和精神支柱，成为我学术道路上的宝贵财富。

北京大学的周一星教授、上海交通大学的高汝熹教授对我的开题报告提出了许多建设性意见和修改建议。书中部分观点和方法得到南开大学的郭鸿懋教授、大连理工大学的原毅军教授、东北财经大学的杜两省教授、吴献华教授、卢昌崇教授及辽宁师范大学的韩增林教授和杨秀香教授的具体指导和鼓励。东北财经大学的王雅莉教授和陈福军教授、我的同窗苗丽静、王晓玲、杨波、刘永亮、梁兴辉、刘子操、吕洪良等人,都对本书思路的形成和写作提出了许多宝贵意见,在生活上也对我帮助颇大。在这里对他们表示诚挚的感谢和敬意!本书写作过程中参阅了大量著作和论文,限于篇幅未能全部在书中注明,谨在此向所有已注明和未予注明的作者表达我的感激之情!

陈安国
2009 年 11 月